中经金课工商管理专业精品课程

新时代高等教育创新型教材

市场营销基础

Marketing Foundation

主　编　邱文云

副主编　蔡　健　周　萱

中国经济出版社

图书在版编目（CIP）数据

市场营销基础 / 邱文云主编 .-- 北京：中国经济出版社，2023.6
中经金课工商管理专业精品课程
ISBN 978-7-5136-7302-0

Ⅰ.①市… Ⅱ.①邱… Ⅲ.①市场营销学－高等学校－教材 Ⅳ.① F713.50

中国国家版本馆 CIP 数据核字（2023）第 078275 号

选题策划　雷　生
责任编辑　彭　欣
责任印制　马小宾
封面设计　牧野春晖

出版发行	中国经济出版社
印 刷 者	北京富泰印刷有限责任公司
经 销 者	各地新华书店
开　　本	889 mm×1194 mm　　1/16
印　　张	12
字　　数	338 千字
版　　次	2023 年 6 月第 1 版
印　　次	2023 年 6 月第 1 次
定　　价	59.00 元

广告经营许可证　京西工商广字第 8179 号

中国经济出版社 网址 www.economyph.con 社址 北京市东城区安定门外大街 58 号 邮编 100011
本版图书如存在印装质量问题，请与本社销售中心联系调换（联系电话：010-57512564）

版权所有　盗版必究（举报电话：010-57512600）
国家版权局反盗版举报中心（举报电话：12390）　　服务热线：010-57512564

前言 PREFACE

当前,国内市场国际化、国际市场全球化的趋势已经显现,市场竞争更加激烈。"市场营销"课程已经成为高等院校经济管理类专业的核心课程,以及相关专业的基础平台课程,是当今社会最受欢迎和重视的一门学科。市场营销又称"市场学""市场行销"或"行销学"。市场营销既是一种职能,又是组织为了自身及利益相关者的利益创造、沟通、传播和传递客户价值,为顾客、客户、合作伙伴以及整个社会带来经济价值的活动、过程和体系,主要是指营销人员针对市场开展经营、销售活动的过程。

本课程是市场营销、物流管理、供应链运营及相关领域的专业基础课程。主要研究市场营销在满足消费需要、实现企业目标过程中的各项活动,包括市场调研、选择目标市场、产品开发、产品促销等一系列与市场有关的企业经营活动。课程涵盖了营销人员所需的基本技能和系统知识介绍,有利于学生形成较强的创意思维、创业意识、创新精神和能力。课程注重理论联系实际,有利于学生既掌握扎实的理论基础,又获得较强的实践能力,具备较强的语言与文字表述、人际沟通、信息获取,以及分析、解决市场营销实际问题的能力,同时了解本学科的理论前沿和发展动态。

本教材由邱文云教授主编,蔡健、周萱参编。在编写体例时,按照生产流程整合课程资源,采用任务驱动和项目式教学编写模式,课程内容分为九个项目模块,邱文云负责项目三、项目六、项目九的撰写和全书的统稿工作,蔡健负责项目一、项目二、项目五的撰写工作,周萱负责项目四、项目七、项目八的撰写工作。本教材全面系统地阐述了市场营销的基本原理,使学生能更好地理解和把握市场营销的理念、原理、方法、战略、策略和技巧。全书以项目为主架,由树立市场营销理念、市场调查、寻找市场机会、STP战略、选择市场竞争战略、制定产品开发策略、实施价格策略、建立渠道策略、整合促销策略九个项目构成体系。每个项目前均包括学习目标、学习导图、职业内容与

岗位要求、引导案例及引例分析；每个项目中的相关知识，被分成若干任务进行教学活动；每个项目后均有项目小结、案例讨论、任务实施、巩固与思考、自学进阶等。

由于编者水平有限，加之按照新的营销教学模式编写，难度大、时间紧、任务重，难免存在不足和疏漏之处，恳请广大读者批评指正。

编　者

2023 年 3 月

目录 CONTENTS

项目一 树立市场营销理念 ········ 001
任务一 市场与市场营销概述 ········ 003
- 知识点一 市场的基本内容 ········ 003
- 知识点二 市场营销的含义与功能 ········ 005

任务二 市场营销观念的演变与发展 ········ 006
- 知识点一 传统观念阶段 ········ 006
- 知识点二 市场营销观念阶段 ········ 008
- 知识点三 社会市场营销观念阶段 ········ 008
- 知识点四 市场营销传统观念与现代观念的异同 ········ 011

任务三 市场营销的组合与创新 ········ 012
- 知识点一 市场营销组合的基本内容 ········ 012
- 知识点二 市场营销组合的产生与发展 ········ 012
- 知识点三 市场营销策略创新 ········ 014

任务四 市场营销的道德与责任 ········ 015
- 知识点一 市场营销道德的概念 ········ 015
- 知识点二 市场营销活动中的道德问题 ········ 015
- 知识点三 提高市场营销道德和社会责任意识的对策 ········ 018

项目二 市场调查 ········ 025
任务一 市场调查的基本内容 ········ 026
- 知识点一 市场调查的概念、特征及作用 ········ 027
- 知识点二 市场调查的内容与类型 ········ 030
- 知识点三 市场调查的原则与局限性 ········ 032

任务二 市场调查的方法与步骤 ········ 034
- 知识点一 市场调查的方法 ········ 034
- 知识点二 市场调查的步骤 ········ 036

项目三　寻找市场机会 042

任务一　市场营销宏观环境的基本内容 043
知识点一　市场营销宏观环境的定义 043
知识点二　市场营销宏观环境包含的因素 044

任务二　市场营销微观环境的基本内容 047
知识点一　市场营销微观环境的定义 047
知识点二　市场营销微观环境包含的因素 047

任务三　SWOT 分析法 049
知识点一　SWOT 分析模型的含义 049
知识点二　SWOT 分析模型的方法 050
知识点三　SWOT 分析步骤 050

任务四　消费者市场 053
知识点一　消费者市场的含义 053
知识点二　消费品的分类 054

任务五　消费者购买行为 055
知识点一　消费者购买行为的定义 056
知识点二　消费者购买行为的内容 056
知识点三　消费者购买决策过程 058

任务六　影响消费者购买行为的因素 060

项目四　STP 战略 068

任务一　市场细分的基本内容 069
知识点一　市场细分的概念、方式与意义 070
知识点二　市场细分的标准与步骤 071
知识点三　市场细分的方法与原则 074

任务二　目标市场的选择及评估 075
知识点一　目标市场选择的定义及标准 075
知识点二　目标市场的评估及选择策略 076

任务三　市场定位的基本内容 077
知识点一　市场定位的定义 077
知识点二　市场定位的步骤、原则与方法 077
知识点三　市场定位策略 079

项目五　选择市场竞争战略 085

任务一　分析竞争对手 087
知识点一　竞争对手的概念及重要性 087

知识点二　确认竞争对手类型 088
　　知识点三　企业竞争力分析 089
任务二　成本领先战略 090
　　知识点一　成本领先战略的基本内容 090
　　知识点二　成本领先战略的优势与风险 092
任务三　差异化战略 093
　　知识点一　差异化战略的基本内容 093
　　知识点二　差异化战略的适用条件 094
　　知识点三　差异化战略的优势与劣势 095
任务四　挑战者战略 096
　　知识点一　挑战者战略的基本内容 096
　　知识点二　挑战对象与策略 097
　　知识点三　挑战者的品牌策略 098
任务五　市场追随者战略 099
　　知识点一　市场追随者战略的基本内容 099
　　知识点二　市场追随者战略的特征与类型 100
　　知识点三　市场追随者的品牌策略 100

项目六　制定产品开发策略 105

任务一　产品整体与产品开发概述 106
　　知识点一　产品整体概述 107
　　知识点二　产品开发的基本内容 108
任务二　产品生命周期 110
　　知识点一　产品生命周期的基本内容 110
　　知识点二　产品生命周期的市场特征 111
任务三　产品组合 113
　　知识点一　产品组合的基本内容 114
　　知识点二　产品组合策略 114
任务四　新产品开发战略 115
　　知识点一　新产品的概念和分类 116
　　知识点二　新产品开发的原则和程序 116
　　知识点三　新产品开发战略的类型 118
任务五　品牌与包装策略 119
　　知识点一　品牌策略 119
　　知识点二　包装策略 120

项目七　实施价格策略 ……………………………………………………………… 130

任务一　影响企业定价的因素 ……………………………………………………… 132
知识点一　影响企业定价的内部因素 ………………………………………… 132
知识点二　影响企业定价的外部因素 ………………………………………… 134

任务二　定价程序与定价策略 ……………………………………………………… 135
知识点一　定价程序 …………………………………………………………… 135
知识点二　定价策略 …………………………………………………………… 137

任务三　价格变动策略 ……………………………………………………………… 139
知识点一　价格变动的原因及策略 …………………………………………… 140
知识点二　价格变动幅度分析 ………………………………………………… 141
知识点三　价格变动履行与限制 ……………………………………………… 142

项目八　建立渠道策略 ……………………………………………………………… 148

任务一　分销渠道的基本模式 ……………………………………………………… 150
知识点一　分销渠道的含义和特征 …………………………………………… 151
知识点二　分销渠道的功能和作用 …………………………………………… 151
知识点三　分销渠道的类型及系统结构 ……………………………………… 153

任务二　分销渠道的中间商 ………………………………………………………… 155
知识点一　中间商的定义及类型 ……………………………………………… 155
知识点二　中间商的作用及选择条件 ………………………………………… 156

任务三　分销渠道的设计与管理 …………………………………………………… 157
知识点一　分销渠道的设计 …………………………………………………… 158
知识点二　分销渠道的管理 …………………………………………………… 160

项目九　整合促销策略 ……………………………………………………………… 168

任务一　整合促销 …………………………………………………………………… 169
知识点一　整合促销的基本内容 ……………………………………………… 170
知识点二　整合促销的层次、特点及优势 …………………………………… 171

任务二　整合促销战略 ……………………………………………………………… 173
知识点一　整合促销战略的基本内容 ………………………………………… 173
知识点二　整合促销的表现形式 ……………………………………………… 175

任务三　整合促销策略的实施流程 ………………………………………………… 178

参考文献 ……………………………………………………………………………… 184

项目一 树立市场营销理念

ITEM 1

本项目介绍了在互联网营销兴起的今天，市场营销从业人员应如何转换观念，将电商理念融入市场营销。通过了解市场与市场营销概述、市场营销观念的演变与发展、市场营销的组合与创新，以及市场营销的道德与责任四个方面，使学生更好地理解当今市场营销从业人员需要掌握的理论知识，并能很好地将其运用于日后的工作中。

学习目标

- 了解市场的定义、构成要素、特点、类型，以及市场营销的含义与功能。
- 了解市场营销观念的演变与发展过程。
- 掌握市场营销的组合与创新内容。
- 了解市场营销道德与责任的重要性。

学习导图

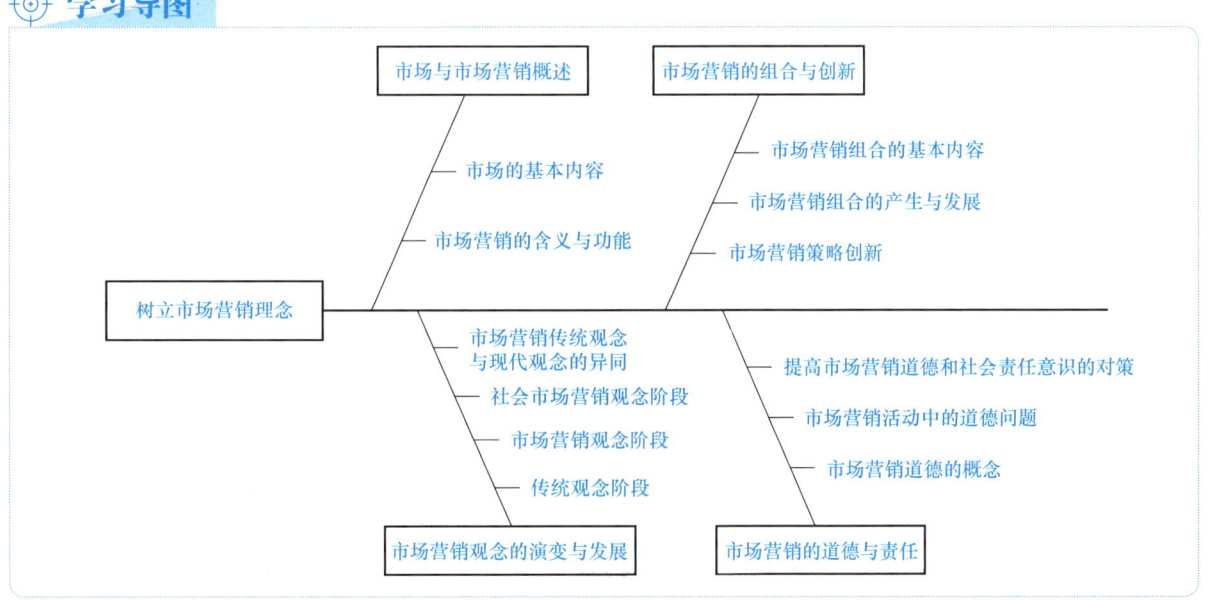

职业内容与岗位要求

- ◎ 坚定信念，忠于职守　　◎ 遵纪守法，团结友爱　　◎ 讲求信誉，公平竞争
- ◎ 关心企业，善待顾客　　◎ 热情服务，勤于思考　　◎ 实事求是，注重调研
- ◎ 严于律己，认真负责　　◎ 勇于开拓，善于创新

引导案例

秉承品牌慈善理念　积极承担社会责任

三六一度（中国）有限公司是一家集品牌、研发、设计、生产、经销于一体的综合性体育用品公司，其产品包括运动鞋、服装及相关配件、童装、时尚休闲等多品类。该公司成立于2003年，在致力于成为全球令人尊敬的品牌典范精神引领下，现已成为中国领先的运动品牌企业之一。2009年6月30日，该公司于香港联交所主板成功上市。作为中国发展迅猛的体育用品品牌，在中国传统行业中，三六一度（中国）有限公司从成立到上市仅用了6年时间，创造了业内佳话。

取之于社会，还之于社会

三六一度（中国）有限公司在力所能及的范围内积极参与助学、扶贫、救灾等社会公益活动。自2005年起，三六一度（中国）有限公司便开始不遗余力地履行社会责任，积极参与助学、扶贫、救灾等一系列社会公益活动。2005年，与中国红十字总会联合举办大型公益活动"红十字爱心中转站"，为贫困地区群众献爱心、送温暖；2008年，"5·12"汶川大地震后，先后向灾区捐赠款物共计850万元；2010年，及时向青海玉树地震灾区捐款200万元；2013年，向雅安地震灾区捐赠款物共计800万元；2020年春节期间，新冠肺炎疫情暴发，在得知医疗防护用品供应紧张的情况后，第一时间紧急采购了2000套医用级别的护目镜和防护服，定点捐赠给武汉市中心医院、武汉市汉口医院、武汉市第八医院、十堰市武当山经济特区医院。

驰援河南，共渡难关，热爱在行动

2021年7月21日，河南省遭遇特大洪灾，三六一度（中国）有限公司第一时间向河南省慈善总会捐赠价值1000万元的现金及物资，全力帮助抗洪救灾及灾后重建工作。同时，其郑州分公司也为救灾工作贡献自己的绵薄之力，向灾区人民传递了"多一度热爱，多一份支援"的企业精神。

除了扶贫救灾外，三六一度（中国）有限公司也在积极寻求企业与慈善的结合途径，以建立更持久的社会公益方式。2013年，三六一度（中国）有限公司联合中国扶贫基金会、天猫电子商务平台成立了"买一善一"（One Cares One）商业公益项目，即消费者每购买一双三六一度公益专款鞋，贫困地区的孩子就会得到一双以消费者名义为其捐赠的三六一度童鞋。所捐赠的物资是由三六一度（中国）有限公司为缺鞋儿童量身定制、生产的，真正实现了按需捐赠，一对一的"实名制公益""透明化公益"。2016年，"买一善一"项目已经帮助142223名贫困地区的孩子穿上了新鞋。三六一度（中国）有限公司发起的"买一善一"慈善活动，让公益行为更加简易、可持续，并且融入生活。"买一善一"项目遵循"让公益成为看得见的时尚"设计理念，长期与国内顶级设计师合作，设计具备时尚风格和品质感的产品。

未来，三六一度（中国）有限公司将不断强化公益文化，持续摸索更多的公益模式，帮助公益事业更健康地发展。

※ 引例分析

当下，越来越多的企业积极承担社会责任，努力为社会创造共同价值。企业的发展必然与社会其他层面相关联，发展的过程也是与社会融合的过程，二者和谐共生。履行相应的社会责任，是企业长远立足的根本。

随着互联网时代的全面到来，传统的市场营销模式发生了深刻变化，互联网营销成为新型的营销方式。传统的市场营销，即传统意义上在线下市场进行的营销活动，而互联网营销则是主要借助互联网开展的营销活动。当今社会的不断进步，营销活动的不断变革与发展，为市场营销提供了多种形式及更多的可能性；同时，市场营销也是电商平台获取源源不断流量的手段之一。作为互联网时代的市场营销从业人员，应该具备哪些知识才能更好地投身于市场营销工作呢？

任务一　市场与市场营销概述

市场是各方参与交换的多种系统，一般泛指商品交换的领域，是参与交换的基础设施之一，也是商品和服务价格建立的过程，不仅促进了商品贸易，而且促成了社会资源的分配等。市场营销被包含于商品经济范畴，是以商品交换为内容的一种经济联系形式，是为顾客和合作者乃至整个社会带来经济价值的体系。

知识点一　市场的基本内容

市场是社会分工和商品生产的产物，哪里有社会分工和商品交换，哪里就有市场。市场在发展过程中，通过信息的反馈影响商品的生产销售状况和上市时间等，推动社会经济的发展。基于市场主体不同和消费客体不同的性质，市场具有自发性、盲目性和滞后性特点，根据这些特点，市场可以划分为多种类型。

1. 市场的定义

市场通常是指进行买卖和交换商品的场所。市场起源于古时人类对固定时段或地点进行交易的场所的称呼，在城市发展并且繁荣后，住在城市周边的农夫、工匠、技工等群体之间就会开始进行交易，这对城市的经济发展做出了贡献。显而易见，最好的交易方式就是在城市有一个集中的地方（如市场），不仅可以让人们在此处提供货物和买卖服务，还方便人们寻找货物及接洽生意。当一个城市的市场变得庞大而且更加开放时，这个城市的经济活力也会随之增长。

市场是以商品交换为基本内容的经济联系形式。在商品经济条件下，交换产生和存在的前提是社会分工和商品生产。由于社会分工的存在，不同的生产者从事不同产品的生产，并为满足自身及他人的需要而交换各自的产品，从而使一般劳动产品转化为商品，使产品生产也转化为商品生产。正是在这一条件下，用于集中交换商品的市场应运而生。因此，市场是商品经济条件下社会分工和商品交换的产物，市场与商品经济有着不可分割的内在联系。综上所述，狭义的市场是指买卖双方进行商品交换的场所；广义的市场是指为了满足买卖某些商品或服务的需求而与其相联系的一群厂商和个人。市场的规模是指市场买卖者的人数。

2. 市场的构成要素

（1）主要构成因素。市场的主要构成要素包括卖方、买方和可供交换的商品。

①卖方。商品只有进行交换才能实现其价值，所以首先要由卖方将商品带到市场上。由于常见的商品交换是出于满足卖方的经济需要进行的，卖方作为市场供求中的供应方，成了市场构成的一个重要因素。

②买方。商品所有者向市场提供商品后，需要寻找到具备需求和购买能力的买方，这样商品的交换过程才能完成，否则市场将不复存在。因此，商品交换能否完成是由以买方为代表的市场需求决定的。

③可供交换的商品。此处所说的"商品"既包括实际有形的物质商品，也包括各种商品化的资源，如技术、劳动力等，同时还包括无形的服务，这些都可以进行交换。市场存在的目的即实现商品的交换，所以可供交换的商品也是市场的基本构成要素之一。若没有可供交换的商品存在，市场也就无从说起了。

（2）微观构成要素。市场的微观构成要素可以用一个等式描述：

市场 = 购买者 + 购买力 + 购买欲望

①购买者。由于人类的生存离不开对物质商品和精神产品的各种需求，因此自古以来哪里有人哪里就会自然形成市场。而购买者的多少决定着市场的规模和容量大小。购买者的构成要素包括人口总数、性别、年龄结构、地理位置及分布等，这些是构成市场的最基本要素，同时其构成和变化也影响着市场需求的构成和变化。因此，购买者是市场三要素中最基本的要素。

②购买力。购买力是指消费者购买商品或服务的能力。人们通过支付货币购买商品或服务满足自己的需求，所以在人口数量既定时，购买力就成了决定市场容量的重要因素。购买力是构成市场的物质基础。在一定时期内，消费者的可支配收入水平高低决定了购买力水平的高低。

③购买欲望。购买欲望是指消费者购买商品或服务的动机、愿望和要求，是由消费者的心理需求和生理需求引发的。如果消费者的购买欲望不强烈，不足以产生商品交换，那么即使具有了合适的人口条件和购买力，市场也无法真实存在。所以，购买欲望也是市场的重要构成要素之一，而产生购买欲望则是消费者将潜在购买力转化为现实购买力的必要条件。

对于市场而言，这三个要素相互制约、缺一不可，而市场营销学研究的正是市场的微观构成要素。

3. 市场的特点

市场是商品生产的产物，人们对商品交换的需要促使市场诞生。市场在形成及发展壮大的过程中也推动着社会商品经济的发展。市场具有自发性、盲目性和滞后性的特点。

（1）自发性。在市场经济环境下，大多数生产经营者是为了追求自身的经济利益进行经济活动，即根据市场价格决定其生产经营活动。这一自发的调节活动，虽能对资源配置起到促进作用，但有某些生产经营者因过于追求自身利益而出现不正当的经营行为，并且容易产生社会阶层分化的现象，不利于社会和经济发展。

（2）盲目性。在不受管控以及没有统一指导的情况下，生产方和商品经营者都是在各自领域参与经济活动。由于消息闭塞和专注于自己的领域，他们通常无法及时了解外界或其他领域的消息，对经济变化的情况也无法全面掌握，因此在生产和经营过程中所做的决策难免会有一定的盲目性，这种盲目性会使社会和经济受到不利影响。

（3）滞后性。在市场经济中，市场调节是一种事后调节，从出现供求不均造成的经济波动到通过调整实现经济平衡，必然有一定的时间差。因此，市场无法反映长期的供求趋势。

4. 市场的类型

根据不同的分类依据，市场可以划分为以下几种类型（见表1-1）。

表1-1　市场类型

分类依据	市场类型			
购买目的和身份	消费者市场	生产者市场	转卖者市场	政府市场
竞争状况	完全竞争市场	完全垄断市场	垄断竞争市场	寡头垄断市场
企业角色	购买市场		销售市场	

续表

分类依据	市场类型		
地理位置	城市市场		农村市场
区域范围	国际市场		国内市场
经营商品的专门化和综合性	专业性市场		综合性市场
规模	小型市场	中型市场	大型市场
交易内容	商品市场	现货市场	期货市场
用途	生产资料市场	技术服务市场	生活资料市场
商品是否实体	有形产品市场		无形产品市场

知识点二 市场营销的含义与功能

"现代营销学之父"菲利普·科特勒（Philip Kotler）认为，个人或集体通过创造产品和价值，并同别人自由交换产品和价值，以满足自己需要的社会管理和过程，即市场营销。这强调了营销活动的价值导向。作为市场营销从业人员还需要了解哪些相关知识呢？

1. 市场营销的含义

关于市场营销的第一版官方定义是于1935年由美国市场营销协会（American Marketing Association，AMA）的前身——美国营销教师协会采用的（1948年被AMA正式采用）。AMA对市场营销下的定义是：市场营销是在创造、沟通、传播和交换产品过程中，为顾客、客户、合作伙伴以及整个社会带来价值的一系列活动、过程和体系。

"服务营销理论之父"、世界CRM大师、芬兰市场学家格罗路斯（Gronroos）对市场营销的定义则强调了营销的目的：所谓市场营销，是指在变化的市场环境中，旨在满足消费需要、实现企业目标的商务活动过程，包括市场调研、选择目标市场、产品开发、产品促销等一系列与市场有关的企业业务经营活动。

美国学者基恩·凯洛斯（Kean Karros）将各种市场营销定义分为三类：一是将市场营销看作一种为消费者服务的理论，二是强调市场营销是对社会现象的一种认识，三是认为市场营销是通过销售渠道把生产企业同市场联系起来的过程。

值得说明的是，市场营销的定义没有标准形式，通常是基于观点人自己的理解和体会，即使是营销管理学大家，也会不断更新自己对市场营销的定义。总的来说，市场营销又称市场行销、市场学或行销学，既是一种职能，又是组织为了自身及利益相关者的利益，创造、沟通、传播和传递客户价值，为顾客、客户、合作伙伴以及整个社会带来经济价值的活动、过程和体系，主要是指营销人员针对市场开展经营活动、销售行为的过程。

2. 市场营销的功能

（1）导向功能。导向功能即对企业经营活动的引导。企业要谋求发展，做好经营决策是关键，也可以说经营决策决定了企业的成败。所以，企业需要通过市场营销活动分析消费者的需求，了解外部经济动向，以便做出相应决策。

（2）明晰消费者需求。现代营销观念认为，市场营销应以消费者为主，企业想要完成企业目标，只有通过满足消费者需求才能实现。作为生产经营者，要保证自己产品的售后工作到位，即使有消费者对产品不满意，生产经营者也能合理解决问题，这样才是真正满足消费者需求。

（3）开拓市场。通过市场营销，企业对消费者需求进行调查分析，充分把握市场机会，同时做出相应营销举措，达到开拓市场、增加销售量的目的。例如，可以开展多种形式的促销活动，积极进行产品开发。

（4）加快交换过程。加快交换过程有利于物流功能的实现，为消费者提供便利。企业应从消费者的角度出发，针对不同类型的顾客采取不同的营销策略。在电商行业，物流的速度十分重要，如果物流功能无法实现就会影响企业的销售效果。

（5）促进企业发展。规模较大的企业一般有一个共同点：有一套和企业特点相吻合的经营理念。除了具备强烈的客户意识外，合理的市场营销策略也是非常重要的。从消费者的角度来看，市场营销代表了企业，所以不能把市场营销作为单独的职能与企业分离。

任务二　市场营销观念的演变与发展

市场营销观念是指企业进行经营决策、组织管理市场营销活动的思维方式，并通过其指导企业对目标市场的需求进行确认。市场营销观念的演变大致经历了三个阶段：传统观念（包括生产观念、产品观念、推销观念）阶段、市场营销观念阶段、社会市场营销观念阶段。

知识点一　传统观念阶段

传统观念阶段的市场营销观念包括生产观念、产品观念、推销观念三项。

1. 生产观念

（1）生产观念的含义。生产观念是一种生产管理哲学，是指导企业市场经营行为最古老的观念之一。这种营销观念产生于20世纪20年代以前，考虑问题的出发点是企业的生产能力与技术优势；前提是"物因稀而贵，只要能生产出来，就不愁销路"；指导思想是"我们能生产什么，就销售什么；我们销售什么，顾客就购买什么"。遵循这种营销观念，企业的主要经营任务就是"提高生产效率，降低产品成本，以量取胜"。

生产观念认为，消费者喜欢容易买到、价格低廉的产品，企业应致力于提高生产效率和分销效率，扩大生产规模，降低成本，拓展市场。显然，生产观念是一种重生产管理、轻市场营销的企业市场经营哲学。这种观念形成的原因主要有两个：一是市场产品供不应求，消费者更看重或最紧迫的需求是从无到有的满足；二是产品成本居高不下，要想扩大市场，提高销量，首要工作是加强企业内部的生产管理，提高劳动生产率，降低生产成本。

从工业革命至1920年，西方国家的经济一直处于卖方市场的局面。市场产品供不应求，选择余地很小，只要价格合理，消费者就会购买。市场营销的重心在加强生产管理，加大生产量以解决供不应求的问题上，而对于消费者的需求并不重视。正是这样的生产力状况决定了企业遵循生产观念。

（2）生产观念的核心思想。生产观念并不认为满足消费者的需求是企业发展的关键因素，而是认为生产才是企业发展的中心任务，因此将企业经营的关注点和绝大部分精力放在生产上，并致力于通过降低生产成本、扩大产品产量拓展市场，对市场营销则不重视。

（3）生产观念的典型口号。生产观念的典型口号是"我们生产什么，消费者就购买什么"。例如，20世纪初，福特汽车创始人亨利·福特曾经宣称："不管顾客需要什么颜色的汽车，我只有一种黑色的。"这就是典型的受生产观念指导的企业，即忽略消费者的需要，只关注自己生产什么产品。生产观念是在当时的社会经济环境下产生的，所以在物质缺乏时期，福特汽车生产的 T 型车提高了生产效率，令更多消费者买得起，从而提高了福特汽车在美国汽车市场的占有率。

（4）生产观念的不足。生产观念忽视了产品质量的重要性，只是一味追求生产产品的数量，降低成本、提高产量，这样生产出的产品必然是有瑕疵的。以企业为中心就忽略了消费者的需要，企业不从消费者角度考虑问题，对市场营销并不重视，也不在意商品的包装和不注重打造产品的品牌，认为自己的产品不愁卖，这样的企业只有在物资短缺时期才能生存下来。

2. 产品观念

（1）产品观念的含义。产品观念是一种产品管理哲学，也是一种较古老的企业市场经营哲学。它是以产品为中心的营销观念，即将重点放在企业生产的产品上，而不注重市场营销和市场需求，与生产观念一同在资源匮乏、市场商品供不应求时期出现。

产品观念认为，消费者喜欢高质量、多功能和具有某种特色的产品，企业应致力于生产高价值产品，并不断改进。它同样产生于市场产品供不应求的"卖方市场"环境下。企业在研发出一项新产品时，容易产生新的产品观念。

（2）产品观念的核心思想。产品观念认为，消费者主要注重产品的性能和质量，企业应抓住这一点，将经营重心放在不断地改进产品上，多生产价值高、功能多的产品，以迎合消费者对高质量、有特色的新款产品的喜好，从而占领市场。

（3）产品观念的典型口号。"只要东西好，不怕没人要。"例如，美国爱尔琴钟表公司不注重市场形势的变化，1958 年以后的市场风向已经转向了经济实惠又方便购买的手表，但爱尔琴钟表公司对此毫无察觉，依然把成本投入生产精美的传统手表，自恃产品质量高就会有消费者购买，且忽视了市场营销的重要性，导致经营遭受了重大挫折。

（4）产品观念的不足。在以产品观念为导向时，容易出现一种现象即"市场营销近视症"，企业把注意力过多地放在了生产的产品上，没有注意到消费者的需求，忽略了市场需求的变化，也看不到市场营销的重要性容易致使企业经营陷入困境。

3. 推销观念

（1）推销观念的含义。推销观念是一种销售管理哲学，产生于 20 世纪 20 年代末至 50 年代，是许多企业遵循的另一种营销观念。这种营销观念考虑问题的出发点仍是企业的生产能力与技术优势；前提是"只要有足够的销售（推销或促销）力度，就没有卖不出去的东西"；指导思想是"我们能生产什么，就销售什么；我们销售什么，顾客就购买什么，货物出售概不负责"。遵循这种营销观念，企业的主要经营任务是"加大销售力度，想方设法将产品销售出去"。

推销观念认为，消费者通常有一种购买惰性或抗拒心理，如果顺其自然的话，消费者就不会大量购买企业的产品。因此，企业必须积极推销和大力促销，以刺激消费者大量购买本企业产品。推销观念被大量用于销售非需求商品，即消费者一般不需要购买的产品或服务。许多企业在产品生产过剩时，也会奉行推销观念。推销观念产生于资本主义经济由"卖方市场"向"买方市场"过渡的阶段，特别适用于供求平衡的"均衡市场"环境。

推销观念主要关心如何才能将商品推销出去，会选择使用各种技巧寻找消费者。推销观念与生产观念和产品观念相比已经有了明显进步，企业不再过于专注自己的产品，而是开始重视对销售过程。

（2）推销观念的核心思想。推销观念认为，消费者对于购买商品大多会表现出抗拒性或者被动性，如果顺其自然，就不会有足量的购买行为，也就意味着企业的商品销售难以达到目标营业额。因此，企业必须大力推销自己的产品，刺激消费者购买。

（3）推销观念的典型口号。"没有卖不出去的东西，只有卖不出去东西的业务员"，"我们卖什么，就设法让人们买什么"。其中的典型例子，即一个知名的营销案例——向和尚推销梳子。在这个营销案例中，作为反例的张三连哄带骗地卖给小和尚 1 把梳子；李四则以给信众整理仪容为由卖给和尚 8 把梳子；但王五提出"捐香火送梳子"的主意，由此卖出梳子 3000 把。在常人的观念中，要将梳子卖给没有头发的和尚简直是强人所难，但王五用自己的推销方法卖出 3000 把梳子。这个案例就是在强调"没有卖不出去的产品"这一核心思想。

（4）推销观念的不足。与前两种观念相似，推销观念虽然不是只将经营重点放在企业的产品上，而是加大了产品推广的力度，但还是不考虑市场形势和消费者需求，只是一味推销企业的产品。在这种推销过程中容易出现为了业绩强制或诱导消费者购买的现象。

知识点二　市场营销观念阶段

市场营销观念是指以满足消费者需求为导向的营销观念，在当时是一种新的营销观念，标志着企业营销观念发生了根本性变化，令市场营销学发生了极大变革。它改变了过去营销观念中"以产定销"的思维模式，取而代之的是"顾客至上"的思维模式。

1. 市场营销观念的含义

市场营销观念是在 20 世纪 50 年代中期出现的，强调"以顾客为中心"，认为顾客是企业营销活动的起点和终点。以这种观念为导向的企业营销特点是：不再为企业产品找合适的顾客，而是为顾客设计适合的产品。市场营销观念是一种市场（需求）管理哲学，是为应对上述观念的挑战而出现的新的企业经营哲学。这种营销观念考虑问题的出发点是顾客的需求；前提是"产品只要能满足顾客的需求，就能销售出去"；指导思想是"顾客需要什么，企业就销售什么；市场能销售什么，企业就生产什么"。遵循这种营销观念，企业的主要经营任务是需求管理，即"发现顾客需求，设法满足顾客需求；通过满足顾客需求，实现企业营利的目的"。

第二次世界大战后，欧美各国的军事工业很快转向民用工业，工业品和消费品生产的总量剧增，造成了生产相对过剩，导致了市场上的激烈竞争。在这一竞争过程中，许多企业开始认识到过去的销售观念已经不能适应市场竞争的需要，开始更多地关注消费者的需要和购买欲望，并研究其购买行为。企业将以生产管理为中心转向以消费者需求为中心，从此结束了企业"以产定销"的经营局面。

市场营销观念的重点在于满足消费者的需要，跳出了以往以产品为中心的思维模式，将市场需求作为企业营销的依据，以消费者和目标市场的真实需要确定自己的生产策略。

2. 市场营销观念的核心思想

正确认识和了解目标市场的动向和消费者的需求才是企业营销的重点，才能促进企业良性发展。市场营销观念认为，决定商品生产的因素在于市场和消费者而不是企业和产品，企业主要通过实现和满足消费者的需要获取利润。

3. 市场营销观念的典型口号

"顾客需要什么，我们就提供什么。"美国迪士尼乐园在成立之初便确定了其经营目标——我们的产品不是动画人物、不是游乐设施，而是给游客提供满满的快乐。迪士尼公司旨在让所有进入乐园的小朋友、大朋友都实现其童年时美好的梦。所以，当被游客提问时，迪士尼乐园的工作人员都必须遵循"迪士尼礼节"来回答。正是将"顾客需要什么，我们就提供什么"当作乐园的经营理念，才建立起良好的"迪士尼乐园文化"。

知识点三　社会市场营销观念阶段

20 世纪 70 年代，西方资本主义国家出现环境破坏、资源匮乏、通货膨胀等问题，由于市场营销观念避开了消费者权益、消费者需求和社会福利之间隐含的冲突，在这种形势下产生了社会市场营销观念。

1. 社会市场营销观念的含义

社会市场营销观念是一种新的企业经营哲学，是以满足顾客需求为出发点的，即"顾客需要什么，我们就生产什么"。社会营销观念要求企业生产经营的产品和服务，不仅满足消费者的市场需求或短期欲望，而且符合消费者的长远利益和社会发展，改善社会福利。企业决策者在确定经营目标时，应当根据企业的优势，既考虑市场需求，又注意消费者和社会的长远利益，综合运用各种营销手段，引导消费者合理消费，实现消费者利益、企业利益和社会效益三者统一。

现实生活中，有的企业只考虑实现自己营利的目的，不考虑消费者需求的满足与社会长远利益。例如，一次性筷子、一次性饭盒的大量生产与使用，塑料包装制品的泛滥成灾，野生动物被大量捕捉、食用等行为，无不是以国家、社会、环保、生态利益受到损害为代价。当然，企业的根本属性是营利性。从长远来看，企业的发展不仅要满足消费者的需要和欲望并以此获得企业利润，而且要符合社会的长远利益。因此，要正确处理消费者需要、企业利润和社会整体利益之间的矛盾，统筹兼顾。

2. 社会市场营销观念的核心思想

社会市场营销观念认为，健康的营销观念不应该将目光仅仅放在获取企业自身利益上，而是应该以消费者和目标市场需求为核心，以满足消费者需求为主，在为企业获取利益的同时还应考虑到社会长远利益，实现三方利益统筹兼顾。

3. 社会市场营销观念与市场营销观念的联系

社会市场营销观念是在市场营销观念基础上的优化，是对市场营销观念的修正和补充，解决了市场营销观念中对社会利益缺乏考虑的问题。该观念要求企业在追求自身利益的同时，兼顾社会的可持续发展。

案 例 分 析

吉利控股集团与华强方特的市场营销观念

浙江吉利控股集团有限公司（以下简称"吉利控股集团"）是中国汽车行业十强企业，被评为首批国家"创新型企业"和首批"国家汽车整车出口基地企业"。该集团在国内建立了完善的营销网络，拥有 4S 店近 500 个和服务站近 600 家；投资近千万元建立了国内一流的呼叫中心，为用户提供 24 小时快捷服务；率先在国内汽车行业实施 ERP 管理系统和售后服务信息系统，实现了对用户需求的快速反应和对市场信息的快速处理。截至 2022 年 12 月，吉利汽车全年累计销售 143.29 万辆。吉利商标已被认定为中国驰名商标。

华强方特文化科技集团股份有限公司（以下简称"华强方特"），在以文化为核心、科技为依托，创新文化发展模式引领下，发展成为目前国内唯一集主题乐园的创、研、产、销全产业链运营于一体的企业。目前，华强方特已经在芜湖、青岛、株洲、沈阳、郑州、厦门、天津、宁波等地成功运营了"方特欢乐世界""方特梦幻王国""方特东方神画""方特水上乐园"四大品牌，共 18 个主题乐园。同时，华强方特利用高科技和新技术积极传扬中华优秀传统文化。例如，芜湖"方特东方神画"乐园于 2016 年推出了大型 AR 魔幻表演项目《千古蝶恋》，采用增强现实技术和真人表演相结合的形式，亦幻亦真地向游客呈现了"梁祝"这个流传千年的中国经典爱情故事。华强方特坚持讲述经典的中国故事，向世界传播中国优秀文化，不断推陈出新的主题活动和主题园区塑造了企业良好的品牌形象，以品牌战略拓展市场，实现可持续化发展。

现代营销观念

1. 生态营销观念

生态营销观念（ecological marketing concept）是以市场为导向，以市场需求和市场竞争为中心，以寻找和满足最能发挥企业优势的市场需求、提高企业经营效益为重点的营销观念。

生态营销观念认为，市场上的需求多种多样，任何一家企业都不可能满足市场上的所有需求，只能将那些最能发挥企业优势的市场需求作为企业的营销方向，并设法满足它们。因此，企业在开展营销活动时，要把市场需求与企业自身优势有机结合起来，就像生物生长要与自然环境相适应一样，必须选择那些最能发挥自身机体功能的生态环境，作为自己生存和繁衍的场所。

在生态营销观念的指导下，企业一方面坚持以消费者需求为中心，按照市场的需求组织企业的营销活动，注重整体营销，通过使顾客满意获取长远利益；另一方面注重企业的优势分析，充分发挥自身优势和特长，扬长避短，避免因盲目跟市场、赶潮流带来失误。因此，生态营销观念不仅有助于企业抓住新的市场机会，满足市场的潜在需求，而且重视发挥企业的优势，是对市场营销观念的补充和完善，是市场营销观念的进一步发展。

2. 绿色市场营销观念

持绿色市场营销观念（green marketing concept）的企业将保护环境作为经营管理的指导思想之一，以树立绿色企业文化为价值观念，以消费者绿色消费为中心和出发点，生产绿色产品满足顾客的需求。

在可持续发展理论指导下，针对日益严重的环境问题提出的绿色市场营销观念，将成为21世纪市场营销重要的指导思想，它的要求体现在市场营销的方方面面。绿色市场营销观念的实质就是强调企业在进行营销活动时，要努力把经济效益和环境效益结合起来，努力消除和减少生产经营对生态环境的破坏和影响，尽量保持人与环境的和谐，不断改善人类生存环境。展望未来，开发绿色产品，争取绿色标志，传播绿色文明。开展绿色营销的前提是产销双方绿色意识的树立；基础是绿色产业的形成与绿色产品的开发与生产；手段是树立企业绿色形象、获得绿色标准认证（ISO 14000系列标准）、获取绿色产品标志；具体策略表现在产品的绿色设计、清洁生产、绿色包装、绿色价格、绿色分销、绿色促销及绿色消费等方面。

3. 大市场营销观念

大市场营销观念（megamarketing concept）是1984年由美国市场营销学家菲利普·科特勒提出的一种营销观念。他认为，企业不仅应该服从和适应外部宏观环境，而且应该采取适当的营销措施，主动地影响外部营销环境；在实行贸易保护的条件下，企业的市场营销策略除了4P之外，还必须加上两个P策略，即政治权力（Political power）和公共关系（Public relations）。他将这种战略思想称为"大市场营销"。科特勒指出，大市场营销是企业为了成功进入特定市场并在这个特定市场上经营，不应该消极地顺从与适应外部环境及市场需求，而应该在战略上同时实施政治的、经济的、心理的、公共关系的技巧以赢得参与者的合作。

如果企业是在规模狭小的，甚至是单个消费者的市场开展营销活动，4P策略就是必须考虑的四大营销策略。但是，当企业面对规模巨大、人数众多、跨地区、跨国界的市场，甚至是全球市场时，原先采用的4P策略尽管不可或缺，但是会"力不从心"。这是因为，随着市场规模的扩大,"小市场"会遇到原先不曾遇到的问题。如市场越大,文化差异和需求差异越大、环境越复杂、市场割据越有可能。特别是,随着世界范围的贸易保护主义和政府干预经济日益加强,政治权力对企业营销的影响也会增强。在这种情况下,除了传统的4P策略外,企业还须取得政府官员、立法部门、企业高层决策者以及社会民众的支持和合作,扫清营销障碍,变封闭性市场为开放性市场。

4. 定制营销观念

所谓定制营销观念（customization marketing concept），是指企业在大规模生产的基础上，将每位顾客都视为一个单独的细分市场，根据每位顾客的特定需求安排营销组合策略，以满足其特定需求。它是制造业、信息业迅速发展给企业带来的新的营销机会。

一条工业生产线究竟生产制造多少产品最好，市场营销专家的回答可能让你大吃一惊：一件。如何将现代化大生产的规模经济要求与每位顾客对同一产品的不同要求结合起来，同时兼顾批量生产与个别需求，使产品更好地适应并满足目标市场每位顾客的需求？简单地说，就是生产者分别为不同的顾客制作他们需要的产品。

"定制"即量身定做，这对人们来说并不陌生。在早期市场上，许多手艺人在为顾客加工制作产品时，都采取"定制"的做法。例如，裁缝根据顾客的身高、体形，喜欢的式样为顾客定做服装；鞋匠根据顾客脚的尺寸及喜好设计制作鞋样。即使在今天，仍有许多顾客定做西服、衬衫等产品。

5. 直复营销观念

在直复营销观念（direct response marketing concept）的英文表示中，direct即直接的意思，是指不通过营销中间商直接由企业利用媒体面对顾客的营销活动。直复营销中的"直复"是直接回复的意思，是指企业与顾客之间的交互，即顾客对企业的营销努力有一个明确而直接的回复，企业也可通过对这种明确回复的统计，做出对以往营销效果的评价。

根据美国直复营销协会（ADMA）为直复营销下的定义可知，直复营销是一种为了在任何地方产生可度量的反应和（或）达成交易，而使用一种或多种媒体相互作用的市场营销系统。

知识点四 市场营销传统观念与现代观念的异同

生产观念、产品观念、推销观念一般被称为"旧观念""传统观念"，是以企业为中心、以企业利益为根本取向和最高目标处理营销问题的观念。

市场营销观念与社会市场营销观念被称为"新观念""现代观念"，是分别以消费者为中心的顾客导向观念和以社会长远利益为中心的社会导向观念。

市场营销传统观念与现代观念的异同点如表1-2所示。

表1-2 市场营销传统观念与现代观念的异同点

项目	传统观念	现代观念
相同点	都是企业为了获得利润而持有的经营理念	
不同点	是"以卖家为导向"的观念，以企业自身利益和生产的产品为中心，对消费者的需求并不重视。用提高产量、降低成本、加强促销等方式扩大销量获取利益	是"以市场为导向"的观念，以消费者和目标市场的需要为中心，在满足消费者需求的前提下保证企业的盈利，并合理运用营销策略

续表

项目	传统观念	现代观念
举例对比	以推销观念为例，采用了由内往外的顺序，以生产为出发点、以产品为中心，将精力放在促销活动和产品推广上，以此获得利润	以市场营销观念为例，采用了由外往内的顺序，以产品目标市场为出发点、以消费者需要为中心，协调所有对顾客造成影响的活动，通过满足顾客的需求获得利润

任务三　市场营销的组合与创新

知识点一　市场营销组合的基本内容

1. 市场营销组合的含义

市场营销组合（Marketing mix）是指企业根据目标市场的需要，全面考虑企业的任务、目标、资源以及外部环境，对企业可控制因素进行最佳组合和应用，以满足目标市场的需要，实现企业的任务和目标。1964 年，美国哈佛大学教授尼尔·鲍顿（N.H.Borden）最先提出这一概念，并确定了营销组合的 12 个要素。他认为，企业在开展市场营销活动时，必须把握住为满足消费者需要而采取的基础措施，并整合完善，充分发挥整体优势。做好市场营销组合工作可以保证企业从整体上满足消费者的需求。此外，市场营销组合也是企业应对竞争者强有力的手段，是企业合理分配营销预算费用的依据。

2. 市场营销组合的特点

市场营销组合具有可控性、动态性、复合性、整体性的特点。

（1）可控性。对于企业而言，市场营销组合的各方面因素都属于可控因素，企业能针对市场需求进行生产结构的选择，对产品定价等，从而灵活利用这些可控因素选择市场营销组合的应用。但是，在企业营销活动中，除了企业可控因素外，也包括不可控因素。因此，企业在制定市场营销组合时，需要对市场形势和行业现状有充分把握。

（2）动态性。市场营销组合是不可捉摸的动态组合，其组合因素都是不断变化并且互相影响的，营销组合策略就存在于这些变化的排列组合中。产品、价格、销售渠道和促销四大营销因素各自包含着小因素，每个因素的变动都使营销组合发生改变。所以，市场营销组合存在明显的动态性。

（3）复合性。市场营销组合是多次组合而成的，属于复合结构，因此选择不同的因素会形成不同的组合。除了四大营销因素间的最优解外，也需要兼顾每个大类因素内部的搭配。因此，企业在进行营销活动时需要针对具体的目标，除了四大因素内部的整体组合外，还要对四大因素内部更深层次的组合进行搭配。

（4）整体性。市场营销组合是一个有机整体，要求企业根据相关因素进行协调，形成一个整体的营销策略。在组合条件下，各因素独立时存在的不足能得到协调和配合，所以企业在进行营销组合时应保证其整体性，而不是只注重各个因素独立时的最优条件。

知识点二　市场营销组合的产生与发展

尼尔·鲍顿确定了营销组合的 12 个要素后，理查德·克莱维特教授将营销组合要素总结归纳为产品、定价、渠道、促销四大因素。市场营销组合是企业针对竞争对手采取的有效手段，作为制定企业营销战略的基础，也是分配企业营销预算的依据。做好市场营销组合工作能够从整体上保证企业满足顾客需求。

1. 4Ps 营销策略组合

1960 年，麦卡锡（E.J.McCarthy）在《基础营销》一书中提出了著名的价格（price）、产品（product）、促销（promotion）、渠道（place）4Ps 营销策略组合。麦卡锡认为，企业从事市场营销活动，一方面要考虑企业的各种外部环境；另一方面要制定市场营销组合策略，通过实施策略，适应环境，满足目标市场的需要，实现企业的目标。麦卡锡提出这一策略时，市场正处于由卖方市场转向买方市场的时期，与其对应的营销手段复杂多样。4Ps 营销策略组合为当时的企业完成目标提供了理想方式。

2. 6Ps 大市场营销组合

20 世纪 80 年代，世界经济发展逐渐滞缓，政治因素和社会因素对市场营销的影响越来越大。与之相应，菲利普·科特勒在原 4Ps 组合的基础上加上政治权力和公共关系，简称"6Ps 大市场营销组合"（见图 1-1）。需要注意的是，一般营销理论只提到环境对营销活动造成的影响，却忽略了企业开展的经营活动也会反作用于外部环境。因此，产生了 6Ps 大市场营销组合。

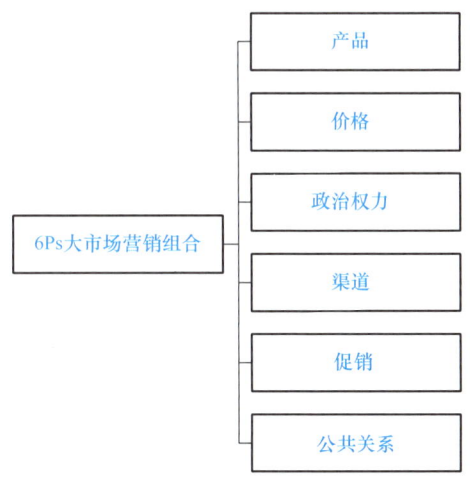

图 1-1　6Ps 大市场营销组合

3. 11Ps 营销策略组合

1986 年，菲利普·科特勒在 6Ps 大市场营销组合的基础上加上探查（probe）、优先（priorition）、分割（partition）、定位（position）以及员工（people），即 11Ps 营销策略组合。将产品、价格、渠道、促销称为"战术 4P"，同时提出了"战略 4P"，即探查、优先、区隔、定位。该策略组合内容及其释义如表 1-3 所示。

表 1-3　11Ps 营销策略组合

11Ps 内容	释义
产品	包括质量、功能、品牌、包装
价格	在产品相应使用周期内制定相应的价格
渠道	需要建立合适的销售渠道
促销	特别是好的广告等
政府权力	依靠政府权力和人脉打通关系，或是通过国家之间的谈判进行市场互通

续表

11Ps 内容	释义
公共关系	正确依靠传媒力量，树立企业良好形象，消除或减缓对企业不利形象的报道
区隔	进行市场细分的过程，将市场按照消费者需求进行区隔
探查	市场调研，用调研探查的方式了解某产品的市场需求状况
优先	选择目标市场
定位	通过赋予产品特点，使其在消费者心中形成一定的印象
员工	这里除了指"员工"外，也可以指顾客

4. 4Cs 营销策略组合

随着市场竞争日趋激烈，4Ps 营销理论越来越受到挑战。1990 年，美国学者罗伯特·劳特朋（R.Lauterborn）提出了包含成本（Cost）、沟通（Communication）、消费者（Customer）、便利（Convenience）四个因素的 4Cs 营销策略组合。该理论认为，消费者的需求和欲望应该被重视，主要关注消费者为了得到某商品愿意付出的程度。因此，4Cs 是以消费者为中心，强调企业的经营活动应当根据顾客需要进行，与以企业为中心的 4Ps 理论有着本质不同。

知识点三　市场营销策略创新

由于国内、国际市场环境不断变化和发展，以往的营销理念和思维方式已无法满足当前营销活动的需要，需要对市场营销的策略进行创新。

1. 培养市场营销创新理念

企业在发展过程中不能故步自封，要依据市场环境的变化进行创新，否则扩大企业的市场规模是很困难的。因此，市场营销从业人员要勇于打破传统，大胆改变，创新观念；企业可以着眼全世界，将目光放长远，以利于企业更好发展。

2. 采取创新营销策略

要制定一套符合市场规律、灵活多变的创新营销策略可以从以下四个方面考虑。

（1）主动性。依照当前市场的变化风向和经济动向，主动对产品、营销环境等进行分析，拒绝守株待兔的心理。

（2）沟通性。加强与相关企业的信息资源共享，定期组织经验交流，努力实现共同进步。

（3）先进性。企业的发展创新中很重要的一点就是与时俱进。企业要采用符合自身情况的新方式，始终对先进的营销理念和方法抱有积极学习的态度。

（4）激励性。根据企业特性采用相应的奖惩策略，制定一套完善的管理策略，充分调动员工的积极性。

3. 提高市场营销人员素质

市场营销不仅是推销产品这种单一的行为，还是一种严格要求专业性的社会活动。营销队伍在市场营销中起到了代表作用，营销人员的素质优秀与否与产品销量和企业的总体经济效益息息相关。市场营销人员作为一家企业的门面，可以说每天都在向外界展示着自己的专业素质，并代表了企业形象。一名优秀的市场营销人员需要具备以下三个方面的素质。

（1）广博的知识。市场营销人员不仅需要对销售的产品了如指掌，还需要以广博的知识储备作为营销活动的支撑，其中，基础文化知识是必备，专业知识是本职，包括但不限于心理学、金融学、管理学、人际交往等方面的知识。不仅如此，市场营销人员还需要掌握沟通技巧、企业文化等，以更好地助力营销活动的展开。

（2）敏锐的洞察力。市场营销的重点是了解消费者和目标市场的需求，以此进行营销活动的决策。市场营销人员需要在变化多端的市场环境中掌握规律，具备对市场形势和风向的分辨能力。

（3）良好的心理素质。作为一名优秀的市场营销人员，需要有浓厚的职业兴趣，以及一定的抗压能力。这些心理素质能帮助市场营销人员保持热情，不会轻易放弃。

4．企业要高度重视营销工作

企业需要结合自身实际，在激烈的竞争环境下，制定有效的市场营销管理方案，及时分析调研，掌握市场动向，准确进行产品定位和市场定位。

（1）产品定位。每家企业都应该对自己的产品有一个明确清晰的定位，市场营销人员首先要充分认识产品，完整掌握产品卖点，以更好地进行营销活动。

（2）市场定位。市场定位是影响市场营销的关键因素，企业必须明晰自身的市场定位在哪里，营销人员也应当分析产品的主要市场以及主要客户的分布。在重要的市场中，企业的顾客较多，因此营销工作必定能创造出相较于其他一般市场来说更好的条件，有利于营销人员开展工作。

5．以顾客为中心

保持源源不断的顾客是一家企业生存和发展的基础。企业在发展中既要不断获得新顾客，也要稳定当前顾客。但是，在企业的实际经营中，顾客总是一边增加一边流失，所以市场竞争的核心就是竞争顾客。要想留住顾客，营销人员需要根据不同顾客类型采用不同的策略。只有以顾客为中心，从顾客角度出发，才能真正了解顾客所需。

任务四　市场营销的道德与责任

道德是一种社会意识形态，具有社会性，在一定程度上是对人的不良行为的约束，但这种约束不是强制性的，而是通过社会舆论和成文或不成文的规定进行的。

知识点一　市场营销道德的概念

市场营销道德是对市场营销过程中调整企业内部和企业之间、企业与国家和社会之间相互关系的行为规范的总结，是除法律之外制约企业正常健康的生产经营活动、企业间进行良性竞争的要素之一，是用来判定市场营销活动是否可取的社会标准。企业遵循市场营销道德能够让生产者、经营者以及消费者的利益保持一致，提高企业经济效益和社会效益。

知识点二　市场营销活动中的道德问题

就企业与国家和社会的关系而言，市场营销道德主要要求企业营销活动合乎国家法律、政策，不仅要满足消费者需要，而且要符合消费者自身和整个社会的长远利益。现如今，营销活动可谓无处不在，营销已经成为企业必不可少的一项职能，从事营销工作的人员不断增加，各式营销手段层出不穷，但不可避免地出现了一些相应的问题。每年的3月15日是国际消费者权益日，我国中央电视台历年举办的"3·15"晚会，通常会揭露许多企业的不道德行为，令公众十分震惊。

市场营销活动，首先，通过市场调研明确目标客户和市场需求；其次，根据调研结果发现市场营销机会进行目标市场的选择；最后，根据市场需求进行营销组合策略的制定。在这种营销活动中，每个环节都有可能存在营销道德问题。

1. 营销调研中的道德问题

身为调研人员要对自己的客户和工作负责，认真设计调研问卷，尊重客户隐私，同时保证工作质量。在成为调研人员之前，要接受严格的培训；在调研过程中收集的资料要确保真实、有效、可靠，不能捏造。要严格保守被访者的业务秘密，未经允许不得擅自公布或透露被访者的信息，并对其身份保密。对于调研结果要本着认真严谨的原则，全面公正地发表最终调研结果，不能断章取义，否则就属于违背职业道德原则。

2. 产品策略中的道德问题

（1）不能故意欺瞒消费者，以次充好。

（2）不能恶意刺激消费者的消费欲望，以操纵的方式对消费者的消费行为进行干涉。

（3）商品的商标和包装等必须是真实有效、符合国家标准的，标签上必须提供完整真实的产品信息。

（4）产品在生产过程中不得对参与生产者的身体及心理带来伤害，或者造成环境污染等一系列不利于人和社会可持续发展的后果。

（5）产品在使用过程中不能对消费者造成人身和财产安全的危害，以及产品废弃部分不能对环境产生危害。

违反以上任意一项都属于市场营销活动中的道德问题。

3. 价格策略中的道德问题

（1）不得在定价时出现欺诈行为。如名义上促销实际上先抬高价格再进行无意义降价；对缺货商品的定价很低，以价廉之名行高价之实。

（2）制定掠夺性价格。制定掠夺性价格即产品定价远远高于成本价格，如药品、化妆品等的销售价是成本价的好几倍。

（3）制定垄断性价格。同类型商品的生产者或销售者为了阻止产品价格下降进行价格共谋，要求市场上其他生产者、销售者必须按照协议制定销售价格。

以上行为严重扰乱了市场的经济秩序，属于不道德行为。

4. 分销策略中的道德问题

分销过程中的道德问题主要出现在生产商和经销商之间，如可能会出现阴阳合同或者合同中出现争议条款等，生产方不及时供货影响经销商销售，经销商未按时支付货款等，都属于分销策略中出现的道德问题。同时，包括经销商违反合约规定，在未经许可的情况下销售其他企业的商品等。

5. 促销策略中的道德问题

如今，企业的经营形式多样，同行竞争越来越严重，也因此出现有些企业过分强调吸引消费者眼球，在促销活动中采用"注意力经济"等方式。

（1）对产品进行过度包装，包括产品包装上的描述或是标语出现严重夸大等现象，宣传语言过其实。例如，一些普通保健品在产品描述上添加"治疗糖尿病""抗癌"等功能性字眼，夸大该产品的功效，这违背了《中华人民共和国消费者权益保护法》；使用"最先进""顶级""最佳"等涉嫌虚假宣传的关键词，违反了《中华人民共和国广告法》的规定。

（2）在广告方面欺骗消费者，令消费者看后做出错误的消费决策；为了打压竞争对手以提高自身产品的市场地位而播放攻击竞争对手的广告，恶意引导消费者；在播放广告时进行虚假承诺，吸引消费者消费，但在消费者真正消费之后没有兑现承诺；采用含糊其词的广告宣传，使消费者误解广告的真实含义。

（3）在促销时，诱导消费者购买本不想要的商品，或是推销伪劣、"三无"产品。

（4）在促销活动中刻意安排"托儿"，使消费者误解此商品十分畅销、物超所值而产生从众心理进行消费等；开展"买一送一"活动，送的却非同一商品；夸大商品功效，并无法得到证实，如负离子产品、延年益寿功效的保健品等将功效夸得神乎其神。

6. 市场竞争中的道德问题

随着市场竞争加剧，许多企业为了自身利益采取了不道德的手段参与竞争，既损害了同行利益，又破坏了正常的竞争秩序。

（1）通过不正当方式获取竞争对手的商业机密和知识产权，如商标抢注往往不是为了进行产品的生产和销售，只是为了投机；以考察、交流、合作为理由，在此过程中获取同行的企业机密等；在竞争对手的企业中安排自己的"侦察员"，或收买竞争对手企业的员工，令其提供该企业的商业机密。

（2）同行之间的恶性竞争，包括但不限于进行促销大战，互相攻击、诋毁竞争对手公司和产品等。

（3）"权力营销"也是一种不正当方式，败坏社会风气，助长腐败等不正之风。

违背营销道德的危害

1. 对社会造成了不良影响

一是对环境的污染。例如，产品本身及产品包装物和制造过程对环境的污染。二是对社会文化价值的误导。例如，不健康的厂名、店名、品牌名称造成文字污染；不少广告强力灌输的"物质主义至上""性""地位""高消费"等观念造成对人们价值观的误导，使人们相互攀比，超前消费；有的营销活动还造成恶劣的社会及政治影响。三是增加社会成本。例如，香烟在满足人们需要的同时，也损害了人们的身体健康，并侵犯了不吸烟人的权利，致使吸烟导致的疾病及死亡率增加，进而增加社会医疗费用支出。又如，汽车数量的增加不仅使各种基础设施如公路、停车场、交通管理、警察等资源更加紧张，而且造成交通堵塞、空气污染、车祸伤亡等社会成本大大增加。

2. 对消费者利益造成损害

尽管消费者被营销者称为"上帝"，但是消费者在许多方面并没有体会到做"上帝"的滋味，反而成为营销系统的牺牲品。一是产品对消费者利益的损害。有的产品本身是有害的，如烟、酒等；有的产品质量不合格，会对消费者造成人身和财产安全损害，如家电漏电、啤酒瓶爆炸等；还有的是假冒伪劣产品，使消费者不仅在经济上、心理上、人身财产上受损，而且对同行、对社会造成不利影响，如假名牌商品。二是欺诈性的营销损害消费者利益。漫天要价、欺诈性包装、促销过度等都使消费者的利益受损。另外，因产品使用说明书不详而造成的消费者误用、误服事件也时有发生。

3. 对企业带来了不利影响

随着市场经济体系的逐步完善，消费者变得越来越成熟，老百姓上过一次当，怎么可能二次受骗？对于同类产品，老百姓如果连续上几次当，就会对整个行业嗤之以鼻。例如，冠生园月饼事件不仅使该厂的月饼无法销售，而且使国内月饼市场陷入危机，结果害人又害己，以破产告终。因此，营销道德的终结之日，也是市场的终结之日。越来越多的企业认识到，采取不道德的营销手段骗得了顾客一时，却骗不了顾客一世。这种行为虽然可能在短期给企业带来利益，但从长远来看必定有损企业形象。在现代企业营销活动中必须讲求营销道德。决定竞争成败的不仅仅是企业的知名度，更重要的是企业的信誉度、美誉度。声誉是企业的生命，一旦声誉受损，企业就会很难翻身，最终走向死亡。因此，有远见的企业和营销人员都能诚恳地对待顾客，获得顾客的信任，并重视与顾客建立长期的关系往来，增加顾客的重复购买率，这样才能在顾客心目中树立起良好并长久的企业形象，最终实现企业的经济效益。

4．对产业链的危害

全球有诸多新兴产业在推广时违反营销道德，龙头企业如果没有遵守营销道德，不顾及消费人群的健康与安全，就会直接影响此类产业在今后的合理发展。许多企业利用法律漏洞大肆赚钱的行为，严重破坏了整个产业的规则，也会有不少喜欢投机倒把的人跟风。在这种情况下，就会像滚雪球一样，对整个社会的危害加大，一旦整个产业崩溃，就会既危害消费人群，也使大量企业员工面临失业，政府的经济与就业压力增大，并且要处理因产业崩溃带来的社会效应。在后期，如果想要重新建立该产业的形象，就会难之又难。

由此可见，企业在营销活动中不遵循道德准则，虽可能得逞于一时，却会严重损害企业的品牌形象。因此，一个优秀的企业应该讲求营销道德，提高企业的美誉度。

知识点三　提高市场营销道德和社会责任意识的对策

市场营销道德是用来判定市场营销活动正确与否的道德标准，即判断企业营销活动是否符合消费者及社会的利益，能否给广大消费者及社会带来最大幸福。市场营销道德是市场经济的衍生物。市场经济条件下，现代企业在开展营销活动中必须讲求营销道德，实施诚信营销。导致市场营销活动中道德缺失和社会责任意识淡薄的原因有很多，包括外部的营销大环境以及企业之间的竞争环境等，所以提高市场营销道德和社会责任意识的对策可以从国家、企业、个人三个层面来说明。

1．国家层面

（1）加强市场营销道德规范的制定。我国在市场营销方面的各种法律法规还不健全，国家应加强和完善市场营销道德规范与相关法律法规建设，只有拥有良好规范的道德标准，才能依据标准进行行业行为的管理。国家可以制定最基本的道德标准，企业可以结合这些基本道德标准并根据具体情况自行制定企业道德规范。为了引起企业的重视，国家可将市场营销道德规范的履行情况作为企业考核内容。

（2）营造健康的市场营销环境。营造健康的市场营销环境是缓解市场营销道德缺失的方法之一，市场营销环境属于外部环境，而外部环境是需要国家政府、媒体等组织进行维护的。国家应在外部环境的维护中扮演激励角色，引导企业遵守市场营销道德内容，营造社会良好风尚。

（3）提高不遵守道德规范的成本。政府应提高企业不道德营销行为成本，使企业在决策时能考虑到相关群体以及社会效益，如严禁废弃物和污水的排放，违者重罚；使用环境标识督促企业自觉维护环境等，提高不遵守道德规范的成本，促使企业在决策时更多地考虑社会责任问题。

2．企业层面

（1）增强法律意识。法律是保护人们免受侵害的条例，是制约不法行为的枷锁，企业在进行营销活动时必须遵守国家的法律法规，不做违反法律的事情，不钻法律的空子侵害他人利益。国家法律要求企业在进行经营活动时必须诚实守信，对生产过程开诚布公，不能对消费者和管理机构有欺瞒行为，损害他人利益。

（2）转变营销管理哲学。企业在进行营销活动时需要处理与顾客之间乃至社会等方面的关系，在这个过程中持有的观念和态度被称为"营销管理哲学"。因此，拥有一套完整正确的营销管理哲学是企业提高市场营销社会责任意识的方法之一。企业在制定市场营销策略时，需要兼顾市场需要、企业效益和社会效益三个方面。

（3）培养高素质人才。企业要提高市场营销道德和社会责任意识，不仅需要企业管理者制定营销道德规范，还需要企业员工严格执行。因此，企业要提升人力资源部门的运营水平，使市场营销道德和社会责任意识的相关内容扎根于员工心中。只有企业的每个成员都认真贯彻落实，企业的营销道德水平才能提高。

3. 个人层面

在个人层面，无论是作为消费者还是生产者，每个公民都应该提升社会责任感。企业需要承担社会责任，企业的管理者和每个员工需要对社会责任有正确的认识，并且认真贯彻落实社会责任，才能做出对消费者、对社会有益的营销决策，而不是对企业因生产出现的环境问题等熟视无睹。

营销技巧

六顶思考帽

"六顶思考帽"是英国学者爱德华·德·博诺（Edward de Bono）开发的一种思维训练模式，或者说是一个全面思考问题的模型。它提供了"平行思维"的工具，避免将时间浪费在互相争执上，强调的是"能够成为什么"，而非"本身是什么"，是寻求一条向前发展的路，而不是争论谁对谁错。运用博诺的六顶思考帽会使混乱的思考变得清晰，使团体中无意义的争论变成集思广益的创造，使每个人变得富有创造性。

六顶思考帽是一个操作简单、经过反复验证的思维工具，它给人以热情、勇气和创造力，让每次会议、每次讨论、每个决策都充满新意和生命力。这个工具能帮助人们增加建设性产出；充分研究每种情况和问题，创造超出常规的解决方案；使用"平行"思考技能，取代对抗型和垂直型思考方法；提高企业员工的协作能力，让团队的潜能发挥到极限。

1. 白色"思考帽"

白色象征着中立而客观，代表信息、事实和数据。努力发现信息和增强信息基础是白色"思考帽"的关键。使用白色"思考帽"思维时，要将注意力集中在平行的排列信息上，并牢记三个问题：现在有什么信息，还需要什么信息，怎么得到需要的信息？这些信息既包括确凿的事实、需要验证的问题，也包括坊间传闻以及个人观点等。如果出现了意见不一致的情况，则可以简单地将不同观点平行排列在一起；如果这个有冲突的问题尤其重要，则可以在稍后对它进行检验。

思考的真谛：白色"思考帽"可以帮助人们做到像计算机那样提出事实和数据，用事实和数据支持一种观点，为某种观点搜寻事实和数据，信任事实和检验事实，处理两种观点提供的信息冲突，评估信息的相关性和准确性，区分事实和推论，明确弥补事实和推论之间差距所需的行为。

2. 绿色"思考帽"

绿色是生命的颜色，是充满生机的，绿色"思考帽"不需要以逻辑性为基础，允许人们做出多种假设。在使用绿色"思考帽"进行思维时，要时刻想到下列问题：还有其他方法来做这件事吗，还能做其他什么事情吗，有什么可能发生的事情吗，什么方法可以克服遇到的困难？绿色"思考帽"可以帮助企业寻求新方案和备选方案，修改和去除现存方法的错误，为创造力的尝试提供时间和空间。

思考的真谛：绿色"思考帽"激发行动的指导思想，提出解释，预言结果和新的设计。使用绿色进行思维，可以帮助人们寻找各种可供选择的方案以及新颖的念头。用一句话来说，与绿色"思考帽"密切相关的就是"可能性"。"可能性"是思维领域中的重要词语，包括在科学领域使用假设的工具。可能性为人类感知的形成、观点与信息的排列提供了一个框架，包括了不确定性的存在，也允许想象力的发挥。绿色"思考帽"思维提出了"我们有什么样的想法"的问题。

3．黄色思考帽

黄色象征着阳光和乐观，代表事物合乎逻辑性、积极性的一面。黄色"思考帽"追求的是利益和价值，是寻求解决问题的可能性。在使用黄色"思考帽"进行思维时，要时刻想到以下问题：有哪些积极因素，存在哪些有价值的方面，这个理念有没有什么特别吸引人的地方，这样可行吗？

思考的真谛：通过黄色"思考帽"的帮助，可以让人们做到深思熟虑，强化创造性方法和新的思维方向。当确认一个主意是有价值的或者是可行的时，必须给出理由。黄帽"思考帽"提出了"优点是什么"或"利益是什么"的问题。

4．黑色"思考帽"

黑色是逻辑上的否定，象征着谨慎、批评以及对于风险的评估。在使用黑帽"思考帽"时，要时刻想到以下问题：思考中有什么错误，这件事可能的结果是什么？运用黑帽"思考帽"进行思维的主要目的是发现缺点并做出评价，也因此有许多检查的功能，人们可以用它检查证据、逻辑、可能性、影响、适用性和缺点。

思考的真谛：通过用黑色"思考帽"进行思维可以让人们做出最佳决策，指出遇到的困难，针对所有问题给出合乎逻辑的理由；用黄色"思考帽"进行思维之后，是一个强效有力的评估工具；用绿色"思考帽"进行思维之前，则可以提供改进和解决问题的方法。总而言之，黑帽"思考帽"提出了"哪里有问题"的问题。

5．红色"思考帽"

红色会使人想到热烈与情绪。红色"思考帽"是对事物或某种观点的预感、直觉和印象。它既不是事实也不是逻辑思考，与不偏不倚的、客观的、不带感情色彩的白帽思维相反。红帽思维就像一面镜子，反射人们的一切感受。

思考的真谛：使用红色"思考帽"进行思维时无须给出证明，无须提出理由和根据。红色"思考帽"可以帮人们做到：人们的情感与直觉是什么样，就怎样将它们表达出来。在使用红色"思考帽"进行思维时，将思考时间限制在30秒内就要给出答案。红色"思考帽"提出了"我对此的感觉是什么"的问题。

6．蓝色"思考帽"

蓝色是天空的颜色，象征着纵观全局的气概。蓝色"思考帽"是"控制帽"，掌握思维过程本身，被视为"过程控制"，常在思维的开始、中间和结束时使用。人们能够用蓝色"思考帽"定义目的、制订思维计划，观察和做结论，决定下一步。在使用蓝色"思考帽"进行思维时，要时刻想到下列问题：议程是怎样的，下一步怎么办，现在使用的是哪一种帽子，怎样总结现有的讨论，决定是什么？

思考的真谛：蓝色"思考帽"可以让人们发挥思维促进者的作用，集中和再次集中思考，处理特殊种类思考的需求，指出不合适的意见，按需要对思考进行总结，促进团队做出决策。蓝色"思考帽"提出了"需要什么样的思维""下一步是什么""已经做了什么思维"的问题。

颜色不同的帽子分别代表着不同的思考真谛，而创新的关键也在于思考，企业家要学会在不同的时间戴上不同颜色的帽子进行思考，从多角度思考问题，只有全面观察事物才能产生新想法。

项目小结

本项目主要介绍了市场与市场营销概述、市场营销观念的演变与发展、市场营销的组合与创新以及市场营销的道德与责任的相关知识，使学生可以了解市场营销从业人员需要掌握的理论知识，促进对市场营销的认识。

案例讨论

数字化营销的成功案例——华为的崛起之路

制造业的竞争越来越多地依赖于服务，以产品制造为核心的传统发展模式加快向基于产品提供综合服务的模式转变，呈现"制造业服务化"趋势。近年来，随着信息化技术的不断发展，互联网的不断普及，制造业下游流通端和消费端的网络化程度越来越高，驱使着制造企业为了应对快速变化的市场需求，开始由大规模制造转向大规模定制化制造。互联网数据中心（Internet Data Center, IDC）发现，制约中国制造企业走进智能制造的阻力包括制造成本上升、产品创新能力不足、数据使用能力处于初级阶段等。

在通往未来智能制造的道路上，中国制造企业需要加快转型步伐，而如何加速转型则需要发展三种核心能力：数字化生产、智能化产品以及货币化数据。企业应以客户为中心，通过研发、制造、供应链全流程的精益化管理，驱动实现智能制造。可以看出，数据是未来中国实现智能制造的核心基础。手机行业的变化总是迅捷而充满激情的，而手机行业的创新往往具有改变世界的能力。苹果的创新结束了以诺基亚为霸主的功能机时代，开辟了智能机时代。而在智能机时代，百家争鸣、百花齐放，不断带来新的技术突破，改变人机交互的体验，带给消费者越来越多的惊喜。

华为从2009年在西班牙移动世界大会（MWC）上展示首款安卓系统智能手机开始，便逐渐在智能机领域展露出庞大研发投入驱动下惊人的创新能力。更重要的是，以始为终，华为创新的出发点及落脚点都聚焦于洞察及满足消费者的需求。以用户交互为例，苹果率先在iPhone5s上推出了Touch ID功能，但指纹识别之后，还需要滑动屏幕上的滑块才能完成解锁动作。华为在Mate 7上对这一功能进行了优化，将指纹识别和屏幕解锁整合为一步，这小小的一步却大大提升了用户体验。

同样，针对手机越用越卡顿、耗电越快等痛点，华为突破性地在Mate 9上对安卓系统从底层操刀动手术，提出了"天生快、一生快"的口号。2017年，华为更是率先发布了全球首款人工智能芯片，利用人工智能芯片天然的计算优势，进一步提升手机运行速度，优化使用体验，降低使用功耗，达到极致省电的使用效果。而在相机这一消费者普遍关注的手机功能软件上，华为从P9开始持续与徕卡合作，率先采用"徕卡双摄"占领市场创新高地，引领相机设计潮流。风云变幻的手机市场更是创新者的试金石，只有真正将创新理念贯彻到底的公司，才有可能在后智能机时代的市场格局中生存。

十几年来，华为向IBM学习管理的决心一直未动摇。任正非曾坚决地说："我们只向一个顾问学习，只学习IBM。"尤其是1999—2003年，华为与IBM公司合作的"IT策略与规划"（IT S&P）项目，耗资数亿元，涉及价值链的各个环节，是华为有史以来影响最广泛、最深远的一次管理变革。

跨国公司在考虑全球营销布局时，大多会遇到统一的品牌形象和与本地消费者难以产生共鸣的问题。而华为采取的策略是"为了获得消费者的信任,在各个地区进行差异化宣传,构建符合本地特点的品牌形象"。"我们全球化品牌策略是坚定的,但是我们希望用本地化的方式去连接,和当地人共生共建我们的品牌。"华为消费者业务 CMO 张晓云表示。在策略执行上,华为首先与本地文化建立起联系,与各个市场的消费者更紧密地联系起来,执行差异化的营销活动,再宣传统一的价值观,进而打造全球统一的品牌形象。在阿根廷、哥伦比亚,华为通过赞助当地知名的球队和球星,率先建立起品牌知名度,利用优质的产品和服务逐步积累口碑,再宣传华为的品牌理念,建立起消费者对公司的认知;在东北欧国家,华为以莱万多夫斯基这一当地的英雄人物作为情感连接的纽带,传递华为"积极坚韧"的价值取向,与本地消费者产生共鸣;在德国和日本,华为会通过大力宣传高科技、创新以及可靠的质量获取消费者的认同。

这种营造地方感的全球营销策略,让全球各地的消费者从认识华为到了解华为,并最终爱上华为的产品和品牌。

请思考:华为公司为什么会成功?

任务实施

【任务目标】
1. 培养与陌生人交际的能力,加强自我心理突破的引导与训练。
2. 培养与别人沟通和交涉的能力。

【组织及步骤】
1. 运用交际与沟通理论,主动同陌生人交往,交流某个问题,并动员其与自己共同做一件有价值的事。
2. 行动前要进行周密的策划,见什么人,达到什么目的,可行性怎么样,怎样进行自我形象沟通设计,见面的第一句话怎么说,怎样展开说服过程,靠什么说动对方等,都要有所思考与运筹,并写在沟通实录卡的计划栏内。
3. 在交际与沟通的过程中,要充满自信,诚恳、热情、适度、把握分寸;运用所学融通情感的社会心理学原则进行有效沟通;运用交涉的艺术,做好说服动员工作;关键是要使对方感到你们共同做的事能使其获益。当然,不只是物质利益,还包括获得心理满足感、成就感,以及愉悦的心情等。
4. 交际结束后,要认真回忆与记录交际过程,总结交际与沟通的经验,并填好沟通实录卡。
5. 组织一次班级交流,每个小组推荐 2 人介绍交际与沟通过程及体会。交流中,可以按照事先计划、事中过程、事后体会的思路介绍。同学之间可以进行评价、补充与纠正。最后由教师进行简要的小结。

【成果与检测】
1. 填写沟通实录卡。

表 1-4　沟通实录卡

沟通主体		沟通对象		单位及职务	
沟通目标		时间		地点	
沟通前计划					

续表

沟通过程实录	
沟通后体会	
教师评估	

2. 教师根据每名学生的沟通实录卡与交流中的表现对其进行评估与打分。

巩固与思考

一、单选题

1．市场的主要构成要素不包括（　　）。
A．批发商　　　　　　B．卖方　　　　　　C．买方
2．下列不属于市场微观构成要素的是（　　）。
A．购买力　　　　　　B．可供交换的商品　　C．购买欲望
3．传统观念阶段的营销观念主要包括（　　）。
A．四种　　　　　　　B．两种　　　　　　C．三种
4．下列不属于市场营销组合特点的是（　　）。
A．可控性　　　　　　B．复合性　　　　　　C．单一性
5．采取创新营销策略不需要考虑的是（　　）。
A．被动性　　　　　　B．先进性　　　　　　C．激励性

二、多选题

1．市场营销传统观念与现代观念不同点有（　　）。
A．中心导向　　　　　B．营销手段　　　　　C．目的性
2．下列不属于4Ps营销策略组合的有（　　）。
A．顾客　　　　　　　B．批发　　　　　　　C．产品

三、判断题（在说法正确的后面打"√"，说法错误的后面打"×"）

1．产品策略中，如果有特殊情况可以适当欺瞒消费者，先行以次充好。　（　　）
2．一名优秀的市场营销从业人员需要具备三个方面的品质：广博的知识、敏锐的洞察力、良好的心理素质。　（　　）
3．可以通过国家层面、企业层面以及个人层面提高从业人员市场营销道德和社会责任意识。　（　　）

四、填空题

1．市场的特点有_____、_____、_____。
2．4Cs营销策略组合包括_____、_____、_____、_____。
3．传统观念是以_____为导向。
4．市场营销的功能主要有_____、明晰消费者需求、_____、加快交换过程、_____。

木桶原理

木桶原理又称"木桶理论"、"水桶原理"、"水桶效应"或"短板理论"。其核心内容为：由多块木板构成的水桶，其价值在于盛水量的多少，而决定木桶盛水量多少的关键因素不是最长的那块木板，而是最短的那块木板。

木桶原理告诉我们，要找出制约企业经营发展的短板（薄弱环节），并致力于补短板（改善薄弱环节），扬长避短，充分挖掘企业各种资源要素的潜力，达到最大绩效。

木桶原理在企业的销售能力、市场开发能力、服务能力、生产管理能力等方面同样有效。进一步说，每个企业都有薄弱环节，正是这些薄弱环节使企业许多资源闲置，甚至浪费，发挥不了应有的作用。如常见的互相扯皮、决策低效、实施不力等，都严重地影响并制约着企业的发展。因此，企业要想做好、做强，必须在产品设计、价格政策、渠道建设、品牌培植、技术开发、财务监控、队伍培育、文化理念、战略定位等各方面一一做到位才行。任何一个环节太薄弱都有可能导致企业在竞争中处于不利位置，最终导致失败的结果。

项目二 市场调查

ITEM 2

本项目介绍了市场调查的概念、特征及作用，内容与类型，原则与局限性以及具体方法与步骤等方面，使学生能更好地掌握市场调查这项能力，并很好地运用于日后的工作当中。

学习目标

- 了解市场调查的概念、特征及作用。
- 了解市场调查的内容与类型。
- 了解市场调查的原则与局限性。
- 掌握市场调查的方法和步骤。

学习导图

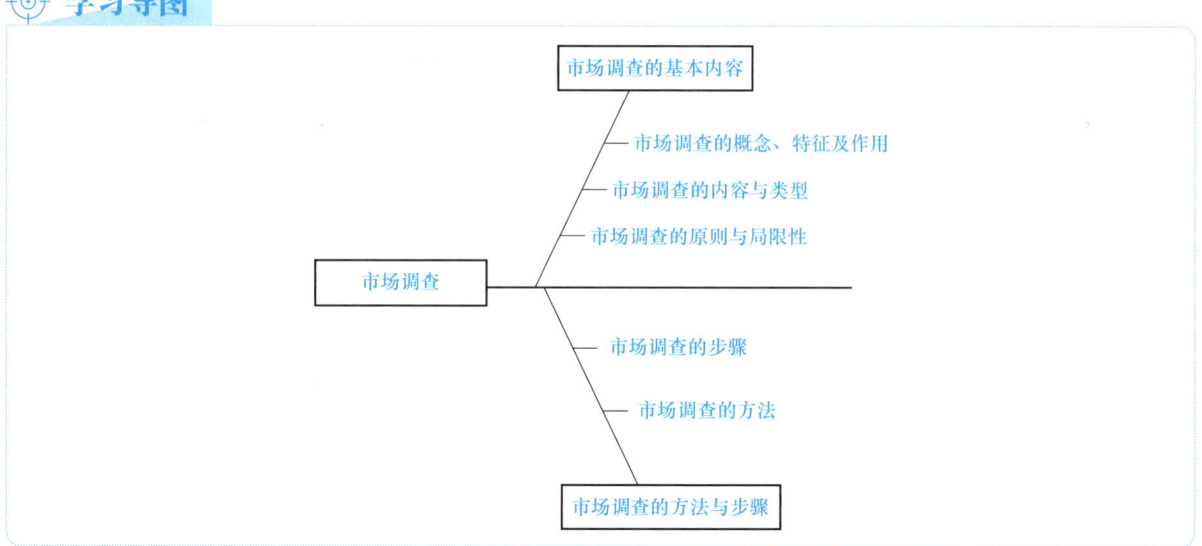

职业内容与岗位要求

职业功能	工作内容	技能要求	相关知识
市场调查	组织市场调研	◎能够拟订调研计划 ◎能够进行调查表与问卷调查 ◎能够组织实施市场调研活动 ◎能够撰写市场调查报告	◎制订市场调研计划的知识 ◎问卷设计的知识 ◎组织市场调研活动的知识

> **引导案例**
>
> **肯德基在中国**
>
> 肯德基是美国跨国连锁餐厅之一，也是世界第二大速食及最大的炸鸡连锁企业，由哈兰·山德士（C. H. Sanders）于1952年创建，主要出售炸鸡、汉堡、薯条、盖饭、蛋挞、汽水等高热量快餐食品。中国的肯德基隶属于大型餐饮连锁企业百胜中国控股有限公司，其拥有肯德基品牌在中国大陆的独家经营权。
>
> 1986年9月下旬，肯德基开始考虑如何打入人口数量众多的中国市场，挖掘这个巨大市场蕴含的巨大潜力。虽然前景乐观，但是诸多难题使肯德基的决策者倍感头痛而犹豫不决。对这家世界最大的炸鸡连锁企业来说，面前的中国市场是完全陌生的，肯德基的纯西方口味能否为中国消费者接受？开发中国市场不但需要技术资源，更重要的是需要宝贵的管理资源。最关键的是，要打入中国市场必须选择一个特定的投资地点，这又带来很大的不确定性。在情况并不明朗时，肯德基决定对中国市场进行更全面、更彻底的调查。其面临的首要问题是：第一家肯德基店址应当选在何处？这一决策将对今后的盈利，对在中国其他地区的进一步开拓以及对投入管理资源时的决心等产生决定性影响。肯德基通过把降低风险的可能性与投资可能得到的潜在收益加以比较，并考虑到当时在中国没有其他竞争者，因此是其进入的最佳时机。于是，在平衡了可能的风险和收益之后，肯德基决定暂时把北京作为起点，这一决定为其在中国的成功奠定了坚实的基础。
>
> 肯德基"立足中国、融入生活"。36年来，肯德基一直在努力探索，把贴心的服务回馈给广大中国消费者。截至2022年底，肯德基已在中国开设连锁餐厅9094家，遍及中国所有省份。36年来，肯德基致力于推行"营养均衡、健康生活"的食品健康政策，积极打造"美味安全、高质快捷"以及"立足中国、创新无限"的"新餐饮"。
>
> ※ **引例分析**
>
> 面对新领域、新行业，要像肯德基一样，在没有弄清楚市场之前，既不否定也不肯定。不能说空白领域没有人做就肯定不行，也不能说没有人涉及正好给自己留有机会。只有深入市场经过广泛而详尽的调查之后再做决策，才是正确的态度。

随着人们生活水平的不断提高，人们对物质的要求从过去的物美价廉逐渐转变为质优价宜。在计划经济时代，人们对于物质只要求能吃饱穿暖，甚至许多生活用品需要凭票证才能购买；到了市场经济初期，只要广告打得好就能吸引到许多顾客购买；如今，企业只有生产出消费者真正喜爱的产品才能占领市场，这就需要做市场调查。

任务一　市场调查的基本内容

如今，由消费者主导消费已经成为主流。一种产品如果只是通过几个人的想法、创意便生成，那么大概率只能吸引与生产者有同样性格和想法的消费者。而想让产品得到更多消费者的喜爱，就需要了解更多消费者的想法及意见。因此，开展市场调查便是一个项目在落地实施之前的一个关键环节。

知识点一 市场调查的概念、特征及作用

市场调查对于人们改善生活水平、企业改善产品质量、商家改善服务质量都起到了重要作用，是一个能令多方受益的环节。

1. 市场调查的概念

市场调查是指用科学的方法，有目的、系统地搜集、记录、整理和分析市场情况，了解市场的现状及其发展趋势，为企业的决策者制定政策、进行市场预测、做出经营决策、制订营销计划提供客观、正确的依据，最终形成书面形式的调查报告，并向客户阐述说明调查结果的一项工作。

2. 市场调查的特征

相较于普通调查，市场调查具有调查普遍性，调查内容广泛性，研究目的性，调查方法多样性，调查局限性的特点（见图2-1）。

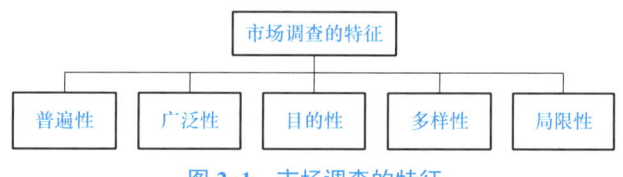

图2-1 市场调查的特征

（1）调查普遍性。经营者在经营过程中，市场调查是极为重要的一环。如今，市场调查已被大众所接受，企业在做重大营销决策之前往往会先对市场进行调查，在通过大数据掌握具体情况后再进行排兵布阵。调查规模通常根据调查内容、调查预算等因素确定，如只配备几个人员和简单设备的小型市场调查，或者是配备专业人员与精密仪器的大型市场调查等。

（2）内容广泛性。市场调查的内容非常广泛，可以是被调查者的身高、体重、年龄等个人情况，也可以是被调查者对某件事情的看法、态度等问题。尤其在市场发展过程中，了解消费群体对产品的看法与态度以及消费者的基本情况非常重要。通过市场调查可以充分了解产品受众群体的情况，再通过调查结果有目的性地针对这一受众群体进行产品的改良，增强用户好感。

（3）研究目的性。在市场经济下，行业的规模日益壮大，而市场上产品的品种繁多，消费需求量之大等都使市场竞争显得异常激烈。这就需要调查人员针对经营者想要了解的某一区域进行充分的市场调查，使其做出正确的营销决策。如果市场调查只是很笼统的调查而没有目的性，就失去了调查的意义，得出的结果也不准确。

（4）方法多样性。市场调查过程中，可以采用多种方法进行，如实地观察法、随机抽样法等。但不论用什么方法都需要具备科学性，以保证调查的真实性与有效性。另外，在收集数据的过程中可以同时采用多种方法进行，如面访、问卷或者电话访谈等，以确保调查结果的准确性。

（5）调查局限性。市场调查计划通常会按照客户情况制订。一个调查项目可以花费几百元，也可以花费几百万元；可以在短期内完成，也可以长达几个月；可以只给客户提供小范围的数据结果，也可以给客户提供大范围的数据信息，这些都取决于客户的需求以及预算。例如，对于经费少的客户，会采用相对比较节约的调查方法，得出的结果就可能是较为固定的数据。

另外，受调查方法、调查方案的影响，调查得出的结果无法直接决定营销决策，只能充当参考依据。

3. 市场调查的作用

如今，市场经济蓬勃发展，市场规模逐渐扩大。市场调查对于电商经营者、消费者以及产品生

产者都有着很重要的作用。

（1）有利于了解市场动态。通过市场调查能够有效分析市场信息，避免经营者在制定营销策略时出现错误。同时，可以给经营者提供有效建议，令经营者制定出优质的、符合市场趋势的产品营销策略。

（2）提供准确的市场数据。通过市场调查，能够充分、准确地获取市场信息，充当经营者决定新产品上市、生产数量、品类等情况的参考依据，从而制造产品的市场机会，扩大盈利。

（3）快速满足顾客的需求。市场经济的蓬勃发展使人们对于新鲜事物的感知能力不断提高，而商品的"保鲜期"也可能被缩短。通过市场调查，可以更快速地了解消费者的需求，确定目标市场与目标客户。同时，根据调查数据不断研发适合市场、迎合消费者喜好的产品，再搭配经营者制定的产品营销策略，就能有效且快速满足顾客的需求。

（4）方便后期部署。通过市场调查获得的资料，除能使经营者了解目前市场情况之外，还可以对市场未来的变化趋势进行预测，在决策过程中随时更新计划和安排，从而与竞争对手展开差异化竞争，逐渐建立竞争优势，充分利用市场变化谋求利益。

例如，美国吉列公司研发的妇女专用刮毛刀一经上市就获得了非常好的用户反馈。这是因为吉利公司在开发这款女士刮毛刀之前花费了长达一年的时间进行周密的市场调查。调查结果显示，在美国30岁以上的妇女中，有65%的人对于刮毛刀有需求，且在这方面的花费非常高。因此，这是一个极有潜力的市场。随后，吉利公司根据调查结果精心设计产品，将产品的外观融入女性元素，并以"不伤玉腿"的广告语作为促销卖点，使刮毛刀一上市便迅速畅销。因此，只有充分认识市场，了解消费者需求，才能对市场做出客观判断，研发的产品才能拓宽市场，获得高收益。

市场调查的发展历程

市场调查是指对营销决策相关数据进行计划、收集和分析，并把分析结果与管理者进行沟通的过程。它是运用科学的方法，有目的、有计划地收集、整理和分析有关供求与资源的各种情报、信息、资料，是把握供求现状和发展趋势，为制定营销策略和企业决策提供正确依据的信息管理活动，是市场预测和经营决策过程中必不可少的组成部分。

1. 市场调查行业在我国的发展

市场调查起源于20世纪初的欧美国家，于20世纪80年代初期进入中国，伴随着市场经济的确立而逐步成长起来。1984年，民办的北京社会发展研究所在内部成立了社会调查中心，这是较早的有案可查的民办调查机构的开始。1986年，北京社会调查所（后改称"中国社会调查所""中国市场调查所"）和北京社会调查事务所（后改称"中国社会调查事务所"）成立，它们最早将民意调查结果推向媒体。1987年7月，广州市场研究公司正式注册成立，这是中国第一家以"公司"命名提供有偿服务的专业市场调查机构。1991年下半年，在北京、广州又诞生了数家调查机构。1998年，我国市场调查行业协会筹备委员会正式成立。2001年，正式成立中国信息协会市场研究业分会。据《中国经营报》报道：目前中国执业的市场调查机构已达800余家，1997年的行业营业额有4.5亿元；1998年全国调查业的营业额已高达6亿~8亿元，与1990年的1000万元相比，已有60~80倍的增长；到2007年全国调查的营业额已迅猛发展到56亿元，10年间增长超过10倍。

按照执业主体的不同，中国市场调查机构可分为民营机构、政府机关主办机构、合资机构、学术研究及新闻单位创办机构等四种类型。民营机构又称"民办机构"，是由个人独资或数个人合资创办的私营或股份制市场调查机构，目前主要分布在北京、上海、广州，如"零点""大正"等；政府机关主办机构主要指国务院各部、委、局及地方政府部门和国有企业创办的市场调查公司，如全国各级统计部门创办的各类信息咨询中心、调查中心等；合资机构主要指中外合资等联合创办的市场调查机构；学术研究及新闻单位创办机构指一些大专院校、科研院所和广播、电视等媒体单位创办的调查机构，如一些大学创办的统计调查所、市场调查中心，北京的央视调查咨询中心等。在上述四类调查机构中，民营机构的数量约700家，占全国执业机构总数的80%；政府机关主办机构占14%；学术研究及新闻单位创办机构占5%；合资机构约占1%。从各类调查机构营业额构成来看，数量最少的合资机构（含中方国有、民办的合资部分）占50%，居第一位；政府机关主办机构占28%，名列第二；民营机构占20%，居第三位；学术研究及新闻单位创办机构占2%。从市场调查机构的类型来看，可以将市场调查机构分为独立性和非独立性两种，包括：①完全服务公司，如商场调查公司、辛迪加信息公司、广告研究公司、经营顾问公司、定制服务公司；②有限服务公司，如现场服务公司、市场细分专业公司、数据输入公司、抽样技术公司、数据分析公司、专业化的研究技术公司；③其他专业机构，如政府信息设计部门、高校调查研究中心、科研单位调查中心。

2．我国市场调查行业现状

目前，在我国影响力较大的市场调查公司有以下几个。

（1）北京开元研究，是一家专业性的市场研究机构，是国内最早对杂志、报纸零售进行定期监测的机构之一，目前被全国主流广告公司和媒体广泛使用。

（2）华南国际市场研究公司，是华南市场研究有限公司（RI）与国际市场研究集团（SCMR）的合资公司，其成立是本土知识和国际经验的完美结合。

（3）央视-索福瑞媒介研究有限公司（CSM），拥有世界上最大的电视观众收视调查网络，样本总规模达3万户，覆盖全国近800个主要电视频道。其主要致力于专业的电视收视市场研究，为中国传媒行业提供不间断的电视调查服务，业已成为中国规模最大、最具权威的收视调查专业公司。

（4）北京慧聪国际咨询有限公司，现有两大研究机构：慧聪研究院和慧聪媒体研究中心，分别从事行业市场研究和媒体广告信息检测。首创商情信息服务，设置知名的慧聪商情网，专门从事行业信息咨询服务和市场研究，涉及20多个行业。

（5）零点研究咨询集团，是中国专业研究咨询市场的开拓者与领导者，旗下"零点调查""前进策略""指标数据""远景投资"提供专业调查咨询服务。"零点调查"针对不同的客户需求提供有针对性的研究服务，目前的业务主要定位在消费者研究、品牌评估、评价性研究、产品与营销研究四大领域。

（6）上海尼尔森市场研究有限公司，私营公司，业务遍布100多个国家，总部位于美国纽约，提供全球领先的市场资讯、媒介资讯、在线研究、移动媒体监视、商业展览服务以及商业出版资讯。

此外，还有北京特瑞恩斯市场研究咨询有限公司、赛立信研究公司、现代国际市场研究有限公司、艾瑞咨询集团、思纬市场资讯有限公司等。

3．我国市场调查行业存在的问题透析

市场调查的兴起，既满足了市场经济条件下国民经济宏观调控对各类综合信息的需要，又满足了企业对各类专业信息尤其是市场信息的广泛需求，有效填补了中国信息产业发展的一项空白，发挥了其应有的巨大功效。然而，当前中国市场调查业发展过程中存在和暴露的诸多问题，却令许多业内人士困惑不已，亟待理性地进行深入剖析，以便尽快达成共识，保障中国的市场调查行业能够健康发展。中国市场调查行业的快速发展，在带给各界人士惊喜的同时，也引发了业内人士对其存在问题的诸多思考。目前，中国市场调查行业整体仍处于低水平运作阶段，存在若干问题：①地区分布呈现非均衡状态；②数据收集方法传统落后；③分析数据方法传统落后；④市场调查企业规模小；⑤市场调查服务的需求比较低；⑥经验缺乏，知名度低；⑦专业人才比较匮乏。针对以上问题，业内人士只有正确认识和分析市场调查研究行业的现状，找准存在的问题，分析其原因，借鉴国外先进经验，采取相应对策，才能促进我国市场调查研究行业健康快速发展。综上所述，世纪之交的中国市场调查行业，机遇与挑战并存，收益与风险同在。随着中国改革开放事业的不断深化，市场经济的日益发展和完善，企业间竞争的日趋激烈以及潜在调查客户的日益觉醒，中国的市场调查行业必将在不久的将来发展成为一个令世人刮目相看的"黄金产业"。

知识点二　市场调查的内容与类型

经营者只有充分了解市场，才能生产出令消费者喜欢的产品，因此市场调查在市场开拓初期占据了关键位置。

1. 市场调查的内容

市场调查的内容取决于需要获得的有关市场信息资料范围大小，大体分为市场环境、市场需求、市场供应、市场营销以及市场竞争五个方面（见图2-2）。

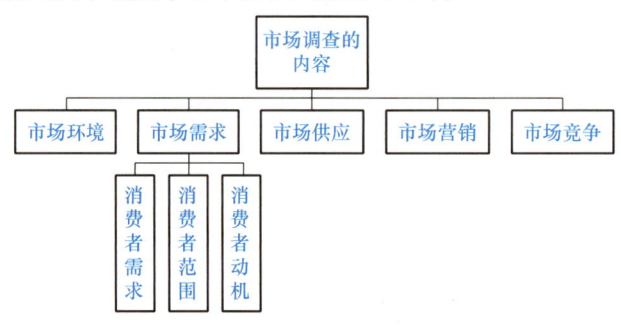

图2-2　市场调查的内容

（1）市场环境。根据不同的问题，需要对宏观市场环境进行不同的调查，如该市场的经济条件、人口消费情况、社会文化环境、科学环境等。具体设置的调查内容有该市场的购买力，与调查问题相关的国家制定的政策、法律以及当地的民俗习惯等。

（2）市场需求。市场需求主要调查市场需求总量、市场需求结构、市场需求时间三个因素。市场需求总量包含商品、消费者、地理范围、时间、营销环境以及营销组合方案六个因素，市场需求结构主要调查与吃、穿、住、行相关的商品的需求结构，市场需求时间主要调查消费者在某几个时间段需求的商品品类、数量。

在市场调查的内容中，市场需求是相对关键的一环，因为消费者的各项情况会对市场调查的结果产生一定影响。市场需求具体调查的内容可以围绕消费者需求、消费者范围、消费者动机三个方面进行。

①消费者需求。满足消费者的需求是营销活动最重要的事情，也是市场调查中最需要了解的核心内容。消费者需求可以分为现实需求和潜在需求两类，具体体现在市场需求的数量、构成以及变

动趋势等方面。通过对消费者需求的调查，能够准确掌握消费者购买力、偏好等方面的发展变化以确定投资方向、产品发展方向以及经营规模。

②消费者范围。消费者范围是指消费者的人数以及分布情况，具体包括消费者的购买力情况、性别、年龄等内容。消费者的范围决定市场规模与产品种类，因此通过市场调查能确定市场范围和产品结构。

③消费者动机。消费者动机主要是指了解消费者对产品买或者不买的原因；购买的时间、地点、方式；对产品的偏好程度以及原因。因此，通过市场调查能确定产品的质量、种类、价格、销路等。

（3）市场供应。对于市场供应方面的调查，主要是商品的资源、构成、分布情况。其具体内容包括生产规模、技术水平、产品功能、产品质量、生产供应商家的情况等。

（4）市场营销。市场营销调查的内容主要是产品调查、价格调查、销售渠道调查以及促销调查四个方面。其具体内容包括调查产品本身情况、消费者心目中的评价情况、消费者对于产品价格变动的反应、产品流通渠道的形式、不同促销方式的优缺点等。

（5）市场竞争。市场竞争的调查主要分为对一般竞争状况的调查和对主要竞争对手的调查两种。市场竞争调查的重点通常是对竞争对手的调查，调查内容包括竞争对手的同类产品状况、价格状况、市场占有率、发展趋势、竞争手段等。通过对竞争对手的调查，能够了解自身与他人竞争的优势及劣势，便于扬长避短，确定优质的竞争策略。

通过对以上五项内容的调查，可以帮助经营者更有目的性地开展营销活动，以获得更高的经济效益。

2. 市场调查的类型

市场调查的广泛性与普遍性使市场调查可以根据问题特点、使用方法、范围区域等特征做不同角度的分类。例如，根据商品消费的目的，可以将其分为消费者市场调查与生产者市场调查；根据时间，可以将其分为经常性市场调查、定期市场调查、临时性市场调查；按照市场目的与功能，可以将其分为探测性调查、描述性调查、因果关系调查、预测性调查。其中，后者是市场调查中较为常用的四种方式（见图2-3），它们之间相辅相成，后面的调查通常能够基于前面的调查提供更多的信息。

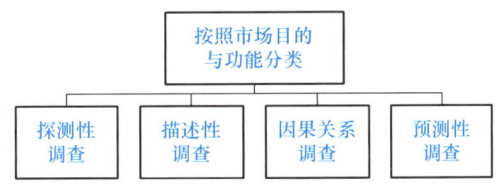

图2-3　市场调查按照市场目的与功能分类

（1）探测性调查。探测性调查是指在对调查对象缺乏了解或者对需要调查的问题不知道从何处着手时采用的方法，即在回答"是或不是""有或没有"的问题时进行的调查。这种调查方法主要是发现问题并查明问题的原因，找出关键所在。例如，某产品的销量一直处于逐月下降的状态，是因为质量下降还是价格设置不合理，抑或是出现了竞争对手？要探寻原因就可以采取探测性调查的方法。

（2）描述性调查。描述性调查通常用于项目调研，是指针对不同类型的问题进行调查研究。描述性调查更加注重对客观事实的描述，即回答"谁、什么时候、哪里"的问题。这种调查方法的特点是，内容广泛，且被调查人员虽对于调查的问题已经有一定的了解，但仍需要收集大量信息及市场资料对事实性问题进行回答。

比起探测性调查，描述性调查更加细致、具体。例如，要调查消费者行为，就需要调查消费者的构成分布情况、年龄、收入等内容。但是，探测性调查只是针对问题本身进行说明，如果是现象原因则还需要做进一步的因果关系调查。

（3）因果关系调查。通俗来讲，因果关系调查就是调查某个项目里一个因素的改变会不会引起另一个因素的改变的问题，再通过调查数据分析出几个变量因素之间的因果关系，也就是找出问题的原因所在，即回答"为什么"的问题。例如，某产品滞销、畅销的原因，某用户喜欢 A 品牌不喜欢 B 品牌的原因，产品的质量、价格对销售量的影响是多少。因果关系调查就是找出这些问题的答案中哪些是"因"，哪些是"果"，各个"因"的影响程度有多少等。

（4）预测性调查。预测性调查是指在已经拥有的一些市场数据和信息基础上，结合最近收集的市场信息资料，通过预测性调查对市场在未来某段时间的变化趋势进行预测。这种方法能够避免电商经营者在制订有效的经营计划时产生较大风险或损失。

知识点三 市场调查的原则与局限性

1. 市场调查的原则

市场调查应该遵循六大原则（见图 2-4），分别是科学性原则、客观性原则、系统性原则、时效性原则、经济性原则以及保密性原则。

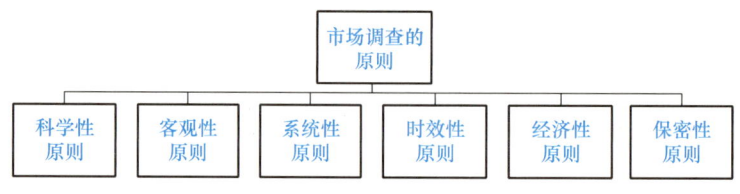

图 2-4　市场调查的原则

（1）科学性原则。为了确保收集信息数据的准确性与真实性，市场调查过程中需要遵循科学性原则，主要表现为采用科学合理的方法、客观正确的思想理念，严格遵守规章制度等，保证一切按照客观规律进行。

（2）客观性原则。市场调查过程中需要遵循从客观事实出发进行科学研究调查的原则，再将调查结果真实准确地反映出来，保证不受任何主观因素的影响。

（3）系统性原则。生产者和经营活动不仅受内部因素影响，也受外部因素影响。在做市场调查时，既要考虑事物本身，也要考虑周边环境等方面的影响。因此，在市场调查过程中需要注意处理好整体和局部的关系，考虑问题要全面。

（4）时效性原则。市场调查需要遵循时效性原则，这样不仅能及时掌握市场动态，还能节约时间成本和支出成本，提高调查效率。同时，市场调查要顺应时代瞬息万变的特点，及时更新调整调查计划。

（5）经济性原则。市场调查过程中，需要花费大量的时间和金钱，而花费成本高低通常根据制定的调查方案确定。因此，经营者应该根据自身实际情况找到以较小的投入取得最佳效果的方式，也就是需要考虑投入产出比的问题。

（6）保密性原则。在激烈的市场竞争中，数据与信息非常重要。市场调查收集到的市场数据和信息主要是协助决策者制定营销策略、产品发展方案。然而，客户众多容易出现资源交叉、信息共享的情况，因此调查人员需要遵循保密性原则，不能泄露任何调查内容，包括被调查者的信息。

2. 市场调查的局限性

随着社会经济的不断发展，市场调查无论是在数量上还是质量上都有了很大提高，尤其是对于规模不断扩大的电商行业来说，市场调查更是必不可少的一个环节。然而，市场调查过程中还存在着一定的局限性。

（1）市场调查存在误差。在市场调查过程中，可能存在样本抽取不合理、调查对象选取不精准，或者调查对象没有真实回答问题、表达内心真实想法的情况，这会造成数据在采集过程中存在误差，无法收集到准确有效的数据信息。

（2）市场调查获取信息的有限性。市场调查的结果只能作为产品研发、经营者决定营销策略的依据和参考，而无法决定产品的具体方向，因此只能起到辅助作用。

市场调查的主要作用

市场调查在经营者进行市场拓展初期的地位关键，其作用主要体现在以下几个方面。

1. 有助于更好地吸取国内外先进经验和最新技术，改进企业的生产技术，提高管理水平

当今世界，科技发展迅速，新发明、新创造、新技术和新产品层出不穷，日新月异，这种技术的进步自然会在商品市场上以产品的形式反映出来。通过市场调查，可以得到有助于人们及时地了解市场经济动态和科技信息的资料，为企业提供最新的市场情报和技术生产情报，以便更好地学习和吸取同行业的先进经验与最新技术，改进企业的生产技术，提高人员的技术水平，提高企业的管理水平，从而提高产品质量，加速产品更新换代，增强产品和企业的竞争力，保障企业的生存和发展。

2. 能够为企业管理部门和有关负责人提供决策依据

任何企业只有在对市场情况有了实际了解之后，才能有针对性地制定市场营销策略和企业经营发展策略。企业管理部门和有关人员在针对某些问题进行决策（如进行产品策略、价格策略、分销策略、广告和促销策略的制定）时，通常需要了解的情况和考虑的问题是多方面的，主要包括本企业产品在什么市场上销售较好，有发展潜力；在市场上预期可销售数量是多少；如何才能提高企业产品的销售量；如何掌握产品的销售价格；如何制定产品价格，才能保证销售和利润两个方面都能提升；怎样组织产品营销活动，销售费用将是多少；等等。这些问题只有通过具体的市场调查，才能得到具体答复，而且只有通过市场调查得来的答案才能作为企业决策的依据。否则，就会形成盲目的和脱离实际的决策，而盲目性往往意味着失败和损失。

3. 能够增强企业的竞争力，提升企业的生存能力

商品市场的竞争由于现代化社会大生产的发展和技术水平的进步而变得日益激烈。市场情况在不断地发生变化，而促使市场发生变化的原因不外乎产品、价格、分销、广告、推销等市场因素和有关政治、经济、文化、地理条件等市场环境因素。而这两种因素往往又是相互联系和相互影响，且不断发生变化的。因此，企业为适应这种变化，只有通过广泛的市场调查，及时地了解各种变化，有针对性地采取措施，通过对市场因素如价格、产品结构、广告等的调整，应对市场竞争。对于企业来说，能否及时了解市场变化情况，并适时适当地采取应变措施，是企业取胜的关键。

除此之外，市场调查还有利于为企业的决策和策略调整提供客观依据；有利于企业发现市场机会，开拓新市场；有利于准确地进行市场定位，更好地满足顾客的需要，增强竞争力；有利于企业建立和完善市场营销信息系统，提高企业的经营水平；是企业宣传品牌的一种有效方式。

任务二　市场调查的方法与步骤

市场调查的方法多种多样，使用哪种方法取决于调查的目的、行业以及被调查者的特点等。市场调查是经营者或决策者制定营销策略的基础。通过市场调查能直接获得潜在客户的第一手信息情报，因此对于经营者充分了解市场和定位产品有极大的帮助。

知识点一　市场调查的方法

市场调查法是一种企业组织有关人员进行市场调查并分析确定促销效果的方法。这种方法比较适合评估促销活动的长期效果，包括确定调查的项目和调查的实施方式两个方面的内容。市场调查的方法很多，最常用的有实验法、观察法、访问法与问卷法四种（见图2-5）。

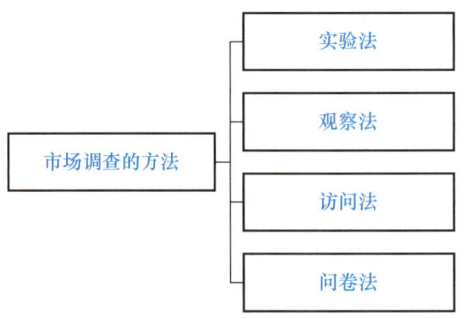

图 2-5　市场调查的方法

1．实验法

（1）实验法定义。实验法也称"实地调查法"，是指人为控制无关因素的影响，将其影响降到最低，再通过控制某个自变量，观察这个自变量导致另一个变量的变化，从而取得市场信息的第一手资料。在市场调查的过程中，实验法通常是通过对比分析实验结果获取数据和信息的。

（2）实验法优缺点。实验法的优点包括针对性强、实用性好、客观性强、说服力强、可控性强。实验法的缺点包括时间长、费用高，存在一定的局限性，只能识别因果变量间的关系；对调查人员要求较高。

（3）实验法主要应用。实验法主要应用于检验市场因果关系问题的调查，如某企业想要测试不同促销方案产生的效果，某商户想要测试商品包装、价格、种类等的改变对消费者选择商品的影响等，都可以采用实验法进行调查。

2．观察法

（1）观察法定义。观察法是指调查人员利用感官如眼睛、耳朵等，在被调查对象所在场所对调查对象的情况进行直接观察、记录，以取得信息资料，或是利用录音机、照相机、录像机和其他器材，考察记录被调查对象的活动和现场事实，以获得必要的信息。

（2）观察法优缺点。观察法的优点包括真实性高，结果直观，客观准确，简单易行。观察法的缺点包括结果存在一定的误差性，不同的观察人员可能会得出不同的结论，难以观察被调查对象的心理活动；时间长。

（3）观察法主要应用。观察法主要应用于小规模的调查。例如，美国某玩具工厂在选择畅销品种时就采用了观察法。首先,玩具工厂将设计的 10 个不同品种玩具娃娃放在一间屋子里;其次,找来 300 个小孩子分别进入房间玩玩具,并且为了确保小孩子的选择不受到旁人的影响,全程采用录像的形式进行观察;最后,通过观看录像得出哪款玩具娃娃可以作为主推商品。

3. 访问法

(1)访问法定义。顾名思义访问法,就是采取询问的方式进行信息的收集,是调查消费者购买心理最常用的方法。相较于其他方法,访问法最大的优势在于用时短、内容可靠。

访问法一般要求调查对象回答与调查问题相关的内容,如具体事实、原因、意见等。访问法还可以细分为集体问卷法、访问面谈法、信询法、电话询问法,即采取不同的沟通途径进行询问。

(2)访问法优缺点。访问法的优点包括调查内容有一定的意义,相对复杂;私密性好;伸缩性强,可以随机应变;准确性强,可以直接说明对待问题的态度;回答问题的完整性好。访问法的缺点包括:成本高且时间长,对调查人员的要求较高,被调查对象容易受外界因素的影响导致结果不准确。

(3)访问法主要应用。访问法主要应用于小规模需要深入调查的问题。例如,中国厨具品牌"方太厨具"就配备了一个用户体验管理部门,规模大概有 100 人。他们每天用电话询问法向不同的用户询问一个问题:"您会把方太推荐给别人吗?"如果答案是否定的,就了解清楚原因,产品部门则立刻跟进做改善。

4. 问卷法

(1)问卷法定义。问卷法是市场调查中应用较为广泛的一种方法,通常是以书面形式出现。问卷法的核心在于对问题的设置由简到繁,避免产生调查对象不愿回答的问题。调查人员通过问卷法能够很好地依据调查对象的回答情况了解他们的行为和想法。

(2)问卷法优缺点。问卷法的优点包括调查区域广;费用低;对调查人员要求较低。问卷法的缺点包括:时间长,问卷合格率有时偏低,对被调查对象的要求较高。

(3)问卷法主要应用。问卷法主要应用于不需要时效性、名单地址清楚、调查预算较低的调查项目。例如,某学校想要了解本校应届毕业生的就业情况,就可以采取问卷法进行调查。

如何撰写市场调查报告

市场调查报告必须根据数据资料进行撰写,即介绍情况要有数据做依据,反映问题要用数据做定量分析,提建议、措施同样要用数据论证其可行性与效益。在选取数据资料后,还要运用得法,运用资料的过程就是一个用资料说明观点、揭示主题的过程。在撰写市场调查报告时,要努力做到用资料说明观点,用观点论证主题,详略得当、主次分明,使观点与数据资料协调统一,以便更好地突出主题。

市场调查报告的形式没有统一的规范要求,但有一些内容是必不可少的,如介绍部分(包括封面、目录、摘要、调查概括、主要结论),说明报告主要内容部分,正文也是核心部分(包括开头、主体、结束语),附件(包括调研方案、抽样技术方案、调研问卷、数据整理表格、数据分析表格)及与正文有关的必须附录说明的部分。

1. 设计市场调查报告封面(包括题目、报告使用者、编写者、提交报告的日期、报告人或者单位、通信地址、电话)

设计市场调查报告封面,确定报告标题必须与调查内容相关,不必标新立异。直叙式标

题即直接用调查对象做标题，观点式标题要直接阐述作者观点，提问式标题可以用一个设问句或反问句。

2. 编写报告目录

编写报告目录要便于读者了解报告结构，有利于读者阅读某一部分内容。目录应当详细，可以将文字、表格和图形分别编入目录。编写报告摘要，要利于那些不具备太多专业知识的读者和时间紧张的读者快速理解报告大体意思，内容包括调查目的、时间、地点、对象、范围，调查要点及要解答的问题，研究的方法、结论和建议。

3. 编写引言

编写引言即调查报告的开头（包括为什么进行调查，怎样进行调查，结论如何），要开门见山，直接揭示主题，交代情况，逐层分析，先让读者有一个直观认识，再深入分析研究，提出问题，引入正题，引导读者进入正题。

4. 编写正文

编写正文要行文严谨、规范，不必追求华丽的辞藻，避免易误解的词语，将不足之处会对调查报告的准确性有多大程度的影响分析清楚，包括通过调查了解到的事实，分析说明被调查对象的发生、发展和变化过程，调查的结果和存在的问题，并提出意见和建议。

5. 编写结论和建议

编写结论和建议是读者最关注的部分，根据调查所获结论并结合企业或者客户情况提出其面临的优势和困难，并提出解决方案。结论要简明，要有利于读者理解、加深印象，可参考文中信息对建议进行判断、评价。

6. 组织附件（包括项目策划书、抽样方案、调查问卷、主要质量控制数据）

组织附件一般对调查的过程和情况做概略陈述，按照时间顺序交代调查目的、对象和经过。使用的汉字和阿拉伯数字应统一。语言要精确，要用最少的文字将内容表述出来，通俗易懂。

知识点二　市场调查的步骤

市场调查是由一系列收集和分析市场数据的步骤组成的。某一步骤做出的决定可能影响其他后续步骤，某一步骤所做的任何修改往往意味着其他步骤可能也需要修改。市场调查工作的基本步骤包括确定调查目标、制订调查计划、收集资料信息、系统分析资料、撰写调查报告。

1. 确定调查目标

开展市场调查工作，首先要确定调查目标。要在充分了解客户需求的情况下，针对市场的需求状况、竞争状况、消费者购买行为和营销因素等进行调查。或者是，经营者在经营过程中遇到问题时，可以从已经存在的问题开启调查，尝试在调查过程中找到原因。

确定调查目标是市场调查的第一步，尤为重要，目标如果定得太过广泛就会导致实际调查难度增大，然而把目标定得太过狭窄也会影响调查的最终结果，因此确定研究目标是非常必要的一步。

2. 制订调查计划

确定调查目标之后，就需要制订详细的调查计划。调查计划是调查人员为获取资料、数据等关于采用科学的方法、程序、成本预算的详细计划书。一个完善的调查计划包括五个方面的内容。

（1）确定调查目的。针对确定的调查目标，在调查计划中罗列出本次市场调查工作的具体目标要求，如本次市场调查工作的目的是了解消费者购买心理和消费喜好情况等。

（2）确定调查对象。市场调查的对象包括消费者、商家、批发商、中间商等。在确定消费者为调查对象时，需要注意有些产品的购买与使用对象不同，如婴幼儿产品调查的对象就应该是母亲。

此外，针对个别商品，也应有侧重调查的对象，如针对电子类产品可以侧重调查男性对象，针对美容产品可以侧重调查女性对象。

（3）确定调查方法。市场调查较常应用的调查方法主要有实验法、观察法、访问法与问卷法四种。每方法既可以独立运用也可以相互结合运用。通常在调查内容确定后，就需要明确采用哪种调查方法进行调查，以准确预估调查所需的费用。

（4）安排调查进度。安排调查进度即制定时间表，明确每个步骤需要花费的时间，并严格按照时间表进度完成。制定时间表需要做到简洁明了，避免把与调查内容无关的步骤安排进去，且每个步骤的时间要安排合理。

（5）制订调查组织计划。制订调查组织计划需要确定领导及人员配备，调查人员的招聘及培训，工作进度，费用预算。

①确定领导及人员配备。开展市场调查的人员配备可以由客户派出的市场部或企划部人员作为负责人组织，针对具体的调查项目进行人员配备，成立专门的小组负责具体的实施工作。人员也可以是外聘的专业人员。

②调查人员的招聘及培训。可以通过在高校内招聘与经济管理相关的大学生进行调查人员的配备，根据时间表中规定的完成问卷调查或实地调查时间确定招聘人数。为了确保本次调查的专业性，还需要对调查人员进行培训，培训内容包括调查产品的基本情况、调查的要求及注意事项、调查的基本方法与技巧。

③工作进度。工作进度就是将该项目各个阶段需要执行的任务与执行该任务所需的时间制作成时间表，并按照时间表的要求完成该阶段任务。通常，市场调查阶段主要有前期准备工作、中期调查对象、调查人员的选取以及后期数据分析、撰写调查报告等。

④费用预算。市场调查产生的费用一般包括资料费、文件费、差旅费、交际费、劳务费、调查费、数据统计分析费等，因此在开展市场调查之前需要预估好每项费用的支出，合理决策该市场调查所需的总费用。

3. 收集资料信息

收集资料信息的过程就是根据制定的计划表进行样本抽取、资料收集、资料整理。

（1）样本抽取。样本的品质好坏会直接影响市场调查的结果，再加上调查对象通常分布散乱，难以聚集调查，因此在市场调查过程中需要制定抽样方案，确保抽取样本的准确性。抽样的数量通常要视客户需求而定，如果客户对于数据的准确度没有很高的要求或者是预算有限，那么抽样的数量可以相对减少；如果客户对于准确度的要求较高，那么要相应地增加抽样数量，同时调查费用也会增多。在市场调查运行过程中，一个小规模的调查可以选择50～500个样本数量。在抽样时，要注意抽样的样本情况与调查对象总体情况大致相同，否则得出的结果就会产生偏差。

（2）资料收集。样本抽取完后，就进入实地收集阶段。可以根据不同的场合，以及具体的调查内容选择对应的调查方法。例如，要调查消费者满意度、新产品情况等可以采取问卷调查法，要调查某种商品包装设计的改造能否被大众接受可以采用实验法。

（3）资料整理。收集完资料后，还需要对收集的资料进行整理。首先，排查不合格的调查表，如存在乱涂乱画、调查表受损、字迹不清、空白等情况；其次，将排查合格的调查表进行编码汇总，以方便后期的数据统计。

4. 系统分析资料

在分析资料阶段主要是对收集齐全的资料进行系统分析。市场调查收集的资料必须有科学依据，且与调查事项相关。

关于调查数据的统计可以采用办公软件Excel完成，将收集的大量数据输入Excel，获得明确清晰的数据结果，再按照调查目的对数据结果进行分析。

在分析阶段需要做两件事：首先，做基于数学的统计分析将也就是利用Excel软件进行分析；其次，在对资料进行整理、汇总、分析的基础上加入自己的判断。计算机只能通过精密的计算展现数据的最终结果，而调查人员需要针对结果，结合当下的市场环境，分析该结果的准确性。

5．撰写调查报告

撰写调查报告就是把收集到的数据和信息经过计算机或人工统计后，将调查得出的结论以书面的形式展现出来，最终形成完整的调查报告。调查报告需要按照规范要求撰写，一份完整的市场调查报告包括封面、题目、目录、引言、正文、结论、建议和附件。最后，将调查报告交由经营者，作为其制定市场营销策略的参考依据。

营销技巧

1. 聚类分析

聚类分析（cluster analysis）是指将物理或抽象对象的集合分组，使其成为由类似的对象组成的多个类的分析过程。聚类是将数据划分到不同的类或者簇的一个过程，所以同一簇中的对象有很大的相似性，而不同簇之间的对象有很大的相异性。

聚类分析是一种探索性的分析。在聚类分析过程中，人们不必事先给出分类的标准，该方法能够从样本数据出发，自动进行分类。聚类分析使用的方法不同，常常会得到不同的结论。不同研究者对于同一组数据进行聚类分析，得到的聚类数也未必一致。

2. 因子分析

因子分析（factor analysis）是指研究从变量群中提取共性因子的统计技术。因子分析就是从大量的数据中寻找内在的联系，减少决策的困难。

因子分析的方法有10多种，如重心法、影像分析法、最大似然解、最小平方法、阿尔法抽因法、拉奥典型抽因法等。这些方法本质上大都属于近似方法，以相关系数矩阵为基础；不同的是，相关系数矩阵对角线上的值，采用不同的共同性估值。在社会学研究中，因子分析常；采用以主成分分析为基础的反复法。

3. 相关分析

相关分析（correlation analysis）是研究现象之间是否存在某种依存关系，并对具体有依存关系的现象探讨其相关方向以及相关程度。

相关关系是一种非确定性的关系。例如，以X和Y分别记录一个人的身高和体重，或分别记录每公顷施肥量与每公顷小麦产量，则X与Y显然有关系，而没有确切到可由其中的一个精确地决定另一个的程度，这就是相关关系。

4. 对应分析

对应分析（correspondence analysis）也称"关联分析""R-Q型因子分析"，通过分析由定性变量构成的交互汇总表揭示变量间的联系。对应分析可以揭示同一变量的各个类别之间的差异，以及不同变量各个类别之间的对应关系。其基本思想是将一个联合列表的行和列中各元素的比例结构以点的形式在较低维的空间中表示出来。

5. 回归分析

回归分析是研究一个随机变量Y对另一个（X）或一组（X_1，X_2，…，X_k）变量相依关系的统计分析方法。回归分析是确定两种或两种以上变量间相互依赖的定量关系的统计分析方法。

回归分析的运用十分广泛，按照涉及自变量的多少，可分为一元回归分析和多元回归分析；按照自变量和因变量之间的关系，可分为线性回归分析和非线性回归分析。

6. 方差分析

方差分析（analysis of variance）又称"变异数分析"或"F检验"，是由英国统计学家罗纳德·艾尔默·卷希尔（R.A.Fisher）发明的，用于两个及两个以上样本均数差别的显著性检验。由于各种因素的影响，该研究所得的数据呈现波动状。而造成波动的原因可分成两类：一是不可控的随机因素，二是研究中施加的对结果形成影响的可控因素。方差分析是从观测变量的方差入手，研究诸多控制变量中哪些变量是对观测变量有显著影响的变量。

项目小结

本项目主要对市场调查的概念、特征及作用，内容与类型，原则与局限性以及具体方法与步骤进行了阐述，其中，重点介绍了市场调查的方法种类以及步骤。通过本项目的介绍，希望学生能够掌握市场调查的能力，并将所学的相关知识运用在日后的工作当中。

案例讨论

海宁许村家纺市场的新尝试

素有"观潮胜地，皮衣之都"美誉的海宁市，出现了以三项位列全国第一而闻名天下的"中国家纺装饰布第一镇"——许村镇。许村镇是浙江省首批小城镇综合改革试点镇、省发展个私企业重点乡镇、省科技星火示范镇、省教育强镇、省卫生城镇、省农业农村现代化示范镇和嘉兴市文明城镇。

许村镇位于拥有"天下奇观海宁潮"美誉的海宁市西部地区，总面积27.8平方千米，总人口3.6万多人。其西临杭州市15千米，东距上海市150千米，北到苏州市120千米，地理位置十分优越。

海宁市有纺纱织布的悠久历史。许村地区的家纺工业最初以织被面、绸缎为主，构成了特色产业的雏形。1985年，许村镇成为嘉兴市首个"亿元镇"。至1991年，许村镇家纺企业发展到4085家，织机4434台，日产被面10万多条，一时间成了饮誉华东的"被面之乡"。

实践打开了解放思想的大门，许村镇的体制创新使许多领导干部从中感悟到"只要能让老百姓富起来，模式是可以突破的"，从而迅速从选择"苏南模式"与"温台模式"的徘徊中解放出来，企业改制步伐骤然加快。1992年后，嘉兴市、县、乡镇三级领导先后三次在许村镇召开会议，总结推广许村镇经验，放手发展个体私营经济。1992年，许村镇创办了当时全国最大的被面装饰布专业市场，后历经多年的培育和发展，形成了3.5万平方米营业用房的规模。1993年，出现了被面滞销、装饰布俏销的市场变化，善于应变的许村人请来纺织专家，将几千台织机改型转样，纷纷织起了多姿多彩的装饰布。家纺企业从此由单一的被面开始向被面、装饰布、真丝织物、经编织物等多重产品转产。至1996年，许村镇90%以上企业转产为装饰布，成为全国最大的装饰布产销基地。由于抢占了先机，许村装饰布迅速占领了杭州、上海等地市场，获得了消费者的认可。许村镇实现了最初的家纺装饰布产业优势集聚。

随着许村镇家纺产业的快速发展，以家庭作坊私人企业为主体的经济模式已不能适应形势的发展，迫切需要扩大企业规模、提高企业层次、培养家纺龙头企业、延长家纺产业链，在更高层次上发展许村镇家纺产业，以应对竞争日益激烈的市场环境。为此，许村镇出台了"建园区、扶大户"

的政策。1998年创办了镇工业园区，2000年提升为省级工业园——海宁（中国）装饰布科技工业园，园区占地面积2250亩，2002年拓展为3500亩，是浙江省唯一的省级装饰布特色专业工业园区。许村镇还探索出一条大户带加工户的新型产业模式，通过这样的特殊模式，依托专业市场，产销联动，实现了家纺装饰布行业的提升跨越。2001年12月，投资1.5亿元的海宁·中国家纺装饰城首期工程建成，成功举办了"2001海峡两岸家纺行业合作研讨会暨海宁中国家纺博览会"和2002年第二届"海宁中国·国际家用纺织品博览会"。至此，许村镇家纺装饰布在年总产值、家纺产品国内市场占有率、家纺装饰产品出口总量三项指标上连创三个全国第一名。许家镇成为名副其实的"中国家纺装饰第一镇"。

请思考：1. 海宁许村家纺市场的市场营销中存在的主要问题是什么？
2. 海宁许村家纺市场若要进行市场调研应从哪些方面入手？

任务实施

【任务目标】
1. 训练学生对市场调查方法，尤其是实地调查方法的运用。
2. 培养学生市场调研的能力。

【组织及步骤】
假设你是一名新业务员，在进行推销之前首先要进行市场调查：对在本地市场上销量位居前五的奶制品的市场情况展开调研。
1. 学生自愿分成小组，每组6~8人。
2. 在进行调查访问之前，每组需根据课程所学知识，讨论制定调查访问提纲，包括调研的主要问题与具体安排。

【成果与检测】
1. 运用实地调查方法，每个小组提供一份本地奶制品市场调查报告。
2. 在班级进行交流，每个小组推荐1个人介绍。
3. 由教师对学生评估打分。

评分的依据：调查样本的抽选方法及其结构，调查问卷的发放方式及其回收率，各种访问方式的选择及其走访次数，方案调查资料的来源，对调查资料进行加工、整理、分析的方法等。

巩固与思考

一、单选题

1. 市场调查的特征不包括（　　）。
   A. 单一性　　　　　　B. 目的性　　　　　　C. 普遍性
2. 下列不属于市场调查作用的是（　　）。
   A. 有利于了解市场动态　　B. 快速满足顾客的需求　　C. 提供竞争对手的市场数据
3. 市场调查的内容大体分为（　　）方面。
   A. 五个　　　　　　　B. 六个　　　　　　　C. 七个
4. 下列不属于市场调查类型的是（　　）。
   A. 探测性调查　　　　B. 描述性调查　　　　C. 验证性调查

5．下列不属于市场调查方法的是（ ）。
A．实验法　　　　　　　　B．检验法　　　　　　　　C．观察法

二、多选题

1．市场调查的原则有（ ）。
A．科学性原则　　　　　　B．系统性原则　　　　　　C．时效性原则
2．市场调查收集资料信息的步骤中包含（ ）。
A．抽取样本　　　　　　　B．收集、整理资料　　　　C．撰写调查报告

三、判断题（在说法正确的后面打"√"，说法错误的后面打"×"）

1．市场调查主要是采用合理科学的方法，对市场进行数据的收集、记录、计算以及剖析，最终形成书面形式的调查报告，并向客户阐述说明调查结果的工作。（ ）
2．问卷法的缺点在于：成本高且时间长，对调查人员的要求较高，被调查者容易受外界因素的影响导致结果不准确。（ ）
3．问卷法主要应用于检验市场之间因果关系问题的调查。（ ）

四、填空题

1．市场调查对于人们改善_____、商家改善_____、企业改善_____都起到了重要的作用。
2．市场需求主要调查_____、_____、_____三个因素。
3．市场调查工作的基本步骤包括确定调查目标、_____、收集资料信息、_____、_____。
4．实验法的优点有_____、_____、_____、_____。

自学进阶

蝴蝶效应

20世纪70年代，美国一个名叫洛伦兹的气象学家在解释空气系统理论时说，亚马孙雨林里一只蝴蝶的翅膀偶然振动，也许会在两周后引起美国得克萨斯州的一场龙卷风。

蝴蝶效应即初始条件十分微小的变化经过不断放大，对其未来状态造成巨大的差别。有些小事可以糊涂，但有些小事经系统放大，会对一个组织、一个国家产生很重要的作用，因此不能糊涂。

蝴蝶效应的复杂连锁效应，每天都可能在人们身上发生，人们不可能回到以前去改变过去、改变未来，人们需要做的是正确把握现在。也许，以后的结果会趋向好的方向，而走错一步虽然可能短时间不会产生大的影响，但是几十年后断送的，就不仅仅是自己的未来了，而是更多。

蝴蝶效应对人们工作中的另一个启示：细节决定成败。英格兰有一首著名的民谣："少了一枚铁钉，掉了一只马掌；掉了一只马掌，丢了一匹战马；丢了一匹战马，败了一场战役；败了一场战役，丢了一个国家。"我国古人说得好："泰山不拒细壤，故能成其高；江河不择细流，故能成其深。"所以，大礼不辞小让，细节决定成败。人们在生活和工作中要注重训练和提高自我洞察力，认真做好、做细每件事，经过一点一滴的积累，最后走上成功之路。

ITEM 3

项目三 寻找市场机会

本项目介绍了如何寻找市场机会的相关内容，使学生通过了解市场营销的宏观环境和微观环境、SWOT分析法、消费者市场、消费者购买行为、影响消费者购买行为的因素等方面对市场营销有一个系统的认识。

学习目标

- 了解市场营销的宏观环境与微观环境。
- 掌握SWOT分析法。
- 了解消费者市场的含义及消费品的分类。
- 了解消费者购买行为及其影响因素。

学习导图

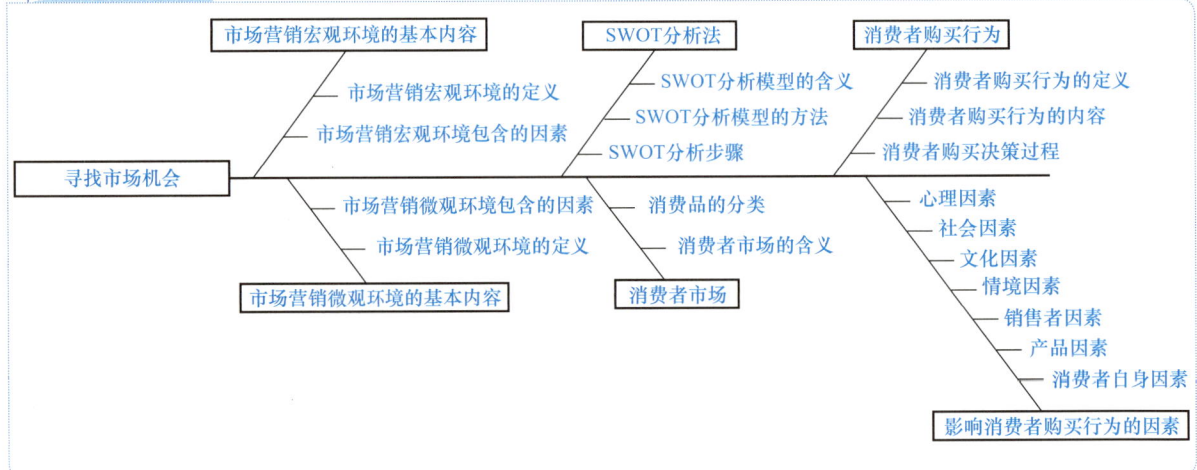

职业内容与岗位要求

职业功能	工作内容	技能要求	相关知识
市场机会分析	进行市场机会分析	◎能够分析市场营销宏观、微观环境给企业带来的机会与威胁 ◎能够分析消费者购买行为类型 ◎能够根据消费者购买行为采取相应的对策	◎市场营销环境分析的知识 ◎消费者购买心理活动、购买行为模式、类型、决策等知识

引导案例

2020年中国农产品电商发展报告

报告显示，2019年中国经济增长6.1%，高于世界经济增长3.8个百分点，连续14年贡献率全球第一位（2018年达到28.1%，2019年为30.0%左右）。中国农产品电商环境进一步完善，如2019年中国网民达到8.54亿人（其中，农村网民达到2.20亿人），网上购物达到6.39亿人，网上支付达到6.33亿人，外卖达到4.21亿人，网络视频达到7.33亿人。

2019年，中国农产品产量仍保持23亿吨的规模，生鲜农产品产量仍超过13亿吨，粮食产量达到66384万吨，比2018年增长0.9%，创历史最高水平，实现粮食"十六连丰"的新纪录。农产品市场常常呈现"供给大于需求"的特征。乡村社会消费品零售总额超过6万亿元，达到6.03万亿元，但是仍远低于全国城镇社会消费品零售总额（35.13万亿元）。

数字经济以较高的速度和较大的规模发展，如数字电商、数字农产品电商、农村电商试点全覆盖，以及跨境电商。2019年5月16日，中共中央办公厅、国务院办公厅印发《数字乡村发展战略纲要》，提出了数字乡村建设2020年、2025年、2035年、2050年四个阶段的发展目标，但使中国数字农产品电商新时代到来。特别是，"新基建"发力科技端的基础设施建设，其七大领域涉及诸多产业链。

（摘自2021年3月中国农产品电商联盟发布的《2020年中国农产品电商发展报告》，有改动）

※ 引例分析

在新的市场营销环境下，传统的营销模式发生了翻天覆地的变化。农产品多平台、多渠道的立体式传播，通过央视频、抖音、快手等传播平台整合线上和线下资源，助力活动引流升流，从而实现营销突破。农产品电商让更多的新农人和乡村群众搭上农村直播电商这趟"数字快车"，从而让"数字农业"激发乡村振兴新潜力。

市场营销作为一种经济联系形式，在经过了各种定义的演变之后被确定为以商品交换为主的一种职能。市场机会是在市场营销过程中存在的未被满足和实现的需求，往往是在信息出现缺口、市场环境发生变化等条件下出现。作为企业，在发展自身的同时也需要把握好市场机会，才能为自己谋求最大的利益。

任务一 市场营销宏观环境的基本内容

市场营销环境也称为"市场经营环境"，是指处在营销管理职能外部影响市场营销活动的所有不可控制因素的总和。企业营销活动与其营销环境密不可分。根据企业对环境因素的可控程度，企业营销环境可分为市场营销宏观环境和市场营销微观环境。其中，市场营销宏观环境是对市场营销活动产生影响的一个重要因素，在企业营销活动中是不可控制也是不可或缺的。

知识点一 市场营销宏观环境的定义

市场营销宏观环境，是指那些给企业造成市场营销机会和形成环境威胁的外部因素。这些因素主要包括经济环境、人口环境、自然环境、科学技术环境、政治法律环境以及社会文化环境。这些主要的社会力量是企业不可控制的变量。企业的营销环境，是指在营销活动之外，能够影响企业营销部门建立并保持与目标顾客良好关系的能力的各种因素和力量。营销环境既能提供机遇，也能造成威胁。成功的企业都懂得持续不断地观察并适应变化的环境是非常重要的。

知识点二 市场营销宏观环境包含的因素

市场营销宏观环境就是无法受企业控制的外部因素，只能通过影响微观环境的方式间接对企业的营销活动过程产生影响。市场营销宏观环境主要包括以下六个方面（见图 3-1）。

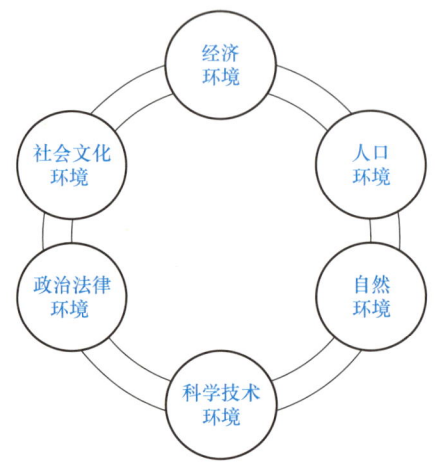

图 3-1 市场营销宏观环境

1．经济环境

经济环境在市场营销宏观环境中具有重要的地位，主要对消费者的收入、支出、储蓄、借贷情况以及社会购买力等进行研究。

（1）消费者收入。消费者的购买能力决定了市场的交易规模，只有消费者不断购买才能维持市场运作，而消费者的收入情况（见表 3-1）决定了其购买能力的强弱，所以企业需要对消费者的收入情况有一定的了解。

表 3-1 消费者的收入情况

收入指标	意义
人均国民收入	简单来说，就是国民生产总值除以总人口数得到的比值，这个指标代表着国民的平均生活水平。通常情况下，人均国民收入提高意味着人们对商品的需求增加，购买能力随之提升；人均国民收入降低则意味着人们对商品的需求减少，购买能力随之降低
个人可支配收入	简称 DPI，即在个人收入中扣除个人所得税等税款和上缴给政府的款项后剩余的收入，是可由国民自己支配的收入。个人可支配收入一般会影响消费者的生活必需支出
个人任意支配收入	是在个人可支配收入中除去生活必需的支出之后剩余的收入，通常用来支付生活必需品以外的开支，如娱乐支出等，是比较灵活的收入部分
国民生产总值	简称 GNP，其增长迅速代表国民的购买能力越强。假如 GNP 停滞不前，甚至一直倒退，则意味着人们对商品的需求在降低，同时意味着购买能力在减弱

（2）消费者支出。有收入就会拉动支出，消费者的支出会随着消费者收入的变化而变化，同时消费结构也会发生改变。

①恩格尔系数。恩斯特·恩格尔提出了消费结构的概念，并将其命名为"恩格尔系数"，具体

指的是家庭中食品支出占家庭总支出的比重。恩格尔系数越大说明家庭的生活水平越低，随着家庭收入的增加，家庭支出中购买食物的比重会降低。企业通过恩格尔系数的高低可以对目前市场的消费水平做出判断，便于做出合适的营销决策。

②消费结构。消费结构的概念也是由恩斯特·恩格尔提出的，指的是各类消费在总费用支出中所占的比重，并概括了消费结构变化之间的规律。

（3）消费者储蓄。居民财产的储蓄量在一定程度上对社会购买力有直接的制约作用，假如居民收入一定，在储蓄增多的情况下购买量就会减少；反之，购买量就会增加。企业应注意消费者储蓄的增减趋势变化，依此采取相应的营销策略。

（4）消费者借贷。消费者借贷一般指的是信贷，也就是凭借信用优先进行消费，先消费后按期还款的一种方式。其一般用在需大额支出，消费者无法一次完成付款的商品上。这在我国也是一种较为新型的消费方式，因此产生了更多的消费需求。

2. 人口环境

人口环境由性别结构、年龄结构、家庭结构、教育结构、民族结构、社会结构等因素构成（见表3-2）。人口环境的变化直接影响市场的发展，因为市场的需方是由具有购买能力的消费者构成的，这样的消费者越多，市场规模和容量就越大，企业营销的机会也就越多。

表 3-2 人口环境

结构	含义
性别结构	性别不同，消费需求自然有所不同，所以会出现男性用品和女性用品这两个以性别划分的商品市场。例如，剃须刀、卫生巾等通常只有特定性别的人才会使用的商品。企业可以针对不同人群的不同需求和特点制定营销策略
年龄结构	不同年龄结构的人群对商品的需求也是不同的，如婴儿对奶嘴、尿不湿等有需求，老年人对假牙和拐杖等有需求，因此不同年龄结构促使不同特性市场产生
家庭结构	家庭是最小的社会单位，所以在消费时也作为一个基本单位存在。一个地区或者国家的家庭情况可能对某些商品的销售量有直接影响，以及家庭类型的不同也会产生不同的需求，所以有些企业推出了大规格的"家庭装"产品
教育结构	人们的受教育程度、学历高低和职业不同都会产生不一样的消费需求。随着国家对国民受教育程度的重视以及九年义务教育的普及，人均收入普遍提高，人们对书籍和高科技产品的需求也呈上升趋势
民族结构	我国是统一的多民族国家，民族不同，生活习惯和节日传统等也不尽相同，如饮食、服饰和文化等。这就需要企业在进行营销活动时尊重各民族的文化，或是针对特定的民族推出相应的产品
社会结构	我国的人口分为城市人口与农村人口，虽然进入城市生活的人越来越多，但农村人口仍然占大多数，所以在进行市场营销时，企业应充分考虑农村市场的需求

人口作为市场的第一要素，对市场规模起着直接决定作用，人口的数量、结构、分布等因素影响着企业营销活动。所以，企业对人口环境的调查也是必要的，关注人口环境的动向和发展趋势有利于企业及时调整营销策略。

3. 自然环境

自然环境，是指企业市场营销需要或影响的自然条件及物质基础设施。自然条件是指自然环境中凡是能影响人类社会经济活动的因素，自然环境中凡是可供人类利用的物质与能量均为自然资源。随着经济高速发展导致自然资源短缺，地理位置的选择和可利用程度也越来越小。生产率提高后生产排放也随之增加，导致环境污染严重，所以需要政府介入加强对环境保护的干预（见图3-2）。

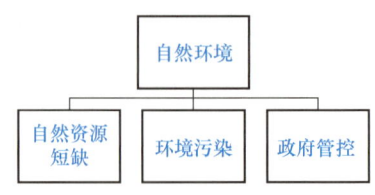

图 3-2　自然环境的影响因素

（1）自然资源短缺。自然资源包括可再生资源及不可再生资源两种。可再生资源指的是即使有限、会被用尽也可以再次被生产出来的资源，如森林资源。不可再生资源指的是用尽之后不能再被生产出来，只能找新的能源替代的资源，如矿产资源和石油资源。不管是可再生资源还是不可再生资源都要杜绝浪费和过度开采。目前，地球上许多能源已经处于短缺的状态，作为企业面对这样的处境需要加强对资源合理利用的研究，否则生产成本将会因为资源价格上升而增加。

（2）环境污染。从蒸汽时代开始，工业化对环境产生的污染就没有停止过，虽然社会经济得到了大力发展，但环境污染的问题凸显了出来，许多地区的污染已经影响到人类的健康和正常生活，如我国华北地区遭遇的雾霾。目前，环境问题已经引起了大家的重视，各国政府和公益组织，乃至人民群众都对环境问题强烈关心。企业在生产过程中总是会有废弃物排放的问题，如今国家对乱排放问题十分重视也迫使企业对废弃物排放有了严格要求。

（3）政府管控。对于前两个问题，各国政府和国际组织都非常重视，也因此颁布了相关法律、法规以及政策等。企业应遵守这些法律、法规和政策，以保证企业活动遵循可持续发展的理念。

4. 科学技术环境

科学的不断发展使生产技术变革速度加快，生产中的创新也有了更多可能性，国家也在不断完善技术革新的相关法规。但在高新技术方面，企业的研究与开发预算依然是居高不下。企业营销的科学技术环境是指由技术因素引起的生产力提高，进而对市场营销带来的影响。

（1）影响消费者购买行为。科技发展对人类活动的影响之大有目共睹。多媒体和网络的不断发展更新令购买方式也不断发生改变，原本是以实体交易的形式为主，在媒体发展之后出现了杂志购物、电视购物等，再到电商平台的发展逐渐成熟之后，网络购物变得十分常见。

（2）影响经济结构。每当出现一种新兴技术被推广应用时，就会给某些企业带来市场机会，产生新的行业。例如，2014年，4G网络的发展催生了短视频软件，而在近几年直播博主也相应成了一个新兴热门行业，打赏主播成了一种消费方式；随着5G网络的出现，我们可以预测到未来的应用大概会与云端紧密结合，促进人工智能的发展等。

（3）影响企业营销组合策略创新。科技发展的一个明显表现就是技术产品的更新换代非常迅速，企业如果依然采取原先的组合策略，那么势必被其他创新发展的竞争者夺取市场份额，所以企业应该合理利用科技发展带来的多媒体行业快速发展的优势，创新营销组合策略。

5. 政治法律环境

市场营销过程中关于企业管理的立法增多，政府机构随之更严格地执法，公众团体力量增强等，这些因素都会对政治法律环境造成影响。

政治法律环境，是指影响和制约企业营销活动的政府机构、法律法规及公众团体等。政治法律环境的变化往往是突变的，企业必须密切注意国家的每项政策和立法及其对市场营销造成的影响，根据政治法律环境制定企业营销活动的战略，维护企业的正当利益。

（1）政治环境。一个国家的政局安稳与否，往往影响该国的经济发展。国家若是战火纷飞，政局不稳定，社会秩序混乱，企业就很难得到稳定发展；若是政局稳定，人均收入稳步增长，人们对消费的需求就会是稳定发展。

（2）法律环境。企业管理者在经营企业时必须了解、熟悉国家颁布的与企业经营相关的法律、法规，能严格执行这些法律、法规。只有如此才能保证企业活动的有效合法。跨国企业或者涉及跨境业务的企业不仅要熟悉本国的法律法规，也需要遵守国外的法律法规等。例如，在国外有些合法的药品成分在我国是不合法的，需要确保同时遵守两国法律规定。

6. 社会文化环境

社会文化环境包括宗教信仰和地方风俗，以及不同国家政权下人民的态度与价值观。不同文化背景、不同语言文字环境，以及教育程度和职业等也是社会文化因素。

在国际市场营销活动中，社会文化因素是一个关键性的问题。社会文化环境主要指一个国家、地区的民族特征、价值观念、生活方式、风俗习惯、宗教信仰、伦理道德、教育水平、语言文字等的总和。例如，价值观对人的行为尤其是消费行为有很大程度的影响。人在不同的文化背景下，往往价值观会有很大不同，或者由于自身经历形成的价值观也会令个人的价值观具有一定程度的差异性，所以不同的消费者对同一种商品特性消费的观点也是不同的。

任务二　市场营销微观环境的基本内容

相比较而言，市场营销微观环境与企业的关系更为紧密。作为一种直接营销环境市场营销微观环境自然也是市场营销人员需要掌握的重要内容。

知识点一　市场营销微观环境的定义

市场营销微观环境是指对企业服务其顾客的能力造成直接影响的各种力量，是一种直接的营销环境，包括企业本身及其市场营销中介、市场、竞争者和各种公众。市场营销微观环境与企业的关系紧密相连且不可分割，对企业的营销能力和各种因素有着直接影响。

知识点二　市场营销微观环境包含的因素

企业组织内部环境由做决策的营销部门和执行营销决策的营销人员以及其他部门和人员构成，其中，以做决策的营销部门和执行营销决策的营销人员为核心。市场营销微观环境的因素对企业营销活动的影响是直接的。一个企业能否成功地进行营销活动，除了适应市场营销宏观环境变化外，市场营销微观环境也是至关重要的。

1. 企业

这里的企业，是指企业内部状态。企业是一个系统的组织，内部除了市场营销部门之外还有技术部门、财务部门、生产部门和最高管理层等。虽然市场营销活动是市场营销部的任务和职能，但任何营销活动都不是单一的部门行为，必须依赖企业各部门的配合。

企业各部门之间既存在合作关系，也会出现利益矛盾和活动冲突，这是因为企业各部门专注的工作内容和重心不同，所以会存在矛盾且有些矛盾是难以协调的。因此，一个企业在进行营销活动时需要对企业自身的矛盾进行协调。

2. 供应商

供应商的职能是为企业提供生产经营需要的各种资源和服务，包括原料、设备、技术等。供应商对企业营销活动也有着十分重要的影响，主要体现在以下三个方面。

（1）货物价格。供应商供应的货物价格如果有浮动就会对商品的成本造成直接影响，如果供应商提高了所供货物的价格，那么商品的制造成本必然会提高，企业为了保证利润也需要提高售卖单价，对商品的销售也会产生影响。但如果企业为了销量不上调售卖单价，就会减少企业利润。

（2）货物质量。供应商提供的货物质量好坏也会对企业营销活动产生巨大影响，供货的质量影响产品质量，进而影响企业的信誉和品牌打造。俗话说，地基打好楼才能建得高。所以，没有好材料怎么能制作出好产品？企业对供应商的供货必须严格把关，以确保产品质量。

（3）供货时间。有原料才能生产，如果供货不及时，那么势必影响生产之后的营销等一系列活动。所以，供应商供应货物必须及时稳定，否则会影响企业的生产活动。作为企业，必须及时掌握这方面的信息，与供应商保持良好的交流沟通，以避免发生因意外而影响生产的事件。

3. 营销中介

营销中介的职能是作为中间环节，为企业的促销活动和营销活动提供服务，便于企业活动顺利进行。营销中介包括服务机构、金融机构、分销机构和中间商（见表3-3）。

表3-3 营销中介的成分

成分	介绍
服务机构	在营销活动中为企业提供专业服务的机构，如广告公司、咨询公司等。这些机构在企业营销活动中起着重要作用，因为它们的主要功能大多是帮助企业进行市场调研、市场推广、市场分析等。虽然一些大型企业会有自己的广告部门和调研部门，但是小型公司基本将这些工作委托给了专业公司办理
金融机构	银行、保险公司等在企业营销活动中进行资金变通的机构，主要职能是在企业营销活动中为其提供保险服务和资金筹集服务，以便企业营销活动顺利进行
分销机构	物流企业、仓储公司等为企业进行物流运输和保存等工作的机构，帮助企业将产品运往各个销售地，并在未进行销售的时间对产品进行保存。因此，企业营销活动中这类机构的地位是十分重要的
中间商	通过中间商可将产品由生产企业流向市场直至消费者手中。中间商对企业营销活动非常重要，大多数企业都需要与中间商合作。中间商的职能是帮助企业完成售卖，因此企业需要慎重选择中间商，只有找到合适的中间商，才能更好地进行营销活动

4. 顾客

顾客，即企业生产、营销活动服务的对象，产品的最终购买者，是影响企业发展最重要的环境因素。企业营销活动的最终目的就是得到顾客的认可，所以在营销活动中应将满足顾客需求作为核心工作内容。

由于顾客类型不同，顾客需求也不尽相同，对各类不同市场的顾客应进行需求分析，并根据分析结果提供相应的产品或者服务。

5. 竞争者

竞争者，是指与企业存在利益冲突或竞争关系的其他企业。例如，电商平台淘宝和京东就互为竞争者关系。竞争者的营销状况会直接影响本企业的营销活动，毕竟市场份额是有限的，竞争者的价格变化和新产品开发等都会对本企业造成影响。一般对竞争者需要了解的内容有竞争者的市场策略、竞争企业的营销方案等。

6. 社会公众

社会公众，是指企业营销活动中对企业完成目标有所帮助和影响的组织群体或个人的总称。社会公众对企业的反应和态度对企业营销活动十分重要，持正面态度有助于企业发展，而持负面态度则阻碍企业发展。社会公众包括以下六个组织群体（见表3-4）。

表 3-4 社会公众包括的组织群体

组织群体	介绍
政府机构	一般是与企业营销活动相关的、在营销活动过程中会接触到的各级政府部门。企业营销活动需要遵守政府机构制定的法律法规、行政规定、政策等
媒体	包括新闻社、报纸、期刊、电视台等传媒机构，它们的影响能力和传播能力能够直接影响社会舆论
金融机构	它们对企业的资金流动和周转有着重要作用，是企业营销活动中需要十分重视的机构
内部公众	企业内部的管理者和员工，企业营销活动需要企业内部人员一同努力
社区团体	企业需要与所在地周边的社区保持良好关系，不给周围居民带来麻烦，如生产噪声、污水排放等，不能影响周围居民的生活。周围居民的口碑对企业树立良好形象也有一定的帮助
社团组织	主要指企业所在地的非政府性组织机构，企业的营销活动会对社会多方面的利益造成影响，包括消费者权益保护机构等

任务三　SWOT 分析法

SWOT 分析法即基于内外部竞争环境和竞争条件下的态势分析，是对某对象内部优势、内部劣势以及外部机会、外部威胁进行调查收集及分析，列举出分析结果进行矩阵排列，而结论通常带有一定的决策性，分析匹配各种调查所得的内外部竞争条件，并得出最终结论。

知识点一　SWOT 分析模型的含义

SWOT 的四个字母分别表示优势（S）、劣势（W）、机会（O）和威胁（T）。SWOT 分析实际上是对企业内外部条件各方面内容进行综合和概括，进而分析组织的优劣势、面临的机会和威胁的一种方法。通过分析得到的结论可以帮助企业了解发展中的优劣势等，弥补企业的不足，规避风险，并将资源和行动专注于优势部分，从而让企业的战略变得明朗。通过 SWOT 分析，可以帮助企业把资源和行动聚焦在自己的强项和有最多机会的地方（见图 3-3）。内部优势与内部劣势的分析是要明晰企业自身的发展情况，便于与竞争者进行对比，找到更好的营销策略。外部机会和外部威胁的分析主要是聚焦于有可能对企业造成影响的环境因素。

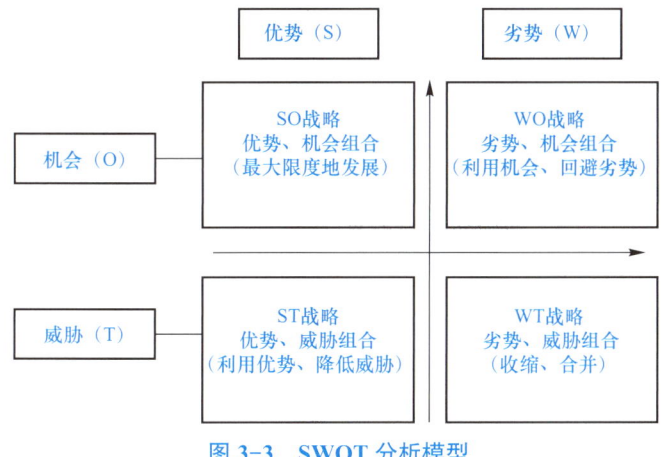

图 3-3　SWOT 分析模型

知识点二 SWOT 分析模型的方法

SWOT 可以分为两部分：第一部分为 SW，主要用来分析内部条件；第二部分为 OT，主要用来分析外部条件。利用 SWOT 分析法可以找出对企业有利的、值得发扬的因素，以及对企业不利的、需要避开的东西，发现存在的问题，找出解决办法，并明确以后的发展方向。企业营销管理人员在进行 SWOT 分析时需要明确内部与外部的各种变量，在这样的条件下得到经过排列组合的四种基本分析概念。

1. SO 战略：优势 + 机会

SO 战略，又称为"杠杆效应"，于内部优势与外部机会相统一时产生，是一种非常好的情况。在这种情况下，企业可以利用内部优势配合外部机会，把握住机会将自己的优势充分发挥出来。同时，企业需要留意外部机会，因为这种机会往往是转瞬即逝的，所以应当把握好时机。

2. ST 战略：优势 + 威胁

ST 战略，又称为"脆弱性"，于内部优势与外部威胁相交叉时产生。此时，企业内部呈现出优势，可外部环境对企业发展产生的却是威胁。这样的情况下，企业的优势无法完全发挥，因此这种内部优势在外部的威胁下是十分脆弱的。遇到这种情况，企业需要克服外部威胁以求内部优势得到最大限度的发挥。

3. WO 战略：劣势 + 机会

WO 战略，又称为"抑制性"，于内部劣势和外部机会相遇时产生。此时，外部机会出现，但是企业内部呈现的是劣势，外部机会和企业持有的资源不匹配，企业的优势在这种情况下很难得到发挥，因此，这种外部机会被抑制，意味着机遇被妨碍和被控制。遇到这种情况，需要联系实际对企业内部呈现的劣势进行转化，企业才能得到发展。

4. WT 战略：劣势 + 威胁

WT 战略，又称为"问题性"，是企业内部劣势与外部威胁相遇时形成的。对企业来说，这应该算是最严峻的一种情况，内外部都呈现出不利，可谓"天不时、地不利、人不和"的态势，稍有不慎就会对企业造成重创。

知识点三 SWOT 分析步骤

1. 分析企业外部因素

分析企业外部因素即使用各种调查研究方法，分析企业目前的外部环境因素。利用各种调查研究方法，分析出企业所处的各种环境因素，即企业外部环境因素和内部能力因素。在调查分析这些因素时，除了考虑企业的历史和现状外，也包括企业的未来发展，对企业外部环境的变化进行确认。

企业外部环境因素包括企业在活动中面临的机会和威胁：外部机会，包括消费者对商品产生的新需求、企业成功研发的新型产品、短期不会出现的替代商品、竞争者减少等；外部威胁是外部环境的不利因素，包括消费者需求变化、企业产品出现较多替代品、竞争者增多、经济不景气等。

对于企业外部因素可以用 PEST 法和波特五力模型方法进行分析。

（1）PEST 法。PEST 法，是指对宏观环境的分析，是一种系统的研究方法（见表 3-5），在分析过程中需要大量相关消息和资料，而且必须是真实、有效的，否则分析结果容易出现偏差。

表 3-5 PEST 法

类别	含义	可能考虑的问题
政治因素（politics）	包括企业所在国家或地区的政局状况、政治体制等，国家政治组织机构颁发和制定的法律、法规	（1）政治局势如何 （2）国家颁布的相关政策有哪些
经济因素（economy）	需要考虑的问题很多，包括国民生产总值、货币汇率和相关政策、通货膨胀率	（1）当前所在地的失业率水平如何 （2）近年来的国内生产总值（GDP）呈现怎样的态势 （3）居民可支配收入水平如何
社会因素（society）	主要考虑文化环境和人口环境。文化环境包括宗教信仰、民族等，人口环境包括居民分布等	（1）所在地信众最多的宗教是哪个 （2）该国家的男女比例是多少 （3）人口的平均寿命是多少
技术因素（technology）	包含发明、知识产权、新型材料投入生产、新技术等	（1）新技术的投入对企业生产有什么影响 （2）科学技术的创新是否提高了质量，促进了销量

（2）波特五力模型。波特五力模型将不同因素归纳为一个模型，作为分析竞争战略功能的方法（见图3-4）。

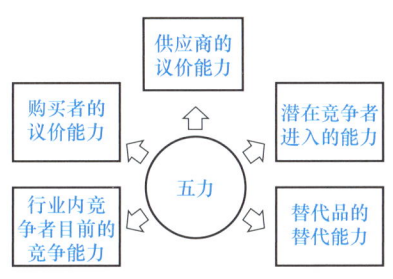

图 3-4 波特五力模型

①购买者的议价能力。购买者的议价行为会导致企业的利润减少，主要是在买家购买商品数量很大而卖家企业规模不大时，对企业的影响较大。

②供应商的议价能力。供应商的主要职能是为企业生产提供原料，供应商的议价能力强会影响企业生产时的成本，主要在供应商提供的货物难以被取代或受供应商市场地位强的大企业控制时，对企业造成较大影响。

③潜在竞争者进入的能力。潜在竞争者的加入往往会加剧市场份额的割据，使企业原有的市场份额被抢占，严重的还会决定企业的存亡。当然，潜在竞争者在进入行业时也是存在一些阻碍的，这些阻碍包括资金需要、分销渠道、相关政策等。

④替代品的替代能力。旗下商品互为替代品的两个企业，即使重心在不同的行业，由于互为替代的关系，也会成为竞争关系。企业商品的替代品越实用、价格越优惠，存在的替代能力就越强。

⑤行业内竞争者目前的竞争能力。处于同一行业的竞争者在经营活动中难免会产生冲突，因此出现了竞争关系。在行业进入难度低、市场趋于成熟完备、竞争者数量众多时，会产生较大的竞争压力。

2. 分析企业内部因素

企业内部因素通常是企业在自身发展时出现的，在发展过程中出现有利因素和不利因素都是正常现象，其中包括发展的优势和劣势。虽然内部因素属于主观因素，但需要客观地进行分析。

（1）内部优势。企业的内部优势是企业在发展时拥有的有利条件，通常财政资金充足、企业规模大、树立了良好的企业形象、拥有尖端技术等条件都可以被视为企业内部优势。

（2）内部劣势。企业的内部劣势是企业在发展进程中展现的不利条件，包括财政资金周转不通畅、缺少尖端技术、企业经营出现问题、人才缺失等。

3. 构造SWOT矩阵进行评价

把调查得出的内外部因素根据程度轻重的方式进行排列，构造SWOT矩阵。在构造SWOT矩阵的过程中应按照对企业的影响程度，将那些对企业发展有直接、重要、大量、迫切、久远的影响因素优先排列出来，而将那些间接、次要、少许、不急、短暂的影响因素排列在后面。把识别出的优势分为两组，判断它们是与外部的机会有关还是与威胁有关；把识别出的劣势也分为两组，一组和机会相关，另一组和潜在威胁相关。排列完成后，将优势和劣势按机会与威胁分别填入SWOT评价表（见表3-6）。

表3-6　SWOT评价表

项目	得分	评价	项目	得分	评价
重要度	5	非常重要	影响度	5	影响非常大
	4	很重要		4	影响很大
	3	重要		3	影响大
	2	不重要		2	影响不大
	1	很不重要		1	影响很小

4. 制订行动计划

在完成环境和能力等因素分析与构造好SWOT矩阵之后，就可以根据得出的结论制订行动计划。可以根据发扬优势因素、克服劣势因素、利用机会因素、规避威胁因素的思路制订行动计划。

（1）评估长处和短处。大多数企业都是专注于一个领域，而不是样样精通。无论企业还是个人在其发展过程中都可能存在一些长处和短处。在面临长处和短处时通常有两种选择：要么努力弥补自身的不足，要么放弃那些不擅长的领域而专注于擅长的领域。

（2）找出发展中的机会和威胁。个人或者企业在发展过程中总是会受到外部环境的影响，如国家颁布的政策和一些改革等。面对这些机会和威胁只能学会预判机会，以最大限度减少威胁带来的影响。

（3）列出未来一段时间的发展目标。系统地进行SWOT分析，列出未来一段时间最想实现的几个目标，但必须是有可能实现的，不能制定不切实际的目标。

（4）相应列出行动计划。根据列好的发展目标，制订为了实现目标而需要采取的行动计划。详细说明为了实现每个目标需要做的每件事，并且制定一个期限，将这个计划作为行动指南。

这里以著名洗护品牌海飞丝为例进行SWOT分析（见表3-7）。

表 3-7　海飞丝 SWOT 分析

环境	项目	分析
内部环境	优势	（1）产品：海飞丝洗发水主打"去屑"的功能，根据大部分消费人群的特性推出去屑洗发水，同时推出其他多种款式洗发水。通过细分人群，分析各个人群的需求进行新产品开发，将产品以气味、功能的不同作为区分 （2）价格：海飞丝品牌进入中国市场多年，基本确定价位。涨价可能会影响老顾客的购买行为，可以适当进行降价活动，能在一定程度上达到刺激销量的效果 （3）渠道：海飞丝不管在城市还是农村都有一定的市场占有率 （4）促销：使用相应的手段，如广告等，达到巩固老顾客、吸引新顾客的目的，在国民心中树立品牌，使潜在顾客也对海飞丝的广告十分熟悉
	劣势	（1）产品：过于细分、种类繁多，会使不了解的顾客来眼花缭乱，难以抉择，并且有些种类的洗发水对于大部分顾客来说不需要 （2）价格：纵观市场价格，在同样的去屑功能洗发水中，海飞丝的价格比其他品牌的洗发水略高一点 （3）渠道：农村市场的产品种类、规格单一，不能满足相应的需求 （4）促销：洗发水广告的创意不足，没有新的突破，无法让顾客耳目一新。在新品牌和其他新款上市时，许多老顾客难免被吸引，在巩固老顾客这方面有些困难
外部环境	机会	（1）日用品作为生活必需品，虽然技术含量不高，但利润相当可观，宝洁公司在中国日用品市场也占据了不可小觑的份额 （2）海飞丝是宝洁公司旗下的一个主要品牌，在进入中国市场之前已经在欧美国家经营了一段时间，具备一定的品牌基础
	威胁	（1）海飞丝在市场细分中有所忽略，即对于不同性别没有开发不同的产品。男性的头皮特质与女性的头皮特质有一定的区别，但是海飞丝在确认目标顾客时并没有重视这一点 （2）有一定比例的顾客认为"海飞丝去屑洗发露去屑效果一般"，对于产品来说，主打功能的效果不好是致命的，这样容易让消费者对品牌失去信心

根据 SWOT 分析得到的结果，可以进行以下行动计划的制订。

（1）内部环境。

①改进自身的不足。针对品牌去屑效果不明显的短处进行改进，加强对科技研发的资金投入；进行性别人群的市场细分，为同样庞大的男性消费者群体推出男士专用洗发水。

②放弃不擅长的领域而发扬长处等。详细说明为了实现每个目标需要做的每件事，并制定一个期限，将这个计划作为行动指南。

（2）外部环境。

①依靠宝洁公司这座大山，利用品牌优势，增加在中国市场上的存在感，做好品牌营销。

②做好科研，加大科研投入，增强海飞丝产品的去屑效果。

任务四　消费者市场

组织市场是指为了企业的生产、转售或转租工作等用于组织消费而采购的所有组织构成的市场。只有生活中的产品进入生活消费领域才算得上最终完成，所以消费者市场也成为最终产品市场，其在市场营销中的意义重大。

知识点一　消费者市场的含义

消费者市场作为现代市场营销理论的主要研究对象，在市场体系中起到了决定作用，具有举足轻重的地位。作为市场营销从业人员，对消费者市场需要有以下了解。

1. 消费者市场的概念

消费者市场又称作"最终消费者市场"、"消费品市场"或"生活资料市场"，是指以个人或者以家庭为单位，因为各种生活所需而产生对商品的需要从而购买的市场。

2. 消费者市场的特点

消费者市场与每个人都息息相关，其发展可以带动经济发展。作为市场体系的基础，消费者市场的特点见表3-8。

表3-8 消费者市场的特点

角度		特点描述
从交易商品来看		消费者市场更多地受到消费者个人因素影响，如文化修养、受教育程度和收入水平等；商品品种繁杂，寿命较短；商品的技术性不强，市面上替代品较多，以致价格变动对商品需求量的影响比较大
从交易模式和规模角度来看		消费品市场分散，消费者数量较多，交易次数也较多，但是交易数量较少。因此，大部分商品采用中间商销售的模式
从购买行为来看		消费品市场上消费者的行为较易被诱导，主要原因是：①消费者在购买商品时通常不会大量购买，交易规模小时进行购买决策不会太谨慎，具有冲动的特点；②消费者对产品的了解浮于表面，并不是专业性的购买，因此在消费时受产品宣传的影响较大
从市场动态来看	非营利性	消费者的购买行为是因为自身需要，为了获得使用价值才进行的，而不是因为需要盈利才进行的
	非专业性	消费者在购买商品时对于商品的专业知识和参数等内容往往不是非常了解，所以易受生产方、营销方的广告宣传影响
	可替代性	在消费品市场中，除了个别商品是不能取代的外，大部分商品是存在替代品的，所以消费者市场有一定的可替代性
	递进性	在正常情况下人们会优先满足生理需求，即维持日常生活的衣食住行等基础消费，在此之后需求才会递进，考虑更高层次的需求考虑
	广泛性	进行消费的人口众多，且所在地域分布广阔，只要有需要就会出现消费者市场
	流行性	消费需求除了受消费者自身需要的影响外，还会受到外部环境、时尚潮流和消费观念的影响。根据年代和时期的不同，消费者需求发生变化也是理所应当的
	多样性	在企消费者市场上，销售的商品种类繁杂多样，消费者人数众多，消费者市场的分布也广泛

知识点二 消费品的分类

消费品，是指那些由最终消费者购买并用于个人使用的产品。根据消费者购买消费品的方式、用途，可以将消费品进一步细分为日用品、选购品、特殊品和非需品。消费品存在的目的是满足人类物质文化生活的需要，消费者往往在购买之后将其用于个人所需。

品类繁多的消费品还可以按照以下方式进行分类。

1. 按照耐用程度和使用频率分类

按照耐用程度和使用频率，消费品可以分为普通消费品和耐用消费品。

（1）普通消费品。普通消费品主要供一次使用或短期使用，消费者需要经常购买，属于非耐用品，是使用周期较短的消耗品，如食品、口腔清洁用品或者烟酒类商品等。

（2）耐用消费品。耐用消费品是指能多次使用，生命周期较长的商品，如家具、电器、数码产品等，这类产品需要消费者较为慎重地抉择。

2. 按照商品用途分类

商品的性质和用途展现了其使用价值，也是评价商品质量的重要依据，所以将消费品按照商品用途分类是最常见的。按照这个分类原则可以将消费品分为生存资料、发展资料和享受资料。

（1）生存资料。生存资料是用来满足消费者身体或生理的需要以保持生存，并且是维持劳动力再生产必需的生活消费品。简而言之，生存资料就是维持人类生命延续需要的物质，如食物、水、衣服、住所和出行交通等方面的基本生活资料。

（2）发展资料。发展资料即消费者在满足了基本的生存资料需要之后，用于提高自身文化水平、技术水平、劳动素质等促进自身发展的生活资料，如可能提高消费者文化水平的书籍和刊物，或者参加特长班、技术培训等。

（3）享受资料。享受资料，是指人们在生存资料和发展资料的需要得到满足后，进一步产生的新的需要，其主要作用是丰富自己的物质生活或者精神生活。例如，去娱乐场所消费，购买珠宝和奢侈品、收藏品等，以及购买视频软件的会员等，这些消费对人的生存而言不是必需的，也无法使人得到发展，主要是消费者为了享受生活、取悦自己进行的。

3. 按照消费者的购买行为和购买习惯分类

按照消费者的购买行为和购买习惯，消费品可以分为便利品、选购品、特殊品和非渴求品（见表3-9）。

表3-9 按照消费者的购买行为和购买习惯进行消费品分类

类别	含义	例子
便利品	消费者时时需要购买，反复多次购买，具有即时性和惯性的特点。在购买这类商品时不需要花太多时间考虑和比较	洗漱用品、保洁用品、纸巾等
选购品	不是消费者会即时购买的商品，而是需要一定的时间对价格、功能、样式等特性进行选择和比较的商品	同质品：消费者眼中质量相似但价格有差距的商品，如家具、家电等，需要进行比较和选择
		异质品：具有一定特色的商品，如服装具有丰富的品种和款式
特殊品	具有品牌特色，或具有非同寻常的价值或是不可替代的纪念意义	珠宝、古董字画、婚戒等
非渴求品	消费者不会主动购买，也不是日常必需的，不太熟悉或者是熟悉但不感兴趣的商品	常规非渴求品：目前处于非渴求状态，需求或许存在，但商品的潜在客户没有被激起购买欲望，如保险
		新型非渴求品：潜在客户确实不了解其性能和特性的商品，如刚面世的新产品需要通过详细的介绍和一定力度的促销活动说服潜在客户接受

任务五　消费者购买行为

作为市场营销从业人员，了解和掌握消费者购买行为的相关知识非常必要，有利于根据消费者的行为进行营销策略的及时改进和更新，从而为市场提供更能满足消费者需求的产品。

知识点一　消费者购买行为的定义

消费者购买行为又称"消费者行为",是消费者围绕购买与生活资料相关的一切与消费有关的个人购买行为,包括从需求动机的形成到购买行为的发生,直至购买后的感受和总结这一购买或消费过程中展示的心理活动、生理活动及其他实质活动。

知识点二　消费者购买行为的内容

消费者购买行为过程是由一系列要素构成的,是指人们为了满足个人或家庭生活需要,抑或是企业为了生产需要购买商品的决策过程,在其中处于核心地位的是购买决策。

1. 消费者购买行为的基本模式

市场营销学家将消费者的购买动机和行为(模式)概括为6W(见图3-5)和6O,形成了研究消费者购买行为的框架。消费者购买行为是复杂的,其购买行为的产生受到内在因素和外在因素的相互促进与影响。企业可以通过对消费者购买行为的研究,掌握其购买行为规律,从而制定有效的市场营销策略,实现企业营销目标。消费者购买行为具有动态性、互动性、多样性、易变性、冲动性、交易性等特点。严格地说,消费者购买行为由一系列环节组成,亦即顾客购买行为来源于系统的购买决策过程,并受到内外多种因素的影响。

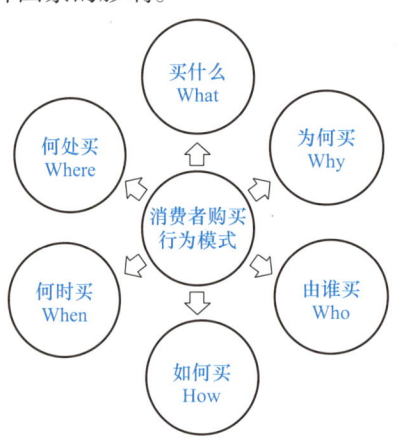

图3-5　消费者购买动机和行为

(1)买什么(What),关于产品(Objects)是什么。分析消费者想买什么,需要某种商品的原因,不需要某种商品的原因,主要研究企业应该怎样提供满足消费者需要的商品。

(2)为何买(Why),关于购买目的(objectives)。分析是什么因素(包括社会环境、经济环境和心理因素等的作用)使消费者产生了购买动机,明确消费者的需求,以此制定市场营销活动策略。

(3)由谁买(Who),关于购买组织(Organizations)。分析购买商品的顾客是个人,还是以家庭为单位,抑或是组织单位等,谁最终使用商品,谁是购买行为的决策者、执行者,根据这方面的分析制定相应的营销策略。

(4)如何买(How),关于购买组织的作业行为(Operations),分析消费者要求的不同购买方式,针对分析结果提供相应的营销服务。在消费者市场分析各种类型的消费者具有什么样的特点,如冲动型消费者追求对产品的喜欢、经济型消费者追求物美价廉的商品等。

(5)何时买(When),关于购买时机(Occasions)。分析消费者对指定产品购买时间的要求,如消费者中秋节购买月饼、端午节购买粽子等。商家需要把握时间,毕竟过了这个时节所需商品的销路就不广了。

（6）何处买（Where），关于购买的场合（Outlets）。分析消费者对各类商品购买地点的要求，如快速消费品在家附近的超市购买即可，但如果是特殊商品就需要到专卖店购买。

2. 消费者购买行为的分类

消费者购买行为的类型并不是一成不变的。现实中，不同顾客在购买动机和行为模式方面有着很大的区别，会受到一些自身和外界因素，如经济水平、文化程度、接受能力、生活方式、个人取向等的影响。

（1）按照不同的行为模式进行分类（见图3-6）。

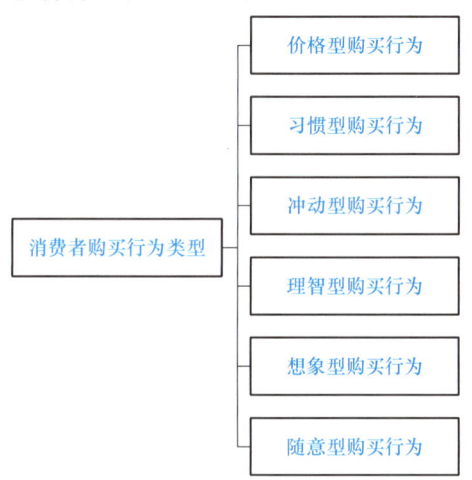

图 3-6　按照不同的行为模式进行分类

①价格型购买行为。一种价格型购买行为的消费者对商品的价格比较重视，其中，会出现总是倾向于买廉价商品的消费者，甚至是在没有购买需要时，看见廉价商品如"9.9元包邮"或是商品正在降价促销如"买满两件商品送一件"就会购买。还有一种价格型购买行为的消费者认为定价高的商品等同于优质商品，秉承着"一分钱一分货"的消费观念，更倾向于买高价商品，认为这样能更好地满足自己的消费需求。

②习惯型购买行为。有些消费者在消费时倾向于根据以往的使用习惯购买曾经购买的商品，或是通常到自己熟悉的地点购买商品。具有这类购买行为的消费者会对自己熟悉的商品、品牌、商店等产生一种信任感，他们选择商品和商店时有一定的重复性，在看到自己以前用过的商品时会果断购买，不需要进行太长时间的比较。例如，以前用iPhone手机的消费者，已经习惯了iOS系统的操作方式，所以更换新的手机也会下意识考虑iPhone。

③冲动型购买行为。具有冲动型购买行为的消费者经常会受到广告、人员促销、商品陈列等因素影响。这类消费者在消费时经常受到主观感受的支配，而缺乏理性的考虑，所以对于商品性能、自己是否有购买需要等问题并不重视，很大可能是因为喜欢或者从众心理决定购买。天花乱坠的广告词和美观的包装都会吸引冲动型购买行为的消费者。

④理智型购买行为。具有理智型购买行为的消费者不会轻易因为广告宣传、外包装或者是从众心理进行消费，他们会理性地对商品的特性、质量、性价比等因素进行比较，在购买之前会反复考虑，认真分析之后才会选择是否购买。这类消费者如果进行网络购物一般会详细查看商品详情页的相关内容，待仔细了解商品信息后再下单。

⑤想象型购买行为。有的消费者会根据自己对商品的想象购买，具有这种行为的消费者对商品的质量、性价比和实用性并不是十分看重，而是比较重视商品的名称、造型、寓意等。网购会产生

一定数量的想象型购买行为,因为对产品的了解都是通过图片和文字,无法真实触摸和观察,所以多少会带有一点想象色彩。

⑥随意型购买行为。具有随意型购买行为的消费者对商品的要求并不是很高,也没有固定的偏好,购买的商品不一定要满足什么条件,不讲究商品的品牌,一般都是随机购买。这类消费者主要有两种表现:一是不愿意在选择和对比的过程中花费精力,主要是为了省时、省力;二是消费者对自己想买什么商品不了解,没有主见,因此销售者的建议会对其产生较大影响。

(2)按照购买目标的确定程度分类(见图3-7)。

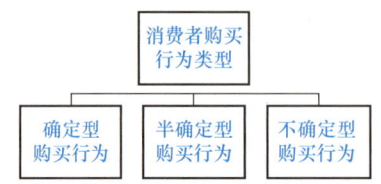

图 3-7　按照购买目标的确定程度分类

①确定型购买行为。具有确定型购买行为的消费者购买目标十分明确,因此购买行为直接明了。不管是实体的商店还是网络购物的形式,这类消费者在选购之前心中就已经有了明确的购买目标,对商品名称、商标、型号、规格、样式、颜色,以及价格幅度等都有明确的要求。例如,消费者在网络购物中想要买水杯时,在搜索栏填写的往往是诸如"350mL树脂带盖带绳不易损坏水杯"这类具体要求。这类消费者进入商店后,一般都有目的地进行选择,并主动地提出所需购买商品。

②半确定型购买行为。具有半确定型购买行为的消费者之所以被称为"半确定型",是因为他们对目标商品有了大致的要求,但是具体内容并没有完全确定。他们一般带着初步设想进行商品的选购,至于最终的购买决策还需要经过挑选和咨询才能完成。这类消费者在市场中普遍存在,在网络购物中常会用到一些半确定搜索词。例如,洗衣机是其计划购买的商品,但购买什么牌子、型号、规格、式样尚未做出决定。持这种购买行为的消费主体,在进入商店后一般不能明确、清晰地提出所需商品的各项要求,实现购买目标需要经过较长时间的比较、评定才能完成。

③不确定型购买行为。具有不确定型购买行为的消费者也被称作"潜在消费者",他们在购物之前对需要购买的商品没有具体目标,在实体店和网络购物时一般是以浏览为主,只有在碰到他们感兴趣的商品时才会产生购买意愿。他们进入商店主要是参观,一般是漫无目的地观看商品,或随便了解一些商品信息,碰到感兴趣与合适的商品也会购买,抑或是不买商品就离去。他们在网购时往往不会搜索,而是在"猜你喜欢"的内容中浏览商品。

知识点三　消费者购买决策过程

消费者购买是较复杂的决策过程,当消费者意识到对某种商品有需要时,购买过程就开始了。消费者需要可以由内在因素引起,也可以由外在因素引起。此阶段企业必须通过市场调研,确定促使消费者认识到需要的具体因素。消费者购买决策流程通常可以分为以下五个阶段(见图3-8)。

图 3-8　消费者购买决策流程

1. 确认需要

需要是消费者购买行为的前提条件,可以由内在或外在的刺激引起,如感到饥饿时就产生了进食的需要,路过餐馆时看见里面色香味俱全的食物、在网络上刷到吃播视频时也有可能刺激人感到饥饿,从而产生需要。

2. 收集信息

需要会使人产生注意力，可能促使其积极借助对产品积累的认识不断寻找有关产品的情报资料，通过这些情报资料对产品的认识越来越深刻，因此做出购买决策。如果需要强烈，用于满足需要的物品不难得到，消费者就会希望自己的需要马上得到满足。消费者一般会通过商业来源、个人来源等渠道获取所需的信息。例如，想买一部手机，消费者会在各大电商平台的商品详情页面查看手机的功能和参数，或者在身边已经买了的朋友那里打听手机的性能。随着对手机的了解越来越深，知道这部手机能否满足自己的需求，最终决定要不要购买。

3. 评价经验

消费者将各种渠道收集的资料进行对比分析，然后对商品进行评价，从中做出选择。对产品的评价通常与商品属性、评价模型等要素有关，这种评价方案也有很强的主观性，不同消费者的评价标准有很大的差别。例如，去屑洗发水，由于个人发质不同，有的人评价某款洗发水去屑效果很好，而有的人会认为该洗发水一点儿用都没有，可见评价是带有主观性的。

4. 购买决策

消费者在购买之前必须做出购买的决策，与此同时也会受到许多因素影响。购买决策是面对许多问题时做出的总体选择，并非所有有需要的消费者都会做出购买的决策。

5. 购后行为

消费者在做出购买决策后，会通过使用、与其他使用者进行意见交换，对自己的购买决策进行判断，重新对该商品进行考量，最终形成了购买行为。其中，有的消费者由于对商品的期望值过高，购买后心理遭到了打击，这种购买前后不和谐性的强弱会随着使用时是否达到预期效果和需要被满足的程度而改变。

消费者购买行为

人的行为都是大脑对刺激物的反应，消费者购买商品也是大脑受到了某种刺激才产生的行为。而刺激在被消费者接受之后，要经过几个阶段才能产生看得见的行为反应，或完成一次购买行为。

1. "不足之感"阶段

"不足之感"指的是消费者在受到刺激之后，产生了缺少什么并需要此物（商品或劳务）的感觉，即消费需要。根据马斯洛的"需要五层次"理论，消费者某一层次的需要相对满足了，就会往高一层次发展，而追求更高层次的需要就成了驱使消费者产生购买行为的动力。

2. "求足之愿"阶段

"求足之愿"指的是消费者在产生不足之感后，自然形成满足、弥补此不足的愿望，产生购买动机，并希望通过购买产品获得满足。同时，这种购买动机是可以诱导的。

3. "购买行为"阶段

"购买行为"指的是消费者为满足某种需要在购买动机的驱使下，以货币换取商品的行动。当然，在这之前消费者会根据需要先去了解、搜集各种相关信息，并对可供选择的商品进行综合的分析比较，然后才做出是否购买的决策。

4. "购后行为"阶段

"购后行为"指的是消费者使用了产品、获得了相应的消费体验和对本次购买做出了评价之后采取的一系列行动。消费者如果消费体验好就会采取正面的行动，再次购买等；否则，

就会进行反面宣传，甚至劝阻他人购买等。而对于本次购买的产品，有的消费者会采取出租、出借、束之高阁、折价处理、转赠他人、退货、抛弃等处理方式。

任务六　影响消费者购买行为的因素

消费者的购买行为是复杂多样的，不同类型的消费者产生的购买行为也是不同的，而多方面、多角度因素会对消费者购买决策造成影响。

影响消费者购买行为的主要因素是消费者自身因素、产品因素、销售者因素、情境因素、文化因素、社会因素、心理因素等。分析影响消费者购买行为的因素，对于企业正确把握消费者行为，有针对性地开展市场营销活动，具有非常重要的意义。

1. 消费者自身因素

消费者的购买行为首先受其自身的影响，包括以下六个因素。

（1）消费者的性别。消费者对产品的需求会因为性别的不同而产生一定的差异。例如，大数据显示，人们在互联网上购物时，男性更有可能对数码产品进行多方面的比较，还有电动剃须刀这类产品一般是男性加购的；而女性更多的可能是浏览服装、身体护理品、化妆品等商品。

（2）消费者的性格和自我观念。性格一般是指一个人特有的心理素质，通常可以用"热情"或"冷淡"、"内向"或"外向"、"果断"或"犹豫"等词语形容。不同性格的购买者购买决策是不同的。例如，在网络购物时，性格果断的购买者不会过多地观看商品的详情就下单，但性格犹豫的购买者往往会仔细浏览几样商品并进行对比后再做出购买决定。

（3）经济状况。经济状况包括财产、储蓄、收入、借贷能力以及消费观念等，消费者的经济状况与其个人能力有关，也和整体经济形势有关。例如，当消费者手上有足够的资金时，购买不会太过节省；当消费者很拮据时，会尽量避免花钱，倘若实在需要也会选择便宜的商品。

（4）年龄阶段。各个年龄阶段的需求肯定是有所不同的，即使相同，其需求量也会有一定的差异。例如，对零食的需要，年轻人会更多，老年人会因为考虑到健康问题而减少数量。

（5）生活方式。生活方式是指人们在日常生活中表现的各种行为方式及活动。生活方式的不同也对消费者的购买行为产生影响。例如，爱听音乐的人群或许会有对唱片机的需要，反之则对此类商品的需求不是很强烈；有健身习惯的人群会购买运动服套装、健身器械等，而没有运动习惯的人就没有这类需要。

（6）职业。职业对消费者购买行为也是有一定影响的。例如，教师因为经常使用嗓子可能会购买润喉糖；保险公司、银行之类的工作单位要求着正装，所以该类单位的员工会对职业装产生需求。

2. 产品因素

产品是指作为商品提供给市场被人购买的东西，消费者在购买时得到的有形或无形的东西就是产品。产品包括以下四个因素。

（1）质量。产品的质量是产品满足规定需要和潜在需要的特征总和。所有产品被制造出来都是为了满足购买者的需要，因此产品质量在产品因素中是举足轻重的。如果在某电商节购入大力度促销的产品，到手使用一两次就坏了，便是一次体验很差的购买经历。

（2）性能。性能是指在一定条件下实现规定用途的能力。许多购买者是通过对性能的筛选选购产品的。例如，某消费者的目标是买一部新款智能手机，最主要的要求是它有256G内存，因此即使看到一款各方面都很满意的手机，也会因为它的内存不够大被放弃。

（3）商标。产品的商标是生产商在自己生产的商品上做的商品标签，可以是具有某种意义或无意义的文字图形等。商标是品牌的象征。现在购买物品会有一种品牌效应，被大众熟知的品牌，人们往往通过它的商标一眼认出，对该品牌有好感的消费者则会受到品牌因素的影响；而不被大众熟知的相对小众或是品牌刚刚运营不久的品牌，则需要一个具有代表性的、有设计感的商标，以吸引有一定审美的顾客。

（4）包装。包装是指在流通过程中保护产品、方便储运、促进销售，按一定的技术方法，为某一产品设计并制作包装物或容器的活动过程。例如，人们在收到快递时，易碎品的快递盒子里往往会垫有气泡膜等以防止运输时商品因为各种颠簸而受到损坏，如果产品未进行合适的包装，那么到收货人手上可能就是残次品了，所以包装是十分重要的产品因素。

3. 销售者因素

销售者主要是指将自己的产品和服务推向最终消费者的组织及个人，包括经销商、广告商等。销售者因素有以下两个。

（1）广告。影响消费者购买行为的广告一般指的是经济广告，通常是以营利为目的的商业广告，是以付费的方式通过各种媒体向大众传播商品信息的一种方式。有些消费者容易受到广告的影响进行购买活动，即使事前并没有购买的打算。例如，某消费者在某购物节时偶然打开了某App，该App的开屏广告是该购物节的海报，他看到海报中提到的"惊喜大促"等关键词便被吸引查看了相关内容。

（2）人员促销。人员促销是一种很常见的方式，主要是通过活动、传单、折扣宣传等手段，促进商品销售量在短期内得到提升。以前的人员促销主要是实体形式，多见于超市、商场等场所；现在网络带货直播也是人员促销的一种形式，如刷微博时看到了××直播的商品清单，被吸引去看直播，由于他对产品的全方面讲解使我们感觉自己很需要，从而产生购买行为。

4. 情境因素

情境因素包括物质情境和人际情境两个方面。

（1）物质情境。物质情境包括很多方面，这里主要指与消费者购买行为相关的商品布局与商品陈设两个方面。

①商品布局。商品布局是指商店内部和外部的布置。例如，商店的选址通常会在人流量大，有一定数量的目标人群出没的位置；商店的橱窗布局展示的是店内最具代表性的商品，需要配合灯光等装饰；店内装修设计需要与经营的商品相适应，如茶叶店一般装饰主色调为茶叶的绿色；招牌的色彩在设计上应该醒目，有记忆点，并有一定程度的时尚感和观赏价值等。这些因素都会对消费者的购买行为产生一定的影响。

②商品陈设。商品陈设是指商品在货位上的摆放。商品陈设会在一定程度上影响促销时的效果，在商店里进行价格活动的商品往往被陈设在最显眼的位置或者顾客必经的过道上。

（2）人际情境。人际情境是指在购买的过程中对消费者产生影响的其他人，包括同伴或者销售者两个方面。

①同伴影响。人们和同伴一起出行、逛商店的情况是非常常见的，而在和同伴一同购买商品时大多会询问同伴的意见或是同伴会对商品发表看法，因此购买行为也会受到同伴的影响。

②销售者影响。销售者影响一般是指营业员的影响。很多商品会安排人员进行推销或服务，如专柜的柜姐利用自己的交际能力和销售技巧对商品进行推销，因此对消费者具有一定的影响。

5. 文化因素

文化因素是一种对消费者影响广泛且深远的因素。人类和动物的差别就在于，动物的行为受到本能支配，而人类的行为大多是通过学习得到的，所以文化是人类特有的，是人类欲望和行为的决定因素之一。

社会阶层就是文化因素的体现之一，指的是社会中按照等级排序、具有相对持久性的群体，处在同一阶层，具有类似的观念、喜好和行为。社会阶层的特点主要体现在以下四个方面。

（1）人类以个人在社会中所处的阶层判断他的社会地位。

（2）处在相同社会阶层的两个人的行为比处在不同阶层的两个人的行为更接近。

（3）一个人处在的社会阶层由收入多少、受教育程度、价值取向和职业等复杂多样的因素决定，而不是由某一个因素决定。

（4）个人的社会阶层可以被改变。人的购买行为会受到所处的社会阶层影响。例如，听说收入和家庭条件各方面和自己差不多的朋友去了国外旅游，有可能也会产生旅游的念头；中产阶级的人听说别人家的孩子在上马术兴趣班，也会考虑要不要给孩子报一个。

6. 社会因素

消费者的购买行为同样受到社会中参照群体、家庭、社会地位等因素影响。

（1）参照群体。参照群体是指对人的看法和行为造成直接或间接影响的群体。

①直接参照群体：一个人所属的群体或者与他有直接关系的群体。直接参照群体又分为首要群体和次要群体两种。首要群体是指与其直接接触且接触频繁的群体，主要有家庭成员、同学同事、朋友等，如因为家庭成员买了某品牌手机，自己也产生了购买该品牌的想法；次要群体是指与某人接触虽不是很频繁但性质较为正式，包括宗教组织、协会等，如参加了羽毛球协会因此购买了羽毛球拍套装。

②间接参照群体：一个人虽不属于某群体，但受到了该群体影响。例如，明星效应，粉丝虽不属于明星群体，但因为是明星同款所以购买了该商品。

（2）家庭。家庭作为主要参照群体对人的影响是较大的，一个人一般会经历父母的家庭与自己组建的家庭两个参照群体，受父母家庭的影响是间接的，而受自己家庭的影响是直接的。例如，组建家庭有了小孩之后会购买婴儿床、婴儿车等物品，这是自己在未婚未育时不会有的需求。

（3）社会地位。人在社会中扮演着不同的角色，并有与之相对应的社会地位。每个人的购买行为或多或少受社会地位和社会角色的影响。中产阶级或者富裕家庭可能会因为周围的朋友都在打高尔夫球，即使对高尔夫球不是非常感兴趣，但为了有共同活动也购买高尔夫俱乐部的会员年卡等。

7. 心理因素

心理因素有很多，包括心理学提到的动机、需要理论等。消费者的购买行为也在一定程度上受到心理因素的影响。

（1）动机。动机作为一种心理倾向和内部驱动力可以对有机体导向某一目标的行动产生激发和维持的作用，是一种心理状态。动机因为有机体某种未被满足的需要产生，因此会有紧张感产生，促使人们采取行动消除自己的紧张感。

心理学上马斯洛的"需要层次理论"认为，人的需要以层次形式呈现，是由低级向高级发展的，只有满足了基本需要才能逐渐产生下一层次的需要（见图3-9）。

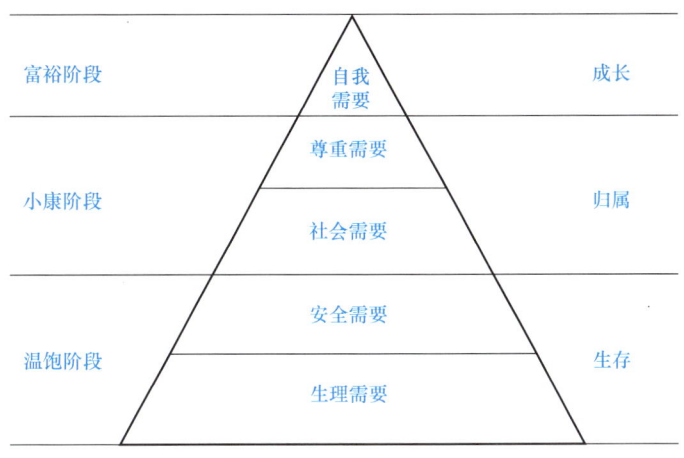

图 3-9 马斯洛的需要层次理论

（2）知觉。知觉是对直接作用于感官的客观事物的整体认识。对某事物各种感觉的结合就形成了对此物的知觉，知觉受到个人知识经验的影响。知觉具有以下三个特点。

①选择性。由于事物多种多样，人的关注点不同等，人对客观事物往往只能感受到少量刺激，而对其他事物只是模糊反应。

②理解性。人在感知某事物时会依照过往的经验对它进行解释。

③恒常性。一旦人们形成对某事物的知觉，以后对该事物就会继续保持这样的知觉。

（3）学习。学习往往受到外物的刺激作用或强化的互相影响产生。强化也分为正强化和负强化，正强化激励人们重复某种行为，而负强化使人们避免某种行为。

（4）信念和态度。信念和态度是紧密相连的两个概念，前者是个体对自身观念和行为产生的强烈信任；后者是人对外物持有的心理倾向，这种心理倾向是长期稳定并且由许多信念构成的，因此态度要复杂于信念。

营销技巧

4P、4C、4R、4I 理论

1. 4P 理论，20 世纪 60 年代由美国的麦卡锡提出

Product：产品、产品的组合。

Price：价格设计、盈利点设计。

Place：销售渠道、合作伙伴。

Promotion：促销与传播。

解读：4P 理论是最经典的营销理论，有直接明确的指导意义，覆盖了经典场景下几乎所有的营销要素。

适用范围：广泛。

2. 4C 理论，20 世纪 90 年代由美国的劳特朋提出

Customer：客户属性与需求研究。

Cost：成本与竞争分析，设定最佳的价格组合。

Convenience：商品流通，使客户更便利地获得商品。

Communication：市场营销、品牌传播，让更多人知道与信任。这是一种双向的互动，而非单向的宣传。

解读：4C 理论是 4P 理论的一种升级，但更强调以顾客为中心。

适用范围：广泛。

3．4R 理论，2000 年由美国的唐·舒尔茨（Don E.Schuhz）提出

Relevancy：建立与顾客的联系。

Respond：反应，迅速了解、理解顾客业务并响应。

Relation：关系，管理企业与顾客之间的关系，把抢占市场的思路转变为与顾客长期发展绑定，更重视长期利益。

Return：回报，交易并获得回报。

解读：4R 理论本质上是一种"合作营销"。重在以顾客关系为核心的营销理论，重在与顾客建立长期稳固的合作关系。

适用范围：大宗或解决方案性商品，大顾客、数量少且集中、复杂的业务，对单个顾客的经营获客。例如，大宗原材料、企业 IT 系统、SaaS、咨询服务等。

4．4I 理论，2010 年提出

Interesting：趣味、吸引力，在信息爆炸的时代第一时间抓住人的注意力。

Interests：利益，提供信息、服务、满足感、金钱或实物。

Interaction：互动，让用户参与营销的过程，不再是单方面宣传。

Individual：个性，对用户进行画像，尊重与放大用户个性。

解读：4I 理论本质上是一种"互联网品牌传播策略"。互联网时代，消费者的话语权被前所未有地放大，消费者对被尊重的需求更高。以用户个人或单个群体为核心的营销，进行社会化、精细化、人格化营销。4I 理论只是基于互联网的品牌传播与运营，并不能与 4P、4C、4R 理论并列，不足以指导产品、定价、销售等方面。

适用范围：互联网的品牌传播与运营。

项目小结

本项目主要介绍了市场营销的宏观环境和微观环境、SWOT 分析法、消费者市场、消费者购买行为、影响消费者购买行为的因素等相关知识，有助于市场营销从业人员在电商蓬勃发展的今天寻找电商市场机会，进一步加强对电商市场的认识。

饥饿营销

在日常生活和工作中，我们常常会碰到这样一些现象，如买新车要交定金排队等候，买房要先登记交诚意金等。尤其在楼盘开盘前后，开发商往往先进行大量广告宣传，吸引人看楼，请看楼者登记、交诚意金、登记 VIP 客户等，有的还张榜公布销售情况，形成临时性缺货或只剩少数存量的假象，造成楼少的恐慌，而长长的等待名单也为楼盘做了免费广告。我们还常常看到"限量版""秒杀"等现象。这些现象实质上是商家采取的一种"饥饿营销"的商业推广模式。

关于"饥饿营销"的名词解释是这样的：一般被应用于商品或服务的商业推广，是指商品提供者有意调低产量，以期达到调控供求关系、制造供不应求"假象"，以维护产品形象并维持商品较高售价和利润率的营销策略。"饥饿营销"的作用要跟消费者的关注度成正比。想要成功实行"饥饿"营销,必须先引起消费者的关注度,造成供不应求的热销假象,从而提高售价,赚取利润。"饥饿营销"的最终作用不仅是为了调高价格,还是为了让品牌产生高额的附加价值,从而为品牌树立起高价值的形象。

"饥饿营销"风气刮到餐饮行业,有的餐饮企业在这种营销手段中崭露头角:"100 条鱼卖完即关门的太二酸菜鱼""每人限购两杯的喜茶"……对于餐饮业来说,饥饿营销即餐厅有意调低出品产量,以期控制供求关系,制造出供不应求的假象,增加品牌的"受欢迎度"和产品的"稀缺性",从而塑造产品和品牌的高价值感,勾起消费者强烈的购买欲望。例如,"太二酸菜鱼"牢牢抓住年轻人的猎奇心理,其产品定位及宣传文案迎合了新消费群体。"酸菜比鱼好吃,只做全宇宙第二好吃的酸菜鱼,超过四人不接待"的猎奇宣传语受到一批年轻人的青睐。因为这正好符合了年轻人的心理需求,使他们产生了心理共鸣,获得了他们的认可。

请思考:"饥饿营销"的优势和劣势。

任务实施

【任务目标】
1. 培养学生对主要分析方法的运用能力。
2. 培养学生面对特定环境因素解决问题的能力。

【组织及步骤】

某军工厂因军品订货停止,欲转向民品生产——纸张,但全国纸张滞销、竞争激烈,该工厂在原材料消化能力、民品生产、市场销售等方面均处于劣势。

请根据表 3-10 材料,利用 SWOT 分析法确定该企业的发展战略。

表 3-10 某军工厂转向纸张生产 SWOT 分析

	优势(S)	劣势(W)
企业外部原因	(1)企业管理基础好	(1)企业规模小、厂区窄,无大量生产的条件
	(2)领导班子强、团结	(2)设备陈旧
	(3)有一批老工人和老技术人员发挥作用	(3)职工多且有安置任务
	(4)有传统质量管理优势	(4)资金不足
		(5)无民品生产经验和销售
		(6)原料局限大,只能加工木浆、水浆
机会(O)	SO 战略	WO 战略
(1)特殊用纸有出口可能		
(2)国内高级包装纸和特殊用纸是短线生产		
(3)有特殊用纸的地区原料优势		
威胁(I)	ST 战略	WT 战略
(1)全国纸张滞销		

续表

威胁（I）	ST 战略	WT 战略
（2）军工订货停止		
（3）全国有十几家大造纸厂，设备先进、实力雄厚		
（4）在民品市场上无地位		

1. 分小组讨论完成表 3-10。
2. 进行小组间交流。每组推荐一名代表总结发言。
3. 分小组模拟公司围绕如何树立企业形象，以宣传推销企业产品为主题，做营销专题策划活动方案。
（1）制定目标。详细制定此次策划活动的目标，包括初期目标和最终目标。
（2）设计与抉择方案。为实现目标，要合理配置人、财、物等诸多资源，选择正确的实施途径与方法，制定系统的计划方案。
（3）编制计划书。要依据计划目标与确定的最优方案，按照计划要素与工作要求编制计划书。
（4）计划的实施与反馈。计划付诸实施，管理的计划职能并未结束。为了保证计划的有效执行，要对计划跟踪反馈，及时检查计划执行情况，分析计划执行中存在的问题，并对计划执行结果进行总结。

【成果与检测】
1. 以小组为单位提交交流总结报告。
2. 以小组为单位提交专题策划方案。
3. 在小组评分基础上，教师进行综合评分。

巩固与思考

一、单选题

1. 下列属于影响消费者需求变化最活跃的因素是（　　）。
   A．个人收入　　　　　　B．人均 GNP　　　　　　C．个人可任意支配收入
2. 下列属于有限但可以更新的资源是（　　）。
   A．水　　　　　　　　　B．森林　　　　　　　　C．煤
3. 协助厂商储存并把货物运送到目的地的仓储公司是（　　）。
   A．中间商　　　　　　　B．营销服务机构　　　　C．实体分配公司
4. （　　）是企业所在地邻近的居民和社区组织。
   A．社区公众　　　　　　B．内部公众　　　　　　C．社会公众
5. SO 战略指的是（　　）。
   A．劣势＋机会　　　　　B．优势＋机会　　　　　C．优势＋威胁

二、多选题

1．下列不属于消费者购买决策过程的有（　　　）。
　A．确认需要　　　　　　　B．确认价格　　　　　　C．心理因素
2．下列属于影响消费者购买行为因素的有（　　　）。
　A．消费者自身因素　　　　B．产品因素　　　　　　C．情景因素

三、判断题（在说法正确的后面打"√"，说法错误的后面打"×"）

1．企业的市场营销环境包括宏观环境与微观环境。（　　）
2．在一定时期货币收入不变的情况下，如果储蓄增加，购买者消费支出就会增加。（　　）
3．恩格尔系数越小，生活水平越低。（　　）

四、填空题

1．自然环境包括_____、_____、_____三种因素。
2．消费品主要有_____、_____、_____三种分类方式。
3．WO战略指的是_____+_____。
4．SWOT分析企业外部因素主要包括_____、_____。
5．企业生产、营销活动服务的对象，产品的最终购买者被称为_____。

自学进阶

鲶鱼效应

沙丁鱼生性喜欢安静，追求平稳，对面临的危险没有清醒的认识，只是一味地满足于眼下安逸的状态。沙丁鱼在运输过程中易憋闷而死，但放入天性好动的鲶鱼后，在鲶鱼的追逐下，沙丁鱼四处游动躲避，加速游动激发了它们的活力，水中的空气也流通了。这样缺氧的问题迎刃而解，沙丁鱼就不会死了。

鲶鱼效应告诉人们，在面对不思进取的不利环境时要敢于打破平静、接受挑战、锐意进取、激发动力、提高绩效。

对于"渔夫"企业来说，鲶鱼效应在于激励手段的应用。渔夫采用鲶鱼作为激励手段，促使沙丁鱼不断游动，以保证它们活着，以此获得最大利益。因此，在市场竞争中，管理者要实现企业的经营目标，同样需要引入"鲶鱼型"人才，以改变企业相对"一潭死水"的状况。

ITEM 4

项目四
STP 战略

本项目将STP战略具体分为市场细分的基本内容、目标市场的选择及评估、市场定位的基本内容三部分。学生通过这三部分内容的学习，可掌握STP战略的核心内容，并很好地运用于日后的工作当中。

学习目标

- 了解STP战略的内容。
- 掌握市场细分的方法与标准。
- 掌握目标市场选择的策略。
- 掌握市场定位的策略。

学习导图

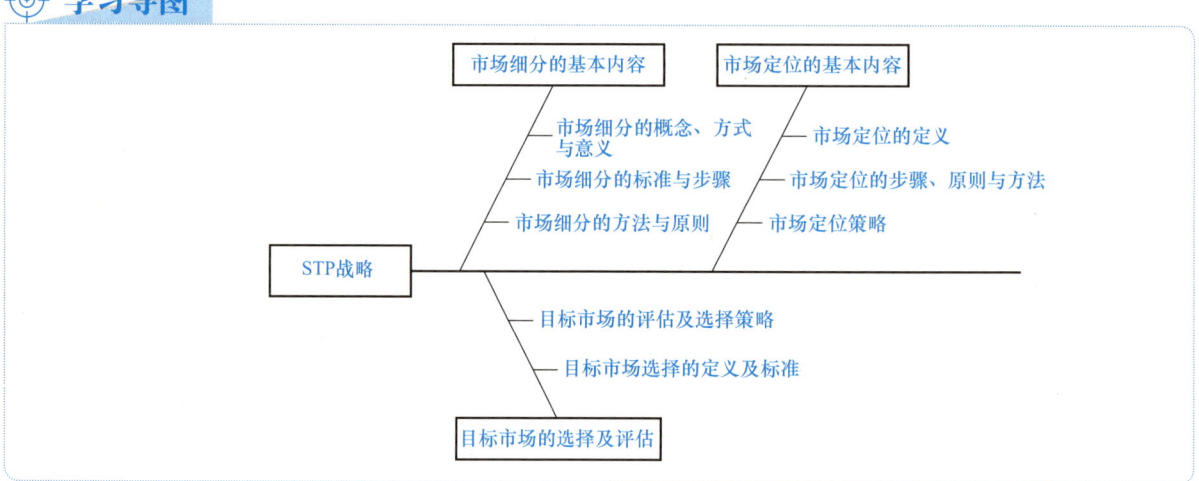

职业内容与岗位要求

职业功能	工作内容	技能要求	相关知识
目标市场选择	进行目标市场选择	◎能够进行消费者市场和产业市场细分 ◎能够制定企业的目标市场选择策略 ◎能够对自己的产品进行市场定位	◎市场细分的概念与意义 ◎产业市场细分的知识 ◎目标市场选择的知识 ◎市场定位的知识

引导案例

中国移动"动感地带"赢得新一代

中国移动作为国内专注于移动通信发展的通信运营公司，曾成功推出了"全球通""神州行"两大子品牌，成为中国移动通信领域的市场霸主。但伴随市场的进一步饱和、中国联通的反击，中国移动通信市场弥漫着价格战的硝烟，如何吸引更多客户资源、提升客户品牌忠诚度、充分挖掘客户价值，成为其成功突围的关键。

精确的市场细分，"圈住"消费新生代

统计资料显示，25岁以下的年轻新生代消费群体将成为未来中国移动通信市场最大的增值群体。因此，中国移动将以业务为导向的市场策略率先转向了以细分的客户群体为导向的品牌策略，在众多的消费群体中锁住15～25岁年龄段的学生、白领，产生新的增值市场。

锁定这一消费群体作为自己新品牌的客户，是中国移动"动感地带"成功的基础。

从目前的市场状况来看，抓住新增主流消费群体。15～25岁年龄段的目标人群正是中国移动预付费用户的重要组成部分，而预付费用户已越来越多地成为中国移动新增用户的主流，抓住这部分年轻客户，也就抓住了目前移动通信市场大多数的新增用户。

从长期的市场战略来看，培育明日高端客户。以大学生和企业白领为主的年轻用户对移动数据业务的潜在需求大，且购买力会不断增长，有效锁住此部分消费群体，三五年以后他们将从低端客户慢慢变成高端客户，企业便为在未来竞争中占有优势埋下了伏笔，逐步培育了市场。

从移动的品牌策略来看，形成市场全面覆盖。"全球通"定位高端市场，针对商务、成功人士，提供有针对性的移动办公、商务服务功能；"神州行"满足中低市场普通客户通话需要；"动感地带"有效锁住以大学生和企业白领为主的时尚用户，推出语音与数据套餐服务。

※ **引例分析**

中国移动在市场细分的基础上，选择不同的细分市场作为目标市场，并为之提供不同产品，制定不同的营销组合策略，有针对性地满足具有不同特征的顾客群需求，提高产品竞争能力，具有最好的市场效益保证。当然，这也势必导致其市场营销费用大幅增加。对此，中国移动选择了差异性的目标市场策略，通过对市场的细分以及对不同客户需求的细分，最终控制了市场份额，并获得了稳定的客户群体。

STP战略即现代市场营销战略，具体分为三部分内容：市场细分、目标市场的选择及评估、市场定位。伴随着生活水平的逐渐提高，人们会选择不同类型的物品或者服务满足自身的物质或精神需求，而有需求就会有市场的存在。当消费者的需求不断发生变化、更新时，企业或生产者应该如何满足人们的消费需求；面对庞大的消费市场，企业或生产者应怎样找准自身的定位，以求在市场中获利？

任务一 市场细分的基本内容

市场细分是企业市场营销观念的新发展，是在选择目标市场的基础上，企业按照某种标准将市场上的顾客划分成若干个顾客群，每个顾客群构成一个子市场，不同子市场之间的需求存在着明显的差别。在市场营销活动中，企业需要进行目标市场的评估及选择，做好企业市场定位，从而设计正确的产品、服务、价格、促销和分销系统"组合"，满足细分市场内顾客的需要和欲望。

知识点一　市场细分的概念、方式与意义

1. 市场细分的概念

市场细分的概念最早是由美国市场学家温德尔·史密斯（Wendell R.Smith）于1956年提出来的，是指按照消费者欲望与需求，把规模过大导致的企业难以服务的总体市场划分成若干个具有共同特征的子市场。相对于大众市场而言，这些目标子市场的消费群就是分众。也就是说，市场细分，是指企业或生产者依据自身的各项条件以及营销目标，再加上消费者在消费过程中展现出的购买需求和不同的购买习惯对市场进行划分的过程。进行划分的通常是某个产品或服务的整体市场，需要将其划分成若干个具有类似需求、由消费者组成的群体，即细小市场或者子市场，存在于该细小市场的顾客就是这个产品的目标消费对象。

2. 市场细分的方式

我国著名学者兰晓华认为，市场细分有两种极端的方式：完全市场细分与无市场细分。在这两个极端之间存在一系列的过渡细分模式。

（1）完全市场细分。所谓完全市场细分就是市场中的每位消费者都单独构成一个独立的子市场，企业根据每位消费者的不同需求为其生产不同的产品。理论上说，只有一些小规模的、消费者数量极少的市场才能进行完全细分，这种做法对企业而言是不经济的。尽管如此，完全市场细分在某些行业，如飞机制造业等，还是大有市场的，而且现在流行的"定制营销"就是企业对市场进行完全细分的结果。

（2）无市场细分。无市场细分是指市场中的每位消费者需求都是相同的，或者是企业有意忽略消费者之间需求的差异性，而不对市场进行细分。就消费者市场而言，细分变量归纳起来主要有地理环境因素、人口统计因素、消费心理因素、消费行为因素、消费受益因素等，因此就有了地理细分、人口细分、心理细分、行为细分、受益细分这五种市场细分的基本形式。

（3）按一个标准细分。按一个标准细分是对于通用性较大、挑选性不太强的产品，制定对购买者影响最强的标准并进行细分。例如，影响儿童图书市场的主要因素是年龄，可首先根据年龄把市场分为学前儿童市场、学龄儿童市场、少年市场。

（4）综合标准细分。大多数产品都是受消费者多种因素影响的。综合标准细分是指企业细分市场时选择两个以上标准，同时从多个角度对整个市场进行细分。例如，奶粉市场可以根据选择的年龄、追求的利益、使用的时机等进行细分。

（5）多层细分。多层细分是运用两个以上的因素，按照一定顺序逐步细分市场的方法。

3. 市场细分的意义

市场细分是企业成功的一大法宝，企业经营者必须通过市场调研，根据消费者对商品的不同欲望与需求、不同的购买行为与习惯，把消费者整体市场划分为具有一定类似性特征的若干个子市场，才有可能在激烈的市场竞争中占有一席之地。

市场细分从根本上说是从消费者和生产者角度出发的，即通过消费者的消费动机、消费需求和购买行为上的差异进行划分，对企业的生产和营销起着极其重要的作用。具体来说，市场细分有以下几个方面的意义。

（1）有利于目标市场的选择及市场营销策略的制定。对于企业而言，将整体市场首先细分成许多具体的子市场，其次了解消费者的需求是更加便利的。企业在对自身的经营理念、销售方针、生

产水平以及营销资源有一个深刻的理解后,可以确定要服务的对象,也就是企业的目标市场。针对细分后的目标市场,企业可以为其制定特殊的营销策略。一个可随时进行信息收集的细分市场,即便消费者的需求发生了变化,企业也可以根据变化迅速改变营销策略,再制定相应的对策,做到符合市场需求。企业的应变能力和市场竞争力也能因此得到提升。例如,联想就是基于产品的明确区分实施产品的细分策略的。不同于以往的促销方案,联想分析出了旗下各个品牌面向的不同用户群,根据不同用户群的不同需求,再推出具体的促销方案(见表4-1)。

表 4-1 联想三个品牌的具体促销方案

品牌	促销方案
天骄	顾客可根据优惠购买便携式数据存储魔盘、3110 打印机、M700 多功能机、MP3
锋行	顾客可根据优惠购买数据特区双启动魔盘、打印机、MP3 播放器
家悦	顾客可根据优惠购买电子小书包魔盘、学习专用的打印机、名师导学的网校卡、定制的 XP 计算机教程

(2)有利于市场机会的发掘及新市场的开拓。经过市场细分,对于每个具体的细分市场的情况,包括其购买的潜力、能够满足的程度、竞争的情况等,企业都可以掌握并随时进行分析,探索出可推动企业向前发展的市场机会,使企业可以做出及时的投产或异地销售决策。或者说,企业可以根据自身的生产水平以及现有技术制订新产品的开拓计划、进行产品的技术储备、掌握产品的更新换代主动权、开拓新的市场,以求更好地适应市场的需要。

(3)有利于资源的集中。每个企业的现有资源都是有限的,而企业往往讲究用最少的资源获取最大的利益。只有对整体市场进行细分,企业才能选择适合的目标市场,再集中人、财、物等资源争取局部市场上的优势,完成属于企业的目标市场占领。

(4)有利于企业经济效益的提高。企业进行市场细分,可以生产出适销对路的产品。一方面,这些产品可以满足市场的需要,增加企业的收入;另一方面,产品的快速销售可以加速商品的流转,企业若在此时适当地加大生产力度、降低生产成本、提高工人的熟练程度,就可以有效提高产品质量,从而提升企业的经济效益。

知识点二 市场细分的标准与步骤

1. 市场细分的标准

很多用来细分消费者市场的标准同样适用于细分生产者市场。例如,可以根据地理、追求的利益和使用率等变量细分市场。不过,由于生产者与消费者在购买动机和行为上存在差别,所以除了运用前述消费者市场细分标准外,还可用一些新的标准细分生产者市场(见图4-1)。

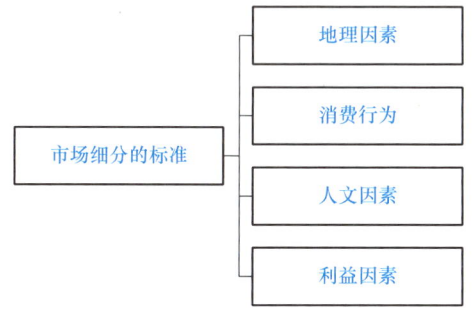

图 4-1 市场细分的标准

（1）地理因素。消费者是需求的载体，可以根据消费者所处的地理位置、生活环境等具体情况细分市场。由于所处地理环境不同，消费者对待同一产品的要求以及各人的偏好也会有所不同，这是市场细分惯用的和最主要的标准，与消费需求以及许多产品的销售有着密切联系，而且这些因素往往易被辨认和衡量。所以，针对地理因素进行的市场细分流程是相当有必要的。地理特征变量包括地理区位、行政层级等。以地理环境为标准细分市场就是按照消费者所在的不同地理位置将市场加以划分，是大多数企业采取的主要标准之一，因为相对其他因素这一因素表现得较为稳定，也较易分析。地理环境主要包括区域、地形、气候、城镇大小、交通条件等。由于受不同地理环境、气候条件、社会风俗等因素影响，同一地区的消费者需求具有一定的相似性，而不同地区的消费者需求则具有明显的差异性。可以依据如下详细的标准进行细分。

①地理位置。例如，我国不仅可以依据不同的省、区、市进行划分，也可以按照行政区域进行划分，将其分为东北、华北、西北、西南、华东和华南几个地区。

②城镇级别。因为不同等级城市、乡镇的消费结构和消费能力不同，所以可以将其按照一线城市、二线及以下城市、大城镇、小乡镇的标准进行划分。

③地形气候。不同地区的人会因为当地的地形、气候在生活上有不同的习惯需求。例如，住在平原上的人对生活用品的需求就与住在高原或者盆地的人有所不同，可将其分为平原、丘陵、高原、盆地、湿地等；同样地，住在不同气候地带的人对产品的需求也不同，可将其分为热带、亚热带、温带、寒带等。

（2）消费行为。消费者的消费行为包括对商品购买的频率、时间以及忠诚度等。依据这个标准，可以将消费者分为重度、中度、轻度三个层次，或者根据忠诚度将其分为忠诚用户、摇摆用户等。

①购买的频率。购买的频率是指顾客在限定的时间内购买商品的次数。消费者对商品的使用频率在一定程度上决定了其对该商品的购买频率。通常，最常购买的顾客就是满意度最高的顾客，其忠诚度也最高。增加顾客购买的次数意味着从竞争对手处截取市场占有率，从别人的手中赚取营业额。例如，对于办公学习用具的购买，学生以及白领的购买频率基本上是高于从事体力劳动的工作者的。按程度可分为经常购买、一般购买、不常购买。

②购买的时间。许多产品往往具有季节性的消费热潮。企业可根据消费者在特定季节或者不同节日产生的不同需要进行市场细分。例如，基于国人的传统习俗，月饼与烟花爆竹之类的产品往往在特定的节日里有着很高的销售量，羽绒服、棉袄之类的衣物往往在冬季来临之前才有大量的需求。

③对商品的忠诚度。对一件商品保持着长期忠诚的用户往往是某品牌的拥趸，一般被称为"发烧友"。不仅明星，许多产品也会拥有自己的粉丝，如小米的粉丝被称为"米粉"，而华为和苹果的粉丝则分别被称为"花粉"和"果粉"。根据客户对品牌的忠诚度，可将其分成无品牌忠诚者、习惯性购买者、满意购买者、情感购买者、忠诚购买者等。

企业想要提高消费者的品牌忠诚度，需要做到五个方面：一是提供人性化的需求，诚信经营；二是不断地提高品质；三是坚持创新；四是提供更好的附加值；五是提升品牌忠诚度，让消费者主动为品牌传播，是企业创造价值立于不败之地的重中之重。

（3）人文因素。根据马斯洛对需求的分级，可以知道需求的发展一般都是从低层次的功能性往高层次的体验性递进的。消费者不仅在意商品物理功能的提升，也在意品牌带来的附加价值以及生活信息。

从消费者身上的社会特征对其消费行为进行判断，按年龄、性别、收入水平、具体职业、受教育程度、家庭规模、民族归属、宗教信仰等变量，将市场划分为不同的群体（见表4-2）。

表 4-2　根据消费者身上的社会特征划分市场群体

社会特征	分类
年龄	可简单分成儿童、青年、中年、老年等市场
性别	可简单分成男性市场、女性市场以及跨性别者等第三性别市场
收入水平	可简单分成高收入、次高收入、中等收入、次低收入、低收入五个群体
具体职业	根据职业的不同进行划分，如工人、教师、医护人员、白领等
受教育程度	根据受教育程度不同进行划分，如小学、初中、高中以及本科文化水平等
家庭规模	可简单分成单身家庭、单亲家庭、小型家庭、大型家庭
民族归属	根据民族的不同进行划分，如汉族、回族、维吾尔族、蒙古族等
宗教信仰	根据具体信仰进行划分，如佛教、伊斯兰教、基督教等

（4）利益因素。为了追求某种利益，或者满足某种需求，消费者会为之付出金钱之类的代价去购买一种产品或者服务。能够决定他们是否购买以及怎样评价一种产品或者服务是否购买以及怎样评价的往往就是看该产品或服务能否满足其利益需求和满足的程度如何。所以，企业或者生产者一定要考虑消费者的利益追求。

2. 市场细分的步骤

（1）正确选择市场范围。准确地说，是要正确地选择企业产品或服务的市场范围，从企业自身的经营范围出发初步确定产品的市场范围，再根据市场的需求进一步确定产品的具体市场范围，而不是单单以产品本身的特性确定。

（2）形成细分的市场。

①确定细分市场变量。确定细分的市场包括对潜在顾客基本需求的列举、对潜在顾客独立需求的分析以及对所列举需求进行总结分类，依据不同的变量对顾客进行分类。可以先设计好问卷再进行调查，统计并分析收集到的调查问卷，以便了解顾客的共同需求。

②形成细分市场。运用调查数据或者经验判断顾客之间的差异性需求进行市场细分。企业或者生产者在找到这些差异性需求后，可将分别代表顾客和利益的变量作为市场细分变量，待确定之后再选择恰当的细分方法对市场进行划分，把一个整体市场划分成不同的群体或者子市场。最后，根据各个群体或子市场里顾客的特点，形成一个简单明了、容易识别和表示的市场概念。

（3）判断细分市场规模。

①放弃较小或无利可图的细分市场。对重复的细分市场进行排除，即对细分市场的属性进行分析：提供的产品或者服务是否相同，产品或者服务在每个细分市场中所占比重及代表的价值是否相同，提供的产品或者服务取得的利益是否相同。

②合并较小且与其他需求相似的细分市场。对细小市场进行进一步的拆分，尤其是对那些内部需求差异较大的市场，需要先进行思考：在该细分市场取得经济效益的同时，能够拥有的顾客数量最低是多少，企业能够控制细分市场的数量又是多少？

（4）进行复核、决定规模与选定市场。对细分后的子市场还要采取进一步的调查研究，充分认识各个细分市场的特点。同时，要对选定的细分市场的规模以及潜在需求进行核实，确保无误。

（5）制定相应的营销策略。根据选定的细分市场的特点制定相应的营销策略。

知识点三 市场细分的方法与原则

1. 市场细分的方法

市场细分通常有以下四种方法（见图 4-2）。

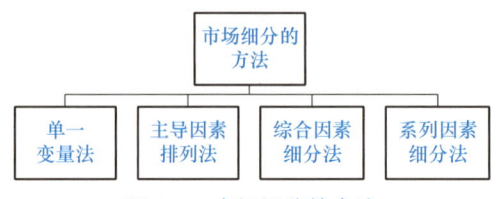

图 4-2　市场细分的方法

（1）单一变量法。单一变量法是指根据市场营销调研结果，把选择影响消费者或用户需求最主要的因素作为细分变量，从而达到市场细分的目的。这种细分法以公司的经营实践、行业经验和对组织客户的了解为基础，在宏观变量或微观变量间，找到一种能有效区分客户并使公司的营销组合产生有效对应的变量进行的细分。只有根据市场营销的调研结果确认细分变量为影响顾客需求的主要因素，并以此作为细分变量，才能达到企业对市场进行细分的目的。这种细分一定要建立在企业的实际经营范围内，已有的行业经验以及对客户了解的基础上。例如，玩具市场需求量的主要影响因素是年龄，可以针对不同年龄段的儿童设计满足不同需要的玩具，这一点早就为玩具商所重视。除此之外，性别也常作为市场细分变量被企业使用，女性用品商店、女人街等的出现反映了性别标准为大家所重视。

（2）主导因素排列法。主导因素排列法是指当一个细分市场的选择存在多因素时，用一个对市场产生主导影响的因素进行市场细分，可以从消费者的特征中寻找和确定主导因素。如，首先列举出对市场产生影响的因素，按照影响大小进行排序；其次选取影响最大的因素作为细分变量；最后与其他因素有机结合，确定细分的目标市场。如主导化妆品市场的第一因素应该为性别。这种方法虽简便易行，但难以反映复杂多变的顾客需求，且存在着不够全面的缺点。

（3）综合因素细分法。综合因素细分法是把影响消费需求的因素列出两种或者多种，如在服装市场上，可用"年龄＋性别"两种因素为组合进行综合分析。想要进一步细分，可以再使用新的组合，如根据生活方式、收入水平再加上年龄的考量，对服装市场中的女性市场进行更详细的划分。

（4）系列因素细分法。系列因素细分法是指当细分市场的因素是多项时候，可将因素进行分类及排序。分类排序的依据可以由粗到细或者由浅入深。例如，在将服装市场按照性别和年龄进行简单细分后，可进一步按照收入水平、生活方式等因素细分，使目标市场变得越来越具体。并且，各因素是按一定的顺序逐步进行的，可采用由粗到细、由浅入深逐步进行细分的方法。

2. 市场细分的原则

想要进行有效的市场细分，且为企业带来实际利益，企业在进行市场细分时就必须遵守可衡量性、可盈利性或整个市场的有效益性、可进入性或可实现性、差异性或可区分性四项原则。

（1）可衡量性。可衡量性即能否对细分市场的购买力和规模有一个明确的把握。如果无法准确判断该目标市场的购买力或者规模，那么进行的市场细分将是无效的。

（2）可盈利性或整个市场的有效益性。可盈利性或整个市场的有效益性即需要确认该目标市场的容量能否令企业盈利。

（3）可进入性或可实现性。可进入性或可实现性即需要考虑该目标市场是否与企业的经营内容相符合，企业在该市场中是否拥有竞争优势。

（4）差异性或可区分性。差异性或可区分性即指细分后的具体市场要在观念上有明显的区分，且能根据不同的营销策略产生不同的效应。

任务二　目标市场的选择及评估

市场营销学者麦卡锡认为，企业需要把消费者看作一个特定的群体，即目标市场。经过市场细分，大市场被分为一个个具体的、特征鲜明的子市场，而一个企业的目标市场就是具有相同需求或相同特征的、企业决定为之服务的购买者用户或群体。

知识点一　目标市场选择的定义及标准

1. 目标市场选择的定义

目标市场选择是指企业估计每个细分市场的吸引力程度或发展潜力，进而选择进入一个或多个细分市场的过程。企业选择的目标市场应是那些企业能在其中创造最大顾客价值并能持续一段时间的细分市场。资源有限的企业可以决定只服务于一个或几个特殊的细分市场。

2. 目标市场选择的标准

企业选择目标市场应遵循以下三个标准。

（1）有一定的规模和发展潜力。企业要确保进入的目标市场能够使自己获利，如果规模过小或者发展潜力不高，就会导致企业收益不高，阻碍企业发展。若市场规模狭小或者趋于萎缩状态，则企业进入后难以获得发展，此时应审慎考虑，不宜轻易进入。当然，企业也不宜以市场吸引力作为唯一取舍标准，特别是应力求避免"多数谬误"，即与竞争企业遵循同一思维逻辑，将规模最大、吸引力最强的市场作为目标市场。因为，大家争夺同一个顾客群，极大可能造成过度竞争和社会资源的浪费，并使消费者一些本应得到满足的需求遭受冷落和忽视。现在国内很多企业将城市尤其是大中城市作为其首选市场，而对小城镇和农村市场不屑一顾，很可能就会步入误区，如果转换一下思维角度，那么一些经营尚不理想的企业也许会出现"柳暗花明"的局面。

（2）细分市场结构的吸引力。在确定了该目标市场具有相当的规模或者发展潜力的情况下，要避免将吸引力大的子市场作为唯一目标，特别是当企业在该市场没有绝对竞争优势的情况下。波特提出，在这样的目标市场里存在着对企业的发展构成威胁的五个群体：相同行业的竞争者、潜在的或者新加入的竞争者、相似产品、购买者以及供应商。它们分别具有以下几种威胁性。

①细分市场内激烈竞争的威胁。细分市场内激烈竞争的威胁即该目标市场已经存在大量的竞争企业或者生产者，非常容易出现饱和的情况，相对地，企业在其中参与竞争需要付出的代价将会更大。

②新竞争者的威胁。过多地涌入新企业将会使该细分市场的吸引力下降，同时存在着进入这个市场先后者之间的恶劣竞争。

③相似产品的威胁。相似产品的威胁即该细分市场中存在着相似的、能够替代本企业的产品，具有一定的潜在威胁。这样，对企业来说，该细分市场就失去了吸引力。

④购买者压价能力增强的威胁。如果该细分市场中存在大量压价能力很强或者越来越会讨价还价的客户，对于企业来说，在这个细分市场的利润就会减少，相对的吸引力也就逐渐消失了。

⑤供应商哄抬价格的威胁。供应商哄抬价格的威胁，是指原本向企业提供原材料和设备的供应商以及向企业提供资金的银行、工会等机构，提供的材料或者服务价格变高。这样企业的生产成本就增加，而这个细分市场也就失去了吸引力。

（3）符合企业目标和能力。不考虑企业的生产规模以及经营内容就盲目地选择那些具有很高吸引力的细分市场，极有可能导致企业的发展受阻，而无法达到预期的目标。企业不仅要正确判断自己在具体细分市场中的优势，而且要充分发挥有限资源的作用，以收获最大的利益。

知识点二　目标市场的评估及选择策略

1. 目标市场评估

目标市场评估，是指企业对选定的目标市场进行可行性评价测估的过程。目标市场评估是规划市场营销方案、制定营销决策的重要基础，有利于企业根据每个目标市场的价值合理分配有限的营销力量，用较少的投入获取最高的报酬。

市场评估主要是对需求数量化的测度。首先，要在充分估计市场需求与市场潜力的基础上，具体评估企业需求和营销潜力等指标，掌握市场规模、结构等情况；其次，通过了解企业产品在市场需求中的份额及市场占有率，测估企业营销水平和市场地位。

在市场评估中起决定性作用的就是市场占有率，其反映了企业对市场的控制程度。在进行市场评估时还需要考虑企业实际的销售量与成本。只有将企业实际的销售量与企业在其中投入的成本做比较，才能衡量一个目标市场是否有效。

2. 目标市场选择的策略

选择目标市场，是为了明确企业需要向哪类用户提供产品与服务，满足他们的哪种需求。企业进行目标市场选择的策略有以下三个。

（1）无差异性目标市场策略。无差异性目标市场策略是把一个完整的市场看作一个大目标，在其中展开营销。需要强调的是，对处在其中的消费者共同拥有的需求之间的差异则选择忽略。采用该策略的企业必须具有强大的生产力和生产规模，同时拥有众多可靠的分销渠道以及一套成熟的推广宣传方案。

（2）差异性目标市场策略。差异性目标市场策略是首先把一个整体的市场分为多个具有明显特征的细分市场，其次按照计划在这些细分市场里生产目标市场需要的商品，制定不同的营销策略，以便满足不同消费者的需要。

（3）集中性目标市场策略。集中性目标市场策略是对细分后的市场结合企业自身的优势和经营内容进行选择，可以选择一个或多个具体市场作为企业的营销目标，把企业的优势力量和资源集中起来，制定具有攻势的营销策略，以便产品的销售。

3. 目标市场选择策略的五种模式

（1）市场集中化策略。市场集中化策略即在企业从自身产品或者消费者的需求角度选择目标市场后，集中企业的资源与力量投入生产或者为之服务，即资源都集中于一个目标市场上。这样的集中策略代表着企业深刻了解该目标市场的需求特点，有针对性地生产一种标准化产品，供应某一类客户群体。以近几年流行的汉服为例，汉服店家就是专门针对汉服爱好者的消费需求设计生产各种制式的汉服。但是，采用针对性的产品、价格、渠道和促销策略，虽然可以获得强有力的市场地位和良好的声誉，却隐含较大的经营风险。

（2）产品专门化策略。产品专门化策略即企业集中生产某一种产品，再将该产品面向不同的顾客群体进行销售。典型的案例就是海南椰树集团，该集团专门进行热带水果的深加工，主打天然椰子汁、天然矿泉水、火山岩天然矿泉水以及天然芒果汁等饮品，将产品推向全国甚至全球市场销售。

（3）市场专门化策略。市场专门化策略即企业集中生产，只对某一细分市场的顾客群体销售产品或者服务。例如，Elie Saab 的高级定制系列成衣以华丽、优雅、奢华、内涵的特点著称。该品牌的顾客群体也基本是国际一线明星或各国的皇室贵族。许多奢侈品包括化妆品、箱包以及高级定制礼服都是专门从事高端系列产品的生产，面向具有高水平消费能力或者符合品牌定位的顾客群体销售。

（4）有选择性的专门化策略。有选择性的专门化策略，即企业有选择地进入不同的细分市场，并且分别向这些细分市场提供不同类型的产品。因为各细分市场之间存在的关联性较小，所以企业即使在其中某一个细分市场遭遇失败，也不会影响其他细分市场的经营。以法国欧莱雅集团为例，其产品包括化妆品、护肤品、香水、头发染护系列用品以及针对皮肤病的药类等。1996年，欧莱雅收购美宝莲，彩妆支线得到扩展，同时又不会对旗下其他支线产品产生很大的影响。

（5）全面覆盖策略。全面覆盖策略是相对有选择性的专门化战略而言的，是指企业不做选择，全方位地进入不同的细分市场，面向各种顾客群体，提供众多类型的产品及服务。例如，旺旺集团除了生产大家熟知的各类休闲食品以及饮料之外，旗下还拥有医疗、媒体、酒店、旅游、农业养殖、电解水、养老以及房地产等产业和项目，同时进行各种周边的生产，包括服饰、日用品以及各种工艺品等。可以说，旺旺集团涵盖的领域相当广泛，能够面向各种顾客群体提供不同的产品及服务。

任务三　市场定位的基本内容

美国营销学家艾·里斯（AI Ries）和杰克·特劳特（Jack Trout）在1972年提出了市场定位的概念，认为市场定位是指为了使产品在目标消费者心目中占据比竞争产品清晰、特别和理想的位置进行的安排。为了让企业的产品在市场上占据优势，不输于竞争企业的产品，企业市场营销人员必须先进行市场定位，确认自身产品的特点，以使产品有别于竞争品牌，并取得在目标市场中的最大战略优势。

知识点一　市场定位的定义

市场定位，是指企业在具体市场上为自身生产的产品或者提供的服务找准具体位置。其不仅包括对现有产品的再次定位，还包括对潜在产品的预先定位，以确保企业生产的产品特色符合所选的目标市场。除了对企业进行定位外，也要对竞争企业的定位进行估测，确认其产品在市场上的位置，以求更好地对企业和产品进行清晰准确、优势明显的市场定位。

知识点二　市场定位的步骤、原则与方法

1. 市场定位的步骤

市场定位的关键是企业要设法在自己的产品上找出比竞争者更具有竞争优势的特性。竞争优势一般有两种基本类型（见图4-3）。一是价格竞争优势，就是在同样的条件下比竞争者定出更低的价格。这就要求企业尽最大努力降低产品单位成本。二是偏好竞争优势，即能提供确定的特色满足顾客的特定偏好。这就要求企业尽最大努力在产品特色上下功夫。

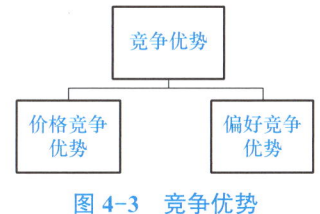

图4-3　竞争优势

所以，企业需要通过强调自身产品的特色，使之有别于其他同类产品。企业市场定位的全过程需要通过以下三个步骤完成。

（1）识别潜在竞争优势。该步骤通过弄清以下四个问题识别潜在竞争优势。

①竞争对手产品的定位是什么？

②目标市场中的顾客对产品的需求还有多少，顾客可能对产品产生的其他需求有哪些？

③竞争企业在该市场中的定位会对自身企业产生怎样的影响，企业该如何应对？

④如何探索潜在顾客真正的利益需求，企业能够针对这些需求做什么？

企业的市场营销人员需要通过调研，搜寻相关资料并进行分析，最后得出一个研究结论或者一份相关报告，从而解决上述四个问题，确认企业的潜在竞争优势。

（2）进行核心竞争优势定位。企业能否在激烈的市场竞争中取胜，往往取决于其拥有的竞争优势。企业要明确了解自己的优势所在，不仅要保持现有的优势还要探索未被开发的潜在优势。与竞争企业进行，如经营管理、技术开发、采购渠道与方式、生产水平与方式、市场营销、财务方面以及产品本身等各方面的比较，对自己各方面的强弱程度有一个明确的认知，通过系统的分析选出最适合自身企业发展经营的优势项目，确定企业核心的竞争优势。

（3）制定战略。企业在对市场定位有一个准确的认知后，下一步要做的就是策划相关的营销策略打造在顾客心中的品牌形象。为了在顾客心中树立深刻、清晰、良好的形象，企业往往需要经过一系列的营销推广宣传自身具有的独特优点。

首先，如果顾客对企业的市场定位不清晰，就要让其对此有明确的了解，然后努力使其达到熟悉的程度，进而产生认同、喜欢和偏爱的情感，最终使顾客对企业的印象与企业在市场上的定位一致。

其次，企业与顾客要建立起稳固的联系，仅仅让顾客熟悉企业是不够的，双向的了解才是长期合作的基础。所以，企业必须对目标顾客群体有深刻的了解，熟悉他们的需求和习惯，摸清他们的态度并与他们建立感情基础，以达到巩固市场形象的目标。

最后，企业要时刻注意目标顾客对企业市场定位的理解，确保企业在定位宣传时向顾客传达的信息是准确的。当存在顾客对企业的市场定位理解有所偏差，甚至混乱不清的现象时，企业应该及时进行纠正，确保企业在顾客心中的市场定位准确清晰。

即使企业的产品市场定位恰当，也会不可避免地出现一些其他状况。如存在以下情况，企业就应该重新考虑市场定位。

①竞争者企业推出的新产品与自身的产品定位相似，挤占产品原有的市场份额，继而导致该产品的市场占有率下降。

②顾客的需求转移或者偏好改变，继而导致该产品的销售量减少，甚至失去销路。

2. 市场定位的原则

由于各个企业经营的产品不同，面对的顾客也不同，加之所处的竞争环境也有所不同，依据的市场定位原则自然会有所差别。总之，可以根据以下四个方面进行定位。

（1）根据具体的产品特点定位。产品的构成要素往往是进行市场定位的依据，如产品成分、所用材料、产品质量以及产品价格等。举例来说，"红牛"饮料虽然对身体有补充机能、提神缓解疲劳的效用，但因其与药物有着本质上的区别，所以其定位只是"功能性饮料"。

（2）根据使用场合和用途定位。同样的产品，使用的场合不同，用途也会有所不同。举例来说，小苏打的用途可以说相当广泛，既可以作为食品添加剂，也可以作为清洁用品。在食品中，小苏打可以作为调味料、烘焙配料，甚至是饮品的配料；在清洁方面，小苏打曾被用作刷牙剂、除臭剂。因此，要根据具体的使用场合及用途对其进行定位。即便是以前的产品，也可以为其寻找新的用途、赋予新的市场定位。

（3）根据顾客得到的利益定位。顾客从产品上得到的利益，是顾客获得的最直接也是最可观的产品体验，企业可以将其作为依据。举例来说，可口可乐公司推出"零卡"的雪碧、可乐，就是为了迎合那些喜欢饮用汽水但是又害怕发胖的"碳酸饮料爱好者"，顾客在喝到喜爱的碳酸饮料的同时又能控制热量的摄取。

（4）根据使用者类型定位。根据常常使用这一产品的顾客看法塑造产品的定位形象。举例来说，"RIO"系列鸡尾酒，是一种根据亚洲人的口味进行调制、适合各种休闲娱乐场合的饮品。不同于出现在各种商务场合的白酒及红酒，它可以出现在各种休闲聚会派对上，也可以出现在家庭聚餐的餐桌上，甚至是一个人独饮的场合。更因为其常常出现在各大真人秀以及电视剧中，在顾客心中建立的形象也是时尚新潮的，让消费者产生时尚的人都在喝"RIO"的印象，从而使其更受追求潮流的年轻人喜爱。

企业在进行产品定位时，不是仅仅依据一个原则，而是同时遵循多个原则。为了体现企业及其产品的形象，企业必须塑造一个多维度的、多侧面的市场定位。

3. 市场定位的方法

（1）区域定位。区域定位即产品要进入的具体市场区域，确认其进入的是国内市场、国际市场，还是在某个具体市场、某个地区等。想要营销推广成功，就必须建立在区域定位准确的基础上。

（2）阶层定位。阶层定位即产品要面向的社会阶层。不同的社会阶层有不同的消费特点和消费需求，要确认企业提供的产品或服务最终面向的社会阶层是什么样的，了解该阶层的消费特点和消费需求如何。如果销售产品的种类不同，进行阶层划分的标准就不同，具体视产品的特点而定。企业想要进行精准营销，就必须准确把握每个阶层的需求特点，提供符合其需求的产品及服务。

（3）职业定位。职业定位即产品要对其进行销售的顾客职业，确认顾客群体是农民、工人，还是学生、商务办公人员等。只有明确产品要销售的对象，才能根据其特点制定相应的营销策略，如在学校门口开文具店，在写字楼下开便利店等。

（4）个性定位。个性定位即确认产品的销售对象是哪些具有特殊个性的顾客群体。企业一般选择一部分个性相同的群体作为目标顾客，针对目标客户的个性估测其需求和偏好，然后"对症下药"地实施营销策略，以获得最佳效益。

（5）年龄定位。年龄定位即要确认产品的销售对象处在哪个年龄阶段。不同年龄阶段的人群有着不同的消费需求，只有充分考虑到这些细节，有针对性地满足消费者的不同要求，才能赢得消费者的青睐。

知识点三 市场定位策略

1. 市场定位策略的含义

为了使企业的产品有好的销路，需要以产品在消费者心中的属性特点以及重视程度为依据，强有力地塑造企业产品与众不同的、使人印象鲜明的个性或形象，并把这种个性或形象生动地传递给消费者，从而为企业的产品打造一个特定的形象，以便更好地展示产品的特点并与竞争者的产品区别开。市场定位策略本质上是一种竞争策略，是一种产品与竞争企业的同类型产品之间竞争关系的体现。

2. 市场定位策略的分类

市场定位策略通常有以下四种。

（1）直接对抗定位策略。这种策略意味着企业之间的竞争是处于一种针锋相对的状态，是指企业采取的定位与竞争对手的定位相同，直接将自身产品或者服务放在与竞争者相同的位置上进行细分市场的争夺。例如，爱奇艺视频与腾讯视频、美团和饿了么、拼多多与淘宝之间，它们都能提供相似的服务与产品，但是双方具有对手所没有的特点或者资源。相似的市场定位意味着企业需要提供竞争企业没有或者质量更高的产品及服务，也就是说，需要企业自身具有足够的资源以及能力，才能针对竞争企业的产品或服务做出优化，从而实施差异化竞争。一般来说，当企业能够提供比竞争对手更令顾客满意的产品或服务、比竞争对手更具有竞争实力时，才能实行这种定位策略。

（2）市场补缺式定位策略。这种策略一般建立在企业在对是否拥有竞争优势有一个正确判断的基础上，如果企业无法取得较大优势或者处于劣势，就要将目光转向该细分市场上还没有竞争者存在或者竞争者未对其进行开发的空间上。该策略包括对市场的重新评估，对顾客需求以及企业经营产品的重新分析评价，判断该市场是否还存在空挡位置。总之，在决定采取该策略之前，企业需要先进行以下判断：①本企业是否具有满足这个市场需要的货源；②该目标市场是否有足够数量的潜在购买者；③企业是否具有进入该目标市场的条件和能力；④企业能否在该目标市场中盈利。

（3）另辟蹊径式定位策略。这种策略是企业在明确与竞争对手的竞争中无法取得优势，也无法填补目标市场被忽略的空间和缝隙的情况下，根据已有资源以及生产条件，开辟新的营销方式，推出新的产品或者服务，并且新推出的产品或者服务一定是竞争对手没有的，或者说具备竞争产品缺乏的特点。这样，在进行营销推广时，才能有明确的重点，强调自己区别于其他产品或服务的鲜明特点，突出宣传自己与众不同的特色，充分挖掘这个新产品或者新特点的价值，从而在某些有价值的产品或特点属性上取得领先地位。

（4）重新定位策略。这种策略是企业经过一段时间的实施，如果选择的市场定位策略营销效果不明显，取得的效益也不佳，就应该及时停止，采取新的对策。例如，更换产品的品牌、更换产品的包装、改变宣传的重点等一系列措施。其目的在于使企业获得全新的、更大的市场活力。

还有一种情况也需要企业重新进行市场定位，即当目标市场竞争者的状况以及企业内部的条件发生如下变化时，就要考虑重新调整定位方向。

①竞争者的销售额提高，企业的市场占有率会相对下降，从而导致企业的销售出现困难。
②企业的经营销售范围扩大，目前的市场容量和市场份额已经无法满足企业的发展。
③消费者的需求发生变化，不再对企业生产的产品有所需要。
④企业打算改变经营方针和策略等。

无论是企业还是目标市场发生变化，为了能够继续在市场中获利，企业必须及时调整市场定位方向，使之能适应目标市场的环境以及符合企业的整体发展。

营销技巧

PRIZM 市场细分法

1. 什么是 PRIZM 市场细分法

为了帮助营销者找到有效的目标市场，美国克拉瑞塔斯市场研究公司（Claritas）开发了一套基于地理、人口统计因素分析的市场细分理论和工具——PRIZM。PRIZM 是指根据邮编制定的潜在市场等级指数（Potential Rating Index by Zip Market），把美国所有的邮政编码分为 62 类，并按收入、家庭价值观和职业排序，从最富有的"贵族阶层"到最贫穷的"公共救济"群集。不同群集的居民在产品消费上表现出显著的差异性。

2. PRIZM 市场细分法的基本思想

具有相同文化背景、相同谋生手段和相同观点的人，会自然而然地相互吸引，他们选择与具有相同生活方式的人毗邻而居。一旦安居下来，人们就会不自觉地模仿邻居采用相似的社会价值观，形成类似的品位与期望，在产品、服务的购买及媒体使用等方面展现出共有的区域性行为模式。

3. PRIZM 市场细分法的现实作用

PRIZM 系统能有效优化营销沟通的效力，尤其是调整直邮邮件（DM）分送给不同区域家庭的商业信息，使得直邮更具成本效益、更有影响力和效果。例如，美国西部联合公司（The Western Union Company）通过分析其在所有地区需要的代理数量并决定最有利可图的新代理位置，改进了办公网络的成本效益。

项目小结

本项目将 STP 战略分三个部分进行阐述，分别是市场细分、目标市场的选择及评估、市场定位，具体包括三者的概念、作用、方法和步骤以及涉及的原则，重点要掌握其中的方法和步骤，学会站在企业和生产者的角度细分市场、选择目标市场以及进行市场定位，以期能够在日后的工作中用到所学的方法和步骤。

案例讨论

消费升级的短板与跳板：中老年消费市场蕴藏巨大潜力

消费对于经济发展的重要性，使"消费升级"成为 2018 年主要的热点话题。在消费升级的不断刺激下，一直以来，中国的消费市场都在不断地"求新"。人民日新月异的消费需求虽然让整个市场经济宏观增长，但是在国家品牌战略不断被重视的今天，品牌保有度不及 50%，无疑造成了一定程度上的消费资源浪费。2018 年，尼尔森发布的《2017 年中国消费品市场解读》报告称，中国消费品购买力趋向年轻化人群，但品牌的忠诚度非常分散。然而，当人们都放眼年轻化市场时，我们发现另外一个有趣的现象，无论市场如何变化，中老年消费市场都一直保持着消费量级的持有率。

2020 年，中国消费总量增长的 81% 来自中产阶级。从收入角度来看，中国高净值人群过去 5 年加速井喷，在可支配资产达千万元以上人群中，40～60 岁年龄段人群占比达 75%。根据世界卫生组织的定义，40 岁以上群体即进入中老年阶段，这部分人群更具备追求自由理想消费的财务能力。

总体而言，"80 后"近 3 年始终为消费中坚力量，而且中老年消费者的消费升级不随节日变化，甚至受经济环境影响较小。稳定的消费量和极高的占比直接影响消费升级。

中老年消费者的消费行为表现中以理智动机指导消费为主，即从所处社会地位和家庭实际情况出发消费。中国的市场经济决定了这类人群通常具有"广谱性"的采购习惯，在内需要负责家庭的主要采购，在外需要负责企业的供需补给。理智的消费、果断的购买力、品牌的忠诚度是当代中老年消费的几个习惯。多重身份决定了多种需求，这要求他们必须做出极具性价比的选择；而选择固定品牌，对他们而言意味着"节约时间"，果断的购买力就意味着有更多的精力去做其他的事，包括享受生活；对品牌抱有忠诚度这一特点，与他们的消费心理直接相关，这类消费者群体的购买决策受到职业、收入、兴趣爱好等因素的影响，受教育水平较高的消费者对于品牌的忠诚度也较高，拥有强大购买力的他们只在乎商品的质量和使用价值，而不在乎商品价格和商品的附加值，因此一般认准的品牌不会轻易更换。随着电商平台在中国的兴起，在购买方式上，几乎所有国家和地区35～44岁的网民都比16～24岁或55～64岁的网民更有可能在网上购物，网购不但满足了他们多种多样的消费需求，碎片化时间网购还为他们节省了时间成本，而对品牌抱有极高忠诚度的他们无论线上还是线下都成为某些品牌的主要消费群体。虽然接触互联网的程度有限，但线下与线上互联网渠道的金额占比已与"80后"齐平。

然而，我们发现，中老年消费者对于基础需求型消费的兴趣日益下降，而对健康型消费与娱乐型消费表现出更大的潜力。人到了某个年纪，"忙"成了这部分人群唯一取消计划的理由。对待生活的取舍态度，决定了他们的生活品质。是及时"享受当下"，还是"疲于生活"，对于中老年消费者来说，更多的人将金钱与时间放在旅游出行、日常保养、健康养生等方面，从家庭到个人进行全面的"消费态度升级"。嗅到这一市场潜力的大企业针对这一转变，制定了相应的营销策略。以高品质功能营养品牌——伊利欣活为例，从产品和情感双重层面强调"为行动力打Call"，针对中老年消费者推出了"别等了，就现在"概念的态度视频，直击这类消费者的痛点。

近年来，消费者对品质消费的追求持续增强，已从过去的关注商品性价比不断向追求享受型、品质型商品升级。作为中坚力量的中老年消费者在消费态度上悄然发生着变化，向享受型消费也就是满足享受需要而产生的消费上发展，这主要包括消费高级食品、娱乐用品、精神文化用品及服务，是较高层次的消费形式。生活态度的逐渐转变使消费升级在中老年消费者层面也有了显著变化，进而带动了消费结构升级，而消费结构升级势必拉动供给的升级，从而促进整个经济的增长。

不同购买类型反映了消费者购买过程的差异性或特殊性，但是消费者的购买过程有其共同性或一般性，西方营销学者对消费者购买决策的一般过程做了深入研究，提出了若干模式。

请思考：目标市场定位策略的重要性。

 任务实施

【任务目标】
1. 训练学生如何选择目标市场。
2. 训练学生如何实施市场定位策略。

【组织及步骤】
假定你是某保健品的本地市场营销经理，分析研究"谁是你的顾客"，找准你的目标市场，实施市场定位策略。

在市场调研与营销环境分析的基础上，确定并描绘你的当前顾客。
（1）他们来自何处？
（2）他们买什么？
（3）他们每隔多长时间购买一次？
（4）他们买多少？
（5）他们怎样买？
（6）他们怎样了解你的企业？
（7）他们对你的公司、产品、服务怎么看？
（8）他们想要你提供什么？

根据以上资料，确定这一产品的市场定位，并拟出市场定位建议书。

【成果与检测】

1. 各组成员对本组的市场定位建议书进行全班说明，由各组组长组成的评委小组进行评定。

2. 教师现场讲评。

巩固与思考

一、单选题

1. 以下不属于市场细分原则的是（　　）。
   A. 可衡量性　　　　　　　　B. 可盈利性　　　　　　　　C. 可选择性

2. 竞争者企业推出的新产品与自身企业的产品定位相似，挤占产品原有的（　　），导致该产品的市场占有率下降。
   A. 市场地位　　　　　　　　B. 市场份额　　　　　　　　C. 市场比例

3. 企业的定位与竞争对手的定位相同，直接将自身产品或者服务放在与竞争者相同的位置上进行细分市场的争夺，我们称为（　　）。
   A. 横冲直撞定位策略　　　　B. 直接对抗定位策略　　　　C. 抢占先机定位策略

4. 企业在判断一个市场的空当位置时，不需要考虑的因素是（　　）。
   A. 足够数量的购买者　　　　B. 企业的生产条件　　　　　C. 企业员工数量

5. 相同行业的竞争者、潜在的或者新加入的竞争者、相似产品、购买者以及供应商对企业产生的威胁不包括（　　）。
   A. 员工跳槽　　　　　　　　B. 新竞争者　　　　　　　　C. 相似产品

二、多选题

1. 市场细分的标准包括（　　）。
   A. 地理因素　　　　　　　　B. 消费行为　　　　　　　　C. 利益因素

2. 市场细分的方法有（　　）。
   A. 单一变量法　　　　　　　B. 主导因素排列法　　　　　C. 系列因素细分法

3. 产品的竞争优势包括（　　）。
   A. 价格竞争优势　　　　　　B. 特点竞争优势　　　　　　C. 偏好竞争优势

4. 市场定位的方法包括（　　）。
   A. 区域定位法　　　　　　　B. 年龄定位法　　　　　　　C. 阶层定位法

5. 市场定位策略包括（　　）。
   A. 直接对抗定位策略　　　　B. 市场补缺式定位策略　　　C. 重新定位策略

三、填空题

1. STP战略具体分为三部分内容，分别是市场细分、_____、市场定位。

2. 根据_____的分级，可以知道需求的发展一般都是从低层次的功能性往高层次的体验性递进。

3. _____是指企业估计每个细分市场的吸引力强度或发展潜力，进而选择进入一个或多个细分市场的过程。

4. 目标市场选择策略的五种模式分别是市场集中化策略、_____、市场专门化策略、有选择性的专门化策略、全面覆盖策略。

5. 市场定位的原则包括根据具体的产品特点、使用场合和用途、_____以及使用者类型进行定位。

 自学进阶

温水煮蛙效应

如果把一只青蛙直接放进热水锅里，由于青蛙对不良环境的反应十分敏感，会迅速跳出锅外。如果把青蛙放进冷水锅里，慢慢地加热，青蛙就不会立即跳出锅外，水温逐渐升高的最终结局是青蛙死了，因为等水温高到青蛙无法忍受时，它已经来不及或者说没有能力跳出锅外了。

温水煮蛙效应告诉我们，一些突变事件易引起人们的警觉，而易置人于死地的往往是在自我感觉良好的情况下，对实际情况的逐渐恶化没有及时地察觉。

温水煮蛙效应的启示有以下两点。一是我们的组织和社会生存的主要威胁，并非来自突如其来的事件，而是由缓慢渐进而无法察觉的过程形成的。不少人目光短浅，只看到局部，而无法纵观全局，对于突如其来的变化可以面对，而对于悄悄发生的大的变化却无法察觉，最终带给自己更加严重的危害！二是青蛙就好像芸芸众生，我们不能一味地沉迷现状、安于现状，不思进取，要着眼未来、思考新的问题，勤于学习新的知识，不能过"今朝有酒今朝醉"和"当一天和尚撞一天钟"醉生梦死的生活，否则到头来将是非常可悲的！

项目五 选择市场竞争战略

ITEM 5

本项目介绍了选择市场竞争战略的相关知识，着重介绍了竞争对手及成本领先战略、差异化战略、挑战者战略、市场追随者战略四种市场竞争战略的优势及风险等相关内容，有助于学生更好地理解市场营销从业人员需要掌握的市场竞争战略知识，并于日后灵活地运用于工作中。

学习目标

- 了解企业竞争力分析的必要性。
- 了解成本领先战略的优势和风险。
- 了解差异化战略的适用条件。
- 掌握挑战者战略挑战对象的确定和策略选择。
- 了解市场追随者战略的品牌策略。

学习导图

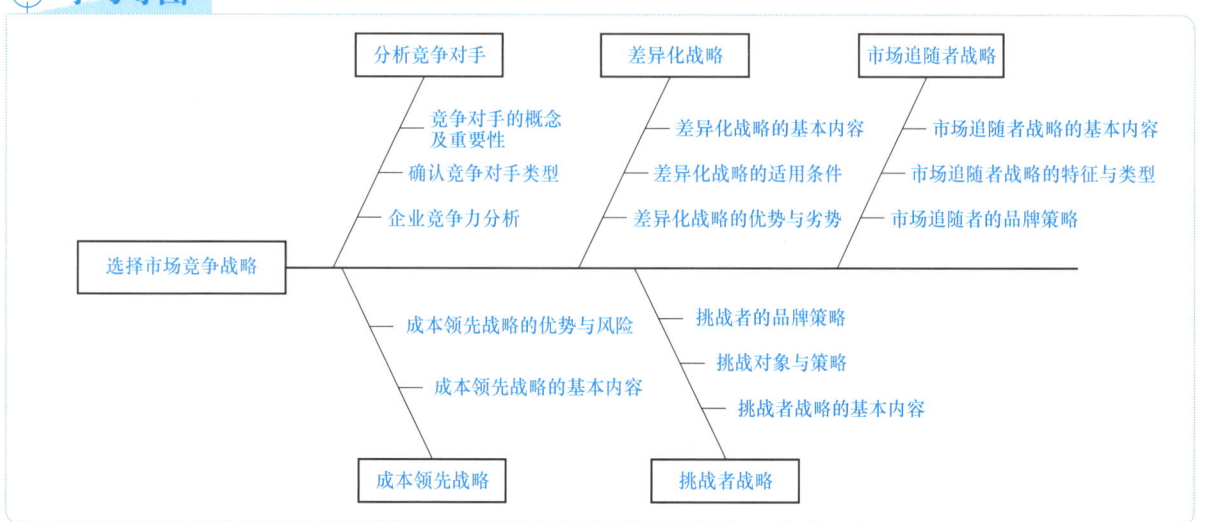

职业内容与岗位要求

职业功能	工作内容	技能要求	相关知识
市场竞争战略	制定市场竞争战略	◎能够制定并实施差异化战略	◎不同类型市场竞争者的知识 ◎不同市场竞争战略的知识

引导案例

"铁通一号工程"的市场竞争战略

我国第五大电信运营商中国铁通挂牌成立后，要想参与其他电信运营商的竞争，就必须进行电信本地网的建设，而铁通在这方面的基础完全空白。所以，铁通本地网建设项目"铁通一号工程"成为铁通成立后的第一个重大项目。由于电信行业的特点，对设备供应商来讲，这不仅是一个销售项目，而且直接影响到其将来市场战略格局的划分，各个厂家无不加倍重视。"铁通一号工程"由铁通总部对国内两个知名厂家 A 公司、B 公司进行招标，但各省分公司有权自己选择机型。

A 公司接到任务后首先做的是深入调查研究。一方面，了解 J 省铁通内部的组织结构和决策链以及关键人物的个人背景与彼此之间的关系；另一方面，了解相关各厂家与 J 省铁通交往的历史和现有设备使用情况，并据此对项目进行了 SWOT 分析。

通常情况下，客户最不信任的就是销售人员，因此如何取得客户的信任就成为销售的第一步。而取得客户信任的关键是为客户服务的良好态度，也就是要处处为客户着想，站在客户的立场上看待问题，帮助客户解决问题。在与客户交往的过程中，A 公司特别注意设身处地为客户着想。铁通的市场人员都是技术维护出身，没有市场经验和意识，于是 A 公司和他们探讨铁通未来如何经营，并主动为他们上销售技巧课，且以他们客户经理的名义为铁通拓展重要的客户，使客户满意。在客户进行网络规划设计时，A 公司和铁通市场人员一起连续几天工作到深夜。当发现铁通市场人员的建设思路存在问题的时候，A 公司主动为铁通市场人员写了一篇铁通市场分析报告，为客户做市场的 SWOT 分析并提醒他们在电信网建设中应注意的问题等。A 公司不仅做到了客户期望厂家要做的工作，而且做了许多超出客户期望值的事情。

"铁通一号工程"一期项目时间紧迫，从开始运作到最后的投标日期只有不到 3 个月的时间，如果按照通常的方式先拉近客户感情再打入产品的话，时间上是不允许的，而且在短时间内 A 公司的客户关系也很难超越 B 公司。所以，只能抓住客户的主要需求迅速切入。通过与客户的初次交往，A 公司发现客户有强烈的危机感。铁通初建，他们不仅没有设备、没有市场，而且没有电信运营的经验，对未来的发展感到困惑和茫然。在这种情况下，人人考虑的都是铁通如何生存，而无暇考虑个人利益。用马斯洛的需求层次理论进行分析，客户的需求应该在高于生理（物质）需求的安全需求层次上，把握住这一点，就确定了市场关系的切入点。于是，A 公司在与客户交往的时候，不是一味地宣传公司的产品优越性，而是和客户畅谈电信运营商的建设和经营之道，这对客户来说非常有吸引力。所以，客户非常乐于与 A 公司进行交流，这样客户关系便迅速建立了起来，同时也把握住了客户的本地网建设的建设思路。

接下来的问题是，虽然客户关系迅速建立起来了，但在产品问题上 A 公司并没有得到客户的完全认可。客户长期使用 B 公司的交换设备，对此设备的操作和维护都比较熟悉，虽然不是十分满意，但不打算引进新的机型。而客户对 A 公司设备的认识也仅仅是对公司品牌的认可和对原来使用的少量设备形成的印象而已。所以，客户再三表示："听说你们公司交换机的模块功能比较强，所以这部分我们想用你们公司的，但汇接局我们还是要用 B 公司的，因为我们原来就用他们的设备，对它比较了解。"这对 A 公司来说是个非常重要的问题，因为如果不能在电信本地网中占据汇接局这一战略制高点，自己就只能扮演一个配角，随时可能被挤出本地网。而这时强力的推销更是不起作用的。对此，A 公司冷静地通过询问使客户发现问题，寻找机会引导客户，终于在客户陈述的情况中发现了机会。客户说他们使用的 B 公司 8000 门交换设备不具备局间计费功能（事实上，B 公司的新设备未必存在此问题），所以与 ×× 间的结算只能完全由 ×× 说了算，估计每个月损失十几万元。于是 A 公司进一步询问客户："如果 8000 门的交换机一个月损失十几万元的话，那么将来铁通发展到几十万门、几百万门的时候将会怎么样呢？"一句话顿时使客户感到了问题的严重性。同时，A 公司在技术交流当中除介绍本公司交换设备的一般功能外，还着重介绍了它的局间计费功能和由此能为客户带来的经济利益。这样就使客户动摇了对 B 公司交换设备的信心，而信赖了 A 公司的交换设备。最终，一期项目的 3700 门交换设备被 A 公司尽收囊中，并为其下一步拓展市场打下了良好的基础。

> ※ 引例分析
>
> 市场营销要以满足市场需要为核心，而市场需要的满足只能通过提供某种产品或服务来实现。因此，产品是市场营销的基础，其他的市场营销策略，如价格策略、分销策略、促销策略、权力策略、公共关系等，都是以产品策略为核心展开的。
>
> 产品的生产不仅是一个生产过程，还是一个经营过程。在现代市场经济条件下，每个企业都致力于产品整体概念的开发和产品组合结构的优化，并随着产品生命周期的演化及时开发新产品，以更好地满足市场需要，提高产品竞争力，取得更好的经济效益。

企业为了顺应市场发展环境的变化、保证自身正常运营制定的以夺取市场或保持领先地位为目标的战略，我们称为"市场竞争战略"。企业在选择市场竞争战略时会受到来自行业环境和竞争结构的影响，包括但不限于内部竞争对手的威胁、潜在竞争对手的崛起、合作供应商的议价能力等，这就需要企业根据自身的要求以及能力做出适当的决策并贯彻实施。在选择市场竞争战略之前，进行竞争对手分析是十分必要的，其中，较有代表性的四种市场竞争战略包括成本领先战略、差异化战略、挑战者战略、市场追随者战略。

任务一　分析竞争对手

企业在开展经营和营销等活动时，并不是孤立存在于行业中的，在行业中存在定位和条件与自己高度相似的其他企业属于正常现象，而这样的企业通常被称为"自己的竞争者"或"竞争对手"。

知识点一　竞争对手的概念及重要性

1. 竞争对手的概念

竞争对手在企业经营过程中是十分常见的制约因素之一，是指在同一行业或同一领域中，具备的客观条件和拥有的资源（包括规模、产品、环境、人力等）与本企业有利益冲突，且对本企业构成一定威胁的组织或个人。竞争对手与本企业重合度很高，并且其发展和经营的目的与本企业相同，提供的产品和服务也与本企业相似。

从广义上讲，所有与本企业争夺同一目标客户群的企业都可被视为竞争对手，但事实上只有那些有能力与本企业抗衡的竞争者才是真正的竞争对手。

2. 竞争对手的重要性

进行竞争对手分析的原因有许多。许多企业会在经营过程中进行市场调研，而竞争对手分析就是市场调研中的一项关键内容，竞争者分析的重要性可见一斑。

（1）进行竞争对手分析有利于企业对竞争对手的经营状况有一定的了解，从而帮助企业掌握行业的前景和趋势。

（2）对竞争对手各方面的了解有利于企业对行业整体的产业结构有更深刻的认识。

（3）进行竞争对手分析有利于企业在面对挑战时做出有效的决策，顺应市场趋势，把握市场机会，开辟新市场并且寻找新受众；同时规避风险，不断反思企业自身存在的问题并改正，且有利于企业采用符合实际条件的市场竞争战略。

知识点二　确认竞争对手类型

1. 市场角度

从市场角度来看，竞争对手可分为品牌竞争者、行业竞争者、一般竞争者和愿望竞争者（见图5-1）。

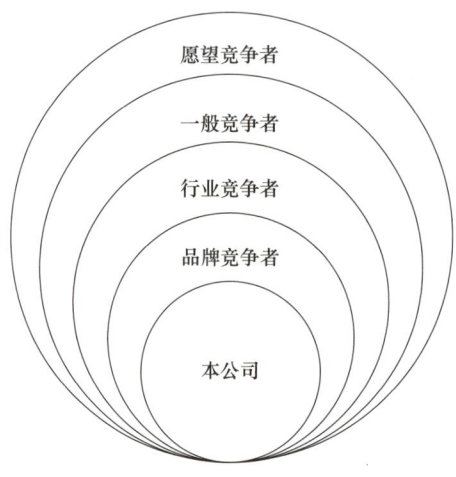

图5-1　竞争者层次

（1）品牌竞争者。品牌竞争者是指互为竞争者的品牌之间生产的产品在规格、功能等方面满足客户相同的需求，仅在产品外观、售前售后服务、质量等方面展开竞争。这类竞争者相互之间产品的替代性很高，所以竞争十分激烈。例如，小米、华为等品牌手机，同样满足一般消费者对于手机的需求，各品牌手机之间性能相似，因此替代性很高，通常在产品外观和质量、售后服务等方面有所差异。

（2）行业竞争者。行业可以理解为生产的产品可以互相替代的一个厂商群体，故行业竞争者是指生产同种产品，但提供不同规格、型号、款式的竞争者。该类型竞争者即在行业内生产同类商品的企业，如一汽大众奥迪的行业竞争者包括上汽大众斯柯达、一汽大众宝来等。

（3）一般竞争者。一般竞争者为客户提供的产品和服务能够以不同的方式满足消费者的同一需求，但各自使用的方法不同。例如，在福建省的消费者想要到广东省旅游，可以选择飞机和高铁两种方式出行，那么航空公司和铁路集团就为一般竞争者。

（4）愿望竞争者。愿望竞争者提供的产品和服务满足客户不同的需求，实际上企业对市场竞争的关注不能只放在与本企业在生产经营方面高度类似的直接竞争对手身上。从本质上讲，竞争是不同企业对有限的客户购买力的争夺，从消费者角度来看，如在消费者资金预算有7000元的情况下，他面临的选择就包括手机、旅行、单反相机等，因此，手机、旅行、单反相机互为愿望竞争者。

2. 行业角度

从行业角度来看，竞争对手可分为现有竞争者、潜在竞争者和替代品企业。

（1）现有竞争者。现有竞争者是指当前处于同一个行业或领域内、与本企业生产的产品大致相同的其他企业。例如，汽车行业的大众和比亚迪，业务范围与生产产品都大致相同。

（2）潜在竞争者。与某一产品具有相同功能、能满足同一需求的不同性质的其他产品，属于替代品。如果当前所在行业有较为可观的前景，可能吸引新的企业加入与行业内原有企业争夺市场占有率，就会导致行业内原有企业产品的售价降低，从而降低利润。例如，原本专注于手机业务的小米公司在2021年初也加入汽车行业分一杯羹，故2021年以前的小米公司对大众公司和比亚迪公司来说就属于潜在竞争者。

（3）替代品企业。与本企业的产品具有相同的功能，并能满足消费者相同的需求但性质不同的产品即为替代品。以传统汽车行业为例，传统汽车的替代品主要有其他新型代步工具，它们能够满足消费者代步的需求却与传统汽车的性质不同，如电动汽车、无人驾驶汽车。这类产品的生产企业对传统汽车企业来说就属于替代品企业。

知识点三　企业竞争力分析

企业竞争力是指企业结合自身资源或者掌握的能力，向外部寻求某种资源进行综合利用，展现出比其他企业更有利、更明显的优势，能为消费者提供产品或者服务，并能为企业获得利润的一种综合性能力。

1. 企业缺乏竞争力的主要原因

竞争力不强是目前我国多数企业普遍存在的一个问题。无法提升竞争力将会影响企业在行业中的地位，也决定了企业能否健康地发展进步。企业缺乏竞争力主要有以下三个方面的原因。

（1）缺乏创新能力。目前，我国多数企业普遍缺乏创新能力，掌握的核心技术也大多是从外部获取的，依靠企业自身开发情况屈指可数。出现这种情况的主要原因如下：

①我国多数企业过于循规蹈矩，思想固化，对于新的想法和创意不重视，缺乏创新意识；

②许多企业对技术投入的资金不足，企业的技术部和研发部无法开展新的尝试；

③企业采取的经营模式和技术获取自外部，没有结合自身实际情况进行改变，不太适合中国的市场竞争。

（2）组织结构烦琐。企业的组织结构应该满足高效、简洁明了等要求，但一部分企业组织结构设置得过于复杂。组织结构烦琐容易导致管理困难、各部门职责模糊，或是一名员工由多个部门管理，不知道执行哪个部门决策的情况。因此，合理制定组织结构是企业必须解决的重要问题。

（3）品牌竞争力差。由于有些企业不重视品牌宣传抑或是资金不足无法进行品牌维护，企业产品不为人所知，无人问津。品牌代表了企业的门面，品牌的打造以及维护需要花费许多时间、精力以及资金，主要是以投入广告的形式进行宣传。需要注意的是，广告宣传固然重要，宣传的前提是企业要做好基础性生产工作，拿出合格的产品和服务，否则只能是"竹篮打水一场空"。

2. 影响企业竞争力的因素

影响企业竞争力的因素通常有物质条件、技术条件、创新能力、人才条件和竞争战略。

（1）物质条件。这里的物质条件主要是指设备、经营环境等硬件条件，是企业进行生产经营的必要条件，良好的经营环境和先进的设备有利于企业进行经营和生产。不少中小企业因为设备条件跟不上，生产效率低下，失去了市场竞争力。

（2）技术条件。这里的技术条件主要是指核心技术的专有权、知识产权和专利等。在市场竞争越发激烈的今天，企业自身拥有的核心技术渐渐成了提高企业竞争力的一个重要条件。例如，在传统胶片行业受到数码相机市场冲击的21世纪初期，知名企业富士公司专注于数字业务转型，高度重视技术条件升级，而后在液晶显示屏使用的TAC膜、高像素镜头组件方面都居世界市场第一位。

（3）创新能力。创新能力包括机制上的创新以及管理水平的创新。

①一个制度完善的企业之所以能够按部就班、有条不紊地进行生产经营，是因为制度完善决定

了企业机制完善。企业要保持制度完善就需要保证机制和制度上的创新能力，不断根据实际情况做出相应的调整。

②企业的管理表现为对生产力及生产关系的组织与转化，能对企业所拥有的各种生产资源进行有效组织，这就需要企业不断提升管理能力及创新能力。

（4）人才条件。这里的人才条件是指企业的劳动者资源，是在企业经营过程中需要的条件中除物质条件以外的另一类条件。许多中小企业员工的平均素质不高，企业缺乏高新人才，在创新能力以及研发能力层面都有不足。人力资源是企业的基本生产投资之一，企业需要加大投资力度解决员工素质不高的问题。例如，中国电器行业的海信集团，旗下囊括海信、容声、科龙三个商标，海信对员工的培训完备，除建立集团的培训基地外，还搭建了企业学习平台的移动端，可以说其成功离不开对人才的重视与培养。

（5）竞争战略。企业贯彻落实的竞争战略起到指导企业在市场竞争中充分发挥优势的作用，适当地采取竞争战略有利于企业提升自身的竞争力，改变企业自身的竞争条件。有学者指出，竞争战略受到的威胁包括行业新加入者威胁、现有竞争者威胁、替代品企业威胁等。他们提出，在这样的外部条件下企业有四种竞争战略可供选择，分别为成本领先战略、差异化战略、挑战者战略、市场追随者战略。

任务二　成本领先战略

正所谓"知己知彼，百战不殆"，企业对竞争对手的掌握越细致在市场竞争中越有利。在分析完竞争对手之后，企业需要根据竞争对手的特点以及自身情况选择市场竞争战略。其中，成本领先战略作为基础的市场竞争战略之一，实施次数多、范围广。

知识点一　成本领先战略的基本内容

1. 成本领先战略的含义

成本领先战略又称"低成本战略"，是指企业在经营过程中，通过有效的、良性的途径降低经营成本，以行业中较低的经营总成本获得行业竞争优势。在这种战略的指导下，企业决定成为所在产业中实行低成本生产的厂家。

成本领先战略需要将企业中某项必需业务支出的成本降到行业内最低，但不意味着仅为某一时期内的优势或是一味对成本进行削减。因此，实施成本领先战略的企业需要找出自身相对于竞争者而言的成本优势作为一种可持续的优势，能够在一定程度上避免其他竞争者模仿，以此支撑更长时间的价格战。

2. 成本领先战略的类型

成本领先战略可分为改良设计型、节约材料型、简化产品型、降低人工费用型、投入创新及完成自动化型五种类型。

（1）改良设计型。该类型是将产品的设计进行改良，以此降低产品的总成本。例如，近年的新款式手机中，有一大部分用压感虚拟home键取代了物理home键，主要是因为物理home键会增加成本费用，且适用物理home键的屏幕成本也更高。因此，手机厂商通过对手机的设计进行改良降低成本。

（2）节约材料型。该类型比较好理解，即企业在生产产品时尽量避免材料的浪费，在同等需求下选择实用且性价比较高的材料，达到节约成本的目的。例如，与传统金属材料相比，铝合金材料轻便结实不易生锈，既具有较高的密度、硬度，又具有良好的铸造、导电、导热性能，所以在交通运输、航空航天等领域被广泛应用。

以苹果公司为例，在 2021 年 9 月 14 日的发布会上，其发布的新一代 iPhone 系列手机与以往不同的是，此次将取消包装盒上的塑封包装，取而代之的是与包装盒融合为一体的纸质一次性封条，用户只需要轻轻一拉，就可以打开盒子。此案例体现的就是企业在进行生产时对材料的选择，以此降低成本，提高利润。

（3）简化产品型。该类型即摒弃烦琐无用的部分，令产品简单化，可将企业推出的产品或服务中不必要的、作用不大的部分取消，形式和款式尽量简洁。例如，由无印良品主打的极简主义日用品，随着该品牌的风靡掀起一股极简风潮。极简主义商品去除了无用的装饰和不必要的涂料，采用简单又有设计感的包装，节省了装饰品和印刷的费用。

（4）降低人工费用型。该类型是通过减少生产过程中的人工投入来降低人工费用。例如，小米公司在销售渠道上放弃了传统的实体经销商，选择了网络销售，这就减少了管理实体店铺的人工投入。

现在多数企业用"省人化"代替"省力化"，并将"省人化"上升到"少人化"。"省力化"是通过工装夹具、设备及局部或全部自动化取代手工操作，减少操作员工的体力消耗及工时消耗，使员工省时省力。"省人化"是通过多工序作业，减少操作人员数量；而"少人化"则更进一步，通过改进设备和工序作业，用最少的员工生产市场需要的数量。由此可见，通过不断改善工作环境以达到"少人化"，是企业减少人工费用的重要途径。

（5）投入创新及完成自动化型。该类型是通过创新和完成自动化降低生产中各个环节的成本。假如半自动的生产机器生产一批产品需要 24 小时，而且每个环节只需要一名工人操作和看管，经过创新发展开发出自动化生产线之后生产同一批产品只需要 8 小时，且一整条生产线只需要一名员工看管，这个过程既节省了时间成本也节省了人力成本。

3. 成本领先战略的基本思想

市场是依托于社会的产物，哪里需要和商品交换，哪里就有市场。市场在其形成以及发展壮大的过程中也推进着社会商品经济的发展，两者联系紧密、相辅相成。

（1）节约思想。成本领先战略的核心为降低成本，提高利润，提倡节约可以避免资源被浪费，以同等资源创造更大价值，并延长规定数量的资源使用时间。在我国市场经济环境下，除了卖家追求节约外，作为买家也希望在同等品质的情况下买到价格最低的产品。

（2）保持优势思想。在行业中保持竞争优势是企业采取成本领先战略的动机和原因之一。成本问题向来是企业在行业竞争中保持优势需要考虑的主要问题，因此如何获得和保持竞争优势就成了企业着重关注的部分。

（3）全程控制思想。成本领先战略需要在生产经营的各个环节严格把控，在采购、生产、销售、品牌的建立和维护以及售后服务的整个过程中，每个环节都需要付出成本。对成本进行全程控制是成本领先战略的保障，故只有保证生产经营环节中的综合成本最低，才能保证实施成本领先战略。

（4）员工参与思想。企业在经营过程中每个环节都会产生成本支出，而在影响成本的众多因素中，人员的因素较为重要，企业人员掌握的技能、工作素质、对成本领先战略的理解以及减少成本支出的意识都对企业成本支出产生影响。在企业的资金活动中，每个员工都与成本有关，因此需要每个员工树立起成本意识，养成在生产经营中节约不必要支出成本的习惯，如从节约用水，随手关灯、关空调，纸张的反复利用开始。

知识点二 成本领先战略的优势与风险

成本领先战略能被大量企业采用，与它的优点是分不开的。实施该战略能有效达到增加盈利、保持企业运转的目的，但也存在一定的风险。

1. 成本领先战略的优势

成本领先战略的优势主要体现在以下四个方面。

（1）抵抗现有竞争者的攻击。企业在采用成本领先战略后，相对于其他竞争者处于低成本的状态，假如产品以行业平均价格销售，成本低的企业取得的利润就会高于其他高成本企业。某些高成本企业为了对竞争者进行攻击，在竞争中擅自下调价格，这可能会引起同行业的价格战，各个企业争先下调价格，发展到最后导致企业难以获得利润。在行业平均售价降低的情况下，一般企业只能首先保本，而低成本的企业仍有盈利的空间。

（2）防止供应商抬高价格。当遇到较有话语权的供应商调高企业必需资源的价格时，成本领先的企业更具有灵活性，并且与行业竞争者相比，低成本的企业能够确保赚取到更多的毛利润，可以适应以及抵销价格的上调。

（3）应对买家的讨价还价。当面对消费者和购买者要求降低商品价格的情况时，成本较低的企业拥有交易的主动权，如果低成本企业的价格下降幅度低于行业内第二低成本企业，买家购买第二低成本企业的产品就需要付出更高的价格。这种情况对买家来说意味着购买选择减少了，是不利的，因此买家讨价还价的能力相对低成本企业来说威胁不大。

（4）防止潜在竞争者进入行业。成本领先企业在行业内已经形成了较为系统的生产规模和成本优势。在进行市场竞争时，成本领先企业以较低的成本获得优势，对新加入行业的竞争者来说是不可逾越的一道壁垒，且新加入的竞争者普遍在经验、技术等方面存在问题，更无法与成本领先企业竞争，因此能够减少潜在竞争者进入行业。

2. 成本领先战略存在的风险

成本领先战略主要存在以下四个方面的风险。

（1）易受到环境因素影响。成本领先战略容易被外部因素影响，科技与生产技术的发展可能令过去投入设备的资金和针对产品进行研究的经验及数据失去价值；同时，可能受外部经济环境变化的影响，如在通货膨胀的影响下，企业生产投入的成本增加，无法体现成本优势，从而失去竞争力。

（2）可能被新加入者赶超。如果采用成本领先战略的企业自身不具有可持续性优势，则很有可能被行业中新加入的竞争者模仿。新加入的企业可以通过总结经验或者提高设备的先进性学习先进技术，避免在生产经营中走弯路，从而以更低的成本加入行业竞争。此时，原本成本领先的企业便失去了竞争力。

（3）无法预测市场变化。采用成本领先战略的企业通常会专注于如何下调生产经营成本，但这容易导致企业忽略市场形势的改变，丧失预见市场变化的能力。企业可能会发现一个致命问题：虽然自己的产品售价低，但依然无法吸引消费者。例如，美国著名汽车企业福特汽车公司在20世纪曾经通过减少汽车改型等手段，严格实施成本领先战略。但因经济不断发展的同时消费者收入也提高了，许多消费者希望所选第二辆汽车能比第一辆更加舒适、更具有设计感，而此时福特汽车对于汽车改型方面并没有投入资金研究，所以失去了大量有二次购车意愿的消费者。

（4）降价过度。成本领先战略要求企业降低生产和经营过程中的成本，在售价一致的情况下可以以更低的成本获得更高的利润。有些企业则会通过降低产品售价吸引消费者购买，但如果降价过度就会导致利润降低。

成本领先战略错误导向

在实施成本领先战略时,我们常常需要注意下面一些错误的导向。

1. 重视生产成本忽视其他

成本的降低使人首先联想到的是生产成本的降低,但多数时候生产成本只是总成本的一部分而已,企业在重视降低生产成本的同时,还需要认真地审视一下产品的整条成本链,这往往成为成本降低的重要步骤。

2. 将采购视为次要环节

采购是成本降低过程的重要环节之一,所以视采购为次要的职能,但不要将采购分析限制于某些重要的方面。

3. 忽略小活动

在实施成本领先战略时,不要只将眼光放在能够产生大的降低或直接反应的方面上,而忽视占成本小部分或只有间接关系的部分,要知道小的降低能够累积为大的领先。

4. 错误理解成本驱动因素

企业常常会错误地判断它们的成本驱动因素,如全国占有率最高又是成本最低的企业,错误地理解为市场占有率能够推动成本的降低,这种理解会导致产生错误行动。

5. 成本领先与产品特色的取舍

如果企业的产品在顾客面前表现为具有特色的产品,那么在实施成本领先战略时就必须充分地考虑这一点。在某些时候,成本的降低可能会影响产品的某些特色,是降低成本还是让产品保持特色,需要深思熟虑。

任务三 差异化战略

差异化是企业另辟蹊径的一种战略方式,成功实施差异化战略有助于企业突出自己的特点,在行业内占有一席之地。但差异化战略也需要结合企业外部和内部的适用条件,并非在任何情况下都可以实施。

知识点一 差异化战略的基本内容

1. 差异化战略的概念

差异化战略又称"特色优势战略",是指企业力求在顾客广泛重视的一些方面,在该行业内独树一帜。它选择许多用户重视的一种或多种特质,并赋予其独特的地位以满足顾客的要求。它既可以是先发制人的战略,也可以是后发制人的战略,亦即差异化战略是企业以消费者重视的某种产品或服务特质为切入点,使自己与竞争者相比呈现出明显的优势,这种特质可以是产品质量、品牌形象、服务等。

2. 差异化战略的类型

作为企业基础竞争战略之一,差异化战略主要有产品差异化、服务差异化和员工差异化三种类型。

（1）产品差异化。差异化战略主要体现的是在关键特质上的独特性，因此在产品上的体现主要有性能、实用性、设计、款式、耐用性等。产品差异化是指企业在其提供给顾客的产品上，通过各种方法造成足以引发顾客偏好的特殊性，使顾客能够把它同其他竞争性企业提供的同类产品有效地区别开，从而达到使企业在市场竞争中占据有利地位的目的。一款产品需要有一定的不可替代性才能体现与其他产品的差异。例如，统一集团旗下的方便面"汤达人"推出伊始便主打"汤是方便面的灵魂""好面汤决定"等关注点，并且"汤达人"汤底鲜美，突破传统制汤工艺，暂时没有替代品能复刻同样的汤底，所以即使"汤达人"的价格相对于方便面的平均价格更高，销量仍然可观。

（2）服务差异化。除了产品的实物差异以外，企业提供的服务也存在差异。影响服务差异化的因素主要有售后服务的水平、个性化服务、分类服务等。假如我们购买了家电，一般店铺将商品送到小区楼下后需要我们自行安装，而海尔电器会将商品送到家门口并且提供安装服务，送货、安装一次到位，且在保修时间内随时能上门维修，这便体现了服务的差异性。

① 无形产品有形化。例如，赠送带有酒店广告的卫浴用品给顾客。

② 将标准产品进行顾客化定制。例如，某美容院提供个人设计师、果汁吧及放松的环境，以此区别于其他美容院。

③ 减少视觉风险。例如，针对顾客缺少汽车修理知识的情况，服务提供者可以专门安排时间解释问题，会在无形中建立顾客的信赖关系，并让顾客愿意额外付出。

④ 服务员工训练。由于服务主要是人员提供的，如果实施高质量的员工训练计划，则可以促进服务质量提高，建立难以模仿的竞争优势。

⑤ 高水准的质量管理。服务产品是比较容易被模仿和复制的，相比之下，高水准的质量管理能力则不容易被复制，因为高水准的质量管理涉及员工训练、程序管理、技术开发等复杂内容。

（3）员工差异化。市场竞争从某种角度来说就是人才的竞争，企业可以通过培养更加具有专业素质及专业素养的工作人员形成自己的独特性和差异化。例如，海底捞的手拉面，或许口味与其他面并没有明显不同，但其真正吸引消费者的是拉面员工展示拉面过程的表演，而海底捞培养的拉面表演员工与其他餐饮企业员工相比正是员工差异化的体现。

知识点二 差异化战略的适用条件

企业决定实施差异化战略，必须仔细研究顾客的需求或偏好，以便决定是否将一种或多种差异化特色结合在一起形成独特的产品、技术或服务以满足顾客的需要。同时，差异化与高市场占有率是不相容的，企业实施差异化战略有可能要放弃较高的市场占有率目标。企业在采用差异化战略之前需要了解该战略适用的外部条件及内部条件。

1. 外部条件

企业实施差异化战略需要考虑消费者需求、产品价值、竞争者数量、技术变革速度等外部条件。

（1）消费者需求。企业需要以消费者需求为重点，了解不同消费者对产品的要求和满意度差异，选取一种或多种特质着重进行体现。按照消费者的目的性可以将消费者需求分为初级的物质需求和高级的精神需求。其中，初级的物质需求表现在人们没有达到一定的消费能力之前，为了获取赖以生存的物质带来的消费；高级的精神需求则是在人们满足了物质需求后，为了得到更多的非物质需求——精神需求带来的消费。

（2）产品价值。企业的产品或服务的特质有很多，可以从各种角度切入，如产品质量、品牌形象等。在企业决定对某一特质进行差异化体现之前，这项特质需要得到消费者的重视和认可，即消费者认为产品体现出差异是有价值的。而产品价值是由产品的功能、特性、品质、品种与式样等产生的价值。产品价值是顾客需要的中心内容，也是顾客选购产品的首要因素，因而，在一般情况下，产品价值是决定顾客购买总价值大小的关键和主要因素。产品价值是由顾客需要决定的，故企业在分析产品价值时应注意在经济发展的不同时期，顾客对产品有不同的需求，构成产品价值的要素以及各种要素的相对重要程度也会有所不同。

（3）竞争者数量。此处的"竞争者"并不是行业内所有竞争者，而是企业需要确认行业内同样实施差异化战略的竞争对手数量。如果行业内原本就有很多企业采用差异化战略，那么此时就不再适合实施该战略了。

（4）技术变革速度。差异化战略能够成功的条件是确保差异化，即短时间内同行无法模仿或复刻。但在高新技术发展迅速的今天，技术变革的速度非常快，技术变革对实施差异化战略也会有一定的影响。

2. 内部条件

实施差异化战略除了需要考虑外部条件之外，还需要考虑企业的市场预见能力、研发能力、市场营销能力及部门协调性等内部条件。

（1）市场预见能力。外部环境对企业的影响是不可估量的，如果在产品开发完成之后行业内发生了技术革新，导致产品失去了原本的独特性，致使客户失去了兴趣，那么这样的打击无疑是巨大的。因此，企业需要对相关行业有一定的关注，以此提升市场预见能力。

（2）研发能力。对大环境下的技术发展水平了如指掌还不足以推出具有独特性的产品，这需要企业研发部具备较强劲的研发实力，以及发现企业人才创造性的眼光，正确判断应该从产品的什么特质入手才能吸引消费者。例如，由于美国苹果公司对科技研发十分重视，因此其旗下的产品在功能、外观、体验感等多个方面都与其他企业的产品有着明显的不同，这种差异化让苹果公司享誉全世界。

（3）市场营销能力。如今的国内外经营环境完全可以用"酒香也怕巷子深"来形容，就算产品再好、再独特，不进行宣传也是无人问津。因此，企业需要有较强的市场营销能力，在完成商品的研发和生产之后，能辅以有效的市场营销，将企业的商品推广出去。

（4）部门协调性。一款产品从生产到销售乃至企业品牌建立，都离不开企业研发部门、生产部门、市场营销部门等多个部门的合作和沟通，所以企业需要协调多个部门之间的合作，培养各个部门之间的默契，提升效率。

知识点三 差异化战略的优势与劣势

差异化战略是实用的基础竞争战略之一，能够帮助企业形成自身特色，吸引更多消费者。但事物皆有两面性，我们也需要辩证地看待差异化战略的特点，其除了优势以外还存在一些不可忽视的劣势。

1. 差异化战略的优势

差异化战略的优势主要体现在以下四个方面。

（1）形成行业进入壁垒。如果企业成功实施了差异化战略，就意味着该企业走在了行业前端，通过自身特色能够得到较高的收益。这对还未进入行业的潜在竞争者来说将是一道不可轻易逾越的壁垒。在产品差异化越突出的行业，因差异化战略形成的行业进入壁垒就越明显。

（2）获得较高的消费者忠诚度。成功采取差异化战略的企业必然在行业内有明显的特点，而通常情况下正是该特点得到消费者的青睐，因为其能够提供给消费者其他企业无法提供的服务，生产出其他企业无法复刻的产品。消费者在习惯了企业提供的产品和服务后，再选择其他竞争者企业的概率就会相对较小。这时，生产该产品的企业便可以运用产品差异化战略，在行业的竞争中形成一个隔离地带，避免受到竞争者的侵害。

（3）更容易溢价。企业在追求产品差异化的过程中增加的成本可以通过溢价的形式适当地进行补偿，而成功实施差异化战略的企业更容易溢价，在产品差异化越大的行业越容易溢价，因为产品的特点和性能如果是独一无二的，则难以被模仿，短时间内也找不到替代品，消费者没有其他的选择，就愿意为追求差异化产生的成本买单。

（4）更好地应对讨价还价。当面对消费者讨价还价时，企业通过差异化战略确保了产品和服务的独特性，减少消费者的选择，意味着消费者如果不以原价进行交易就只能退而求其次，选择其他不具有该特质的产品。而往往产品的独特性即为该产品最大的卖点，在难以寻找替代品的情况下，由于消费者无其他选择，企业可以运用这一战略削弱消费者讨价还价的能力，以此降低消费者对价格的敏感度。

2. 差异化战略的劣势

差异化战略的劣势主要体现在以下四个方面。

（1）成本高昂。企业在实施差异化战略时，需要付出一定的成本追求产品或服务的差异，如完善产品性能、进行产品设计、改良服务制度、培养高水平人才等，这些为了实现差异化而采取的策略必然要付出时间成本和资金成本。有可能还没有成功，实施差异化战略就因付出过多成本而无法继续支持生产经营活动。

（2）无法提高市场份额。在大多数情况下，推行差异化战略无法与提高市场份额同时进行，并且需要付出较高的成本，因此产品或服务的售价也会高于行业平均水平。而即使企业体现了其产品、服务的独特性，也不能保证消费者愿意为产品较高的售价买单。企业要想取得产品差异，有时需要放弃获得较高市场占有率的目标，因为该战略的排他性与高市场占有率是矛盾的。

（3）流失客户。如果实施差异化战略的企业碰上了实施成本领先战略的企业，就可能出现客户流失的现象。在行业竞争中，采用成本领先战略的企业会将自己产品的价格压低，而实施差异化战略的产品售价通常会比行业平均价格高，在这种情况下，部分消费者为了节省支出会选择价格低廉的产品。

（4）优势体现时间较短。当企业通过差异化战略体现的独特性引起行业内争相模仿时，在消费者眼中行业内产品的差异就缩小了，如果产品已经脱离上升期进入成熟期，拥有技术的生产方就失去了唯一性，模仿会越来越逼真。1975年，美国的胶卷公司柯达生产出第一台数码相机，但是由于担心数码相机的出现会影响胶卷售卖，柯达没有把握住该产品的独特性进行深入研发，结果其他公司对其生产的数码相机进行了模仿。当数码相机的生产制造进入成熟期时，柯达的胶卷业务受到了重创，再想对数码相机投入生产也无法体现其差异了。

任务四　挑战者战略

挑战者战略是一种风险和收益成正比的竞争战略。如果能成功实施挑战者战略，那么对于企业来说将是一次翻身的极好机会，但随之而来的风险也不容小觑。

知识点一　挑战者战略的基本内容

1. 挑战者战略的概念

这里的"挑战者"即市场挑战者，是指在行业中占据第二位及以后的地位，有能力对市场竞争者和其他竞争者采取攻击行动，希望夺取市场领导者地位的公司。作为非行业领先者的其他企业，如果选择挑战者战略，则意味着需要确定挑战目标和挑战策略，对行业领先者进行挑战。

2. 制定挑战者战略的步骤

制定挑战者战略需经过以下三个步骤。

（1）确定进攻目标。身为挑战者应事先对进攻行动做完备的计划，每次对行业领先者发起进攻时都要明确自己的行为目的，如企业需要付出的代价，预期能获得的市场份额等。

（2）确定挑战对象，即本企业需要确定要向哪个竞争对手发起挑战，从何处获取市场份额。

（3）确定挑战策略，即根据确定的目标和对象，结合实际情况分析自身以及对方的优势和劣势，总结出挑战策略。

知识点二 挑战对象与策略

实施挑战者战略不能盲目，必须全方位考虑，进行周密的计划。这就要求企业注意对挑战对象和进攻策略的选择。

1. 挑战对象

通常，在实施挑战者战略时，企业面对的挑战对象有行业领先者、势均力敌者、实力较弱者。

（1）行业领先者。普遍认为，选择挑战行业领先者是风险较大的选择，因为行业领先者的市场份额和利润率是一块巨大的蛋糕，一旦成功就能得到较多的市场份额，挑战者的地位也将大幅提升。挑战者战略是既具有风险又具有很大吸引力的选择，因此行业挑战者在选择这一挑战对象时通常需要进行全方位的考虑和策划。例如，20世纪，百事可乐公司选择对作为行业领先者的可口可乐公司发起进攻，从产品命名乃至品牌打造等都直指可口可乐公司，最终将销售差距由2.5∶1缩小到1.15∶1，甚至百事可乐的销售量一度超过了可口可乐，即使现在可口可乐夺回了领先者之位，百事可乐还是在行业内保持与可口可乐分庭抗礼的地位。

（2）势均力敌者。势均力敌者即与企业实力相当、规模和地位相差无几的企业。如果选择势均力敌者作为进攻对象，则可以选择该企业在经营上出现一些问题时进攻，如存在财务问题、人才正在流失等。此时，把握时机将他们的客户吸引到本企业，获取市场份额。相对于进攻行业领先者来说，这种选择风险较小，如果成功进攻多次，甚至可能改变企业的行业地位。这种选择有一定的风险，因此需要找到对方的弱点伺机行动。

（3）实力较弱者。实力较弱者即相对来说规模较小、实力较弱、行业地位不高、占据市场份额较少的中小企业。这类企业比其他大规模企业更容易出现经营不善的问题，在其遇到困难时，可以选择收购这些中小企业，将其市场份额纳入本企业，达到壮大自身实力的目的，是胜算最大的一种选择。例如，"美汁源"商标在被收购之前便已经有了一定的知名度，可口可乐公司收购美汁源公司后将"美汁源"这个软饮料品牌收入囊中，为自身增加了果汁产品线，也省去了打造品牌这一环节。

2. 进攻策略

通常，施行挑战者战略可根据企业实际情况选择直面策略、侧面策略、围攻策略、游击策略及迂回策略。

（1）直面策略。顾名思义，直面策略就是直面对手，挑战者集中力量进攻对方最有实力的方面，而非最容易溃败的环节。直面对手的策略需要自身实力强劲、比对方更具有优势，但由于面对的是对方最具有实力的方面，所以实施起来较为危险残酷，稍有不慎便会玉石俱焚，即使策略成功也是"伤敌一千，自损八百"的做法。

直面策略较适用于进攻行业内实力较弱者，如果碰上实力较为强劲的对手，在实施该策略的过

程中挑战者自身的实力就会被严重消耗，所以要谨慎处理，通常不推荐实施这种策略。

（2）侧面策略。与直面策略相反，侧面策略是挑战者集中力量和资源进攻对方的最弱项。在发起挑战时，对方企业可能是与本企业实力旗鼓相当或是实力更强劲的行业领先者。这时，挑战者需要找到对方的实力缺口和弱点，将这些缺口或弱点作为突破口进攻。例如，百事可乐公司在对可口可乐公司发起挑战时对准其正统地位，以"老派过时"为弱点攻击可口可乐公司的产品，强调百事可乐公司才是年轻时髦的选择。

实施侧面策略需要辨别进攻对象的薄弱之处，需要有一定的耐心，伺机进攻，并在进攻时干脆利落。如果侧面策略能被成功运用，就会产生四两拨千斤的作用，不会出现行业内为了竞争而浴血搏杀的场面，是较为有效和经济的策略。

（3）围攻策略。与前两种集中火力攻击的策略不同，围攻策略是兼顾对方各个方位，发起多条战线大规模的包抄，使对方企业应接不暇、疲于应对，必须分散精力进行各方位防御。

实施围攻策略需要挑战者拥有比对手明显的资源优势，能够提供质量更好、物美价廉的产品，同时在决定实施该策略后需制定严密的进攻方案，确保策略顺利实施。

（4）游击策略。游击策略即以游击战的形式进行攻击。该策略无法根据某个攻击结果决出最终的胜负，主要是向进攻对象发起小型、断断续续的攻击，以达到削弱对方士气和力量，打乱优势企业阵脚的目的，最终获得一定的市场份额和机会。

中小企业在攻击大企业时，由于实力悬殊而无法实施直面策略、侧面策略和围攻策略，可选择游击策略，发动零星的短期攻击，进攻的重点可以放在对方的任意环节，主要目的是消耗对方的力量，一旦目的达到，就采取其他策略。因此，这是一种在特定时期采取的短期性策略。

（5）迂回策略。迂回策略是最间接的进攻策略，完全避开对方企业的现有阵地而采取迂回进攻的方式。这种策略避开了与对方的碰撞和交战，绕过其目前的市场阵地开辟新领域。因此，迂回策略也可以看作"避免竞争的和平主义"策略。其主要方式有三种。

①挑战者选择企业现有的产品开辟未涉及的新市场，如蒙牛集团初入市场时选择的是行业领先者伊利集团未曾关注的低端市场。

②挑战者选择与竞争者目前市场活动无关的新产品，如自行车行业崛起时期，山地自行车制造公司 Cannondale 公司发明了以铝为原料的自行车框架，对当时的自行车市场而言是一种新材料，并不引人注意。不久后，其结合各种新型材料制作而成的特制自行车由于性能好、轻便等原因，占据了自行车市场份额的 2/3。

③挑战者采用高新技术完善产品性能，取代市场现有的产品，如汽车行业投入高新技术研究生产出节能减排、花费较少的电动汽车，取代传统燃油汽车。

知识点三　挑战者的品牌策略

对于行业内较为落后的企业来说，更多的是借助产品可观的销量带动品牌。对于行业领先者来说，很多时候是借助品牌带动产品的销量。但对夹在中间市场的挑战者企业来说，品牌和销量之间的关系并没有那么清晰。对挑战者而言，平衡产品销量和品牌之间的关系需要突出品牌打造的效果。具体来说，挑战者可选择以下五种品牌策略。

1. 树立银弹品牌

银弹品牌是指在行业内有名声、有威望的品牌，通常能改变原生品牌的形象。银弹品牌需要体现企业最大的优势，树立自己在行业市场中的威望，这种威望包括了优秀的外形设计、良好的产品质量、产品的创新等。例如，元气森林通过无糖气泡水在饮料界树立了无糖饮料的威望，索尼的 Walkman 品牌支持了索尼在小型化创新品牌中的核心识别，大众新甲壳虫汽车是大众在美国重新兴起的象征。这些都很好地体现了品牌打造的效果。

2. 确保品牌驱动性

具有驱动性的品牌能够令消费者做出购买决定。促使目标客户做出购买决定的影响因素包括价格、外观设计、时下流行元素等。因此，在今天这样一种竞争日益激烈的市场环境中，要创建一个成功的品牌，就必须调动整个组织方方面面的力量。换言之，是否具有品牌驱动性的组织文化对于品牌的打造至关重要。事实上，像星巴克、百事可乐、麦当劳、可口可乐这样的企业，都是品牌驱动性组织的典范。我们在超市里看见的特卖商品也属于这一类，影响因素是较为优惠的价格。驱动性品牌能为原生品牌集中人气，对于挑战者来说，确保品牌的驱动性能够赢得人气。

3. 全方面审查品牌

审查品牌可以从品牌的各个方面切入，如品牌的推广环境、目标、战略方法等，这么做的目的主要是找出品牌打造过程中存在的问题，避免问题的发生，伺机而动。通过对品牌的审查可以清晰地了解投入品牌打造的成本以及相应产生的回报，这些投入与回报是否成正比，是否给公司带来了积极的影响，再与竞争者的数据做对比查看是否真正突出了品牌打造的效果。

4. 许可品牌使用权

商标使用许可，是指商标注册人通过法定程序（通常是以订立使用许可合同的方式）允许他人使用其注册商标的行为，其类型有普通许可、排他许可、独占许可。商标使用许可也是品牌的使用权通过授权的方式交与其他企业使用，在这个过程中被授权企业需要向授权企业支付一定的费用。这种方式对于品牌授权方来说风险非常小；对挑战者来说既可以收取一定的授权费用，又可以提升自身品牌在行业内的声望。

5. 建立企业联盟

建立企业联盟即以企业之间优势互补为目的，两个或两个以上的品牌建立合作。这种形式可以是实物产品相结合，也可以在两种产品的宣传上互为补充。通过联盟，企业之间可以自主地进行互补性资源交换，各自达成目标产品阶段性的目标，最后获得长期的市场竞争优势，并形成一个持续而正式的关系，著名的企业联盟有"CEO商业互惠联盟"。对于市场挑战者来说，这是一种能突出自身品牌的做法，是一种共赢的品牌策略。人们时常能看到的品牌联名就是这样的策略，如在饮品业和糕点业都属于知名品牌的喜茶与好利来联名就达到了品牌共赢的效果。

任务五　市场追随者战略

市场追随者在行业内处于非领先的位置，这类企业大多数是谋生存、求平稳，希望维持当下的市场份额，占领部分市场。

知识点一　市场追随者战略的基本内容

1. 市场追随者战略的定义

市场追随者，是指不热衷于挑战、不会主动扰乱市场秩序的企业，这类企业自知市场占有率低于行业领先者，比起冒险挑战更愿意维持自身的盈利，它们害怕在行业混战中捞不到好处反而造成损失。市场追随者战略又称"追随者战略"，是指不主动挑战而是选择跟随行业领先者脚步的战略，以模仿竞争对手先前的创新产品和经营模式为立足点，力求获取部分市场份额。

2. 市场追随者战略的基本要求

实施市场追随者战略需要满足以下四个基本需求。

（1）不盲目跟随。市场追随者战略是以跟随行业领先者脚步的方式作为自己的竞争战略，但需要注意的是不能盲目跟随，要确定一个追随距离，以免因冒犯行业领先者的领地而招致竞争性报复。

（2）稳定目标市场。采用市场追随者战略的企业追随的是竞争对手的产品和经营模式，故在追随竞争对手的同时也需要掌握稳定自身目标市场的方法，以保持现有的客户不流失，努力吸引新的消费者。

（3）创造特殊优势。市场追随者战略并不意味着一味地追随，在经营过程中还需要努力提升自身企业的优势，设法创造特殊的优势，以给自己的目标客户带来更好的、独有的产品和服务。

（4）提高自身产品质量。在实施追随者战略的同时，作为挑战者的首选目标，企业应尽量降低生产经营过程中的成本，减少不必要的开支，提高产品和服务质量，防止被其他挑战者攻击。

知识点二　市场追随者战略的特征与类型

1. 市场追随者战略的特征

市场追随者战略主要有以下三个特征。

（1）不热衷于强势竞争。采取市场追随者战略的企业能够满足于企业当前所处的行业地位，所以对于挑战和竞争并不热衷，这主要由于采取该竞争战略的企业比起冒险更愿意选择当下的市场份额。

（2）目标较长远。通过不愿意冒险这个特质也能看出，大多数采用市场追随者战略的企业决策时都较为谨慎，企业深知实力不够，贸然向其他企业发起挑战和进攻是十分危险的。这类企业都是做了长久的打算、希望能长远地发展下去，因此与挑战者战略相比，市场追随者战略更加细水长流。

（3）产品同质化。实施市场追随者战略是通过模仿行业领先者先前的创新产品和经营策略获取市场份额的，意味着追随者的创新能力一般，产品和服务与竞争对手相似，与市场的差异化较小。

2. 市场追随者战略的类型

通常市场追随者战略有紧紧跟随型、有距离跟随型、选择性跟随型三种。

（1）紧紧跟随型。这种类型的市场追随者战略突出在各方面尽可能对行业领先者进行模仿和跟随，从某些角度看起来像是一个挑战者，但实际上采用该类型战略的企业不会主动发起攻击，也不会危及行业领先者的地位，所以不会产生正面冲突。

（2）有距离跟随型。与紧紧跟随型相比，有距离跟随型在创新、售价水平等方面都追随着行业领先者，却又展现出与行业领先者有一定的距离。采用该类型战略的企业一般在价格水平和分销上追随领先者的行业市场计划，没有干涉，对其构不成威胁，所以容易被行业领先者接受。

（3）选择性跟随型。这种类型的追随者战略主要突出跟随和创新并行，在某些方面对行业领先者进行模仿，在其他方面又能走自己的路。与其他类型相比，他们更有自己的主见且不盲目，效仿对方值得自己学习的方面，同时体现本企业的创造性，也不会与行业领先者发生正面冲突。例如，知名厨具品牌方太厨具在跟随行业内第一的品牌帅康厨具的同时也保持自身的独创性，避免与帅康厨具展开直接竞争，如今在行业内也建立起了品牌声望。

知识点三　市场追随者的品牌策略

选择市场追随者战略的企业大多在行业中处于靠后地位，没有自己明显的优势，在产品特异性和品牌打造等方面做得也不够。品牌打造在企业经营中是非常重要的一环，市场追随者往往没有经验也没有足够的资源进行品牌的打造和维护，他们采取的策略只能是尽可能以较低的成本打造品牌。

具体来说，实施市场追随者的品牌策略有以下七个方面可供参考。

1. 调动积极性

这里的"积极性"是指企业人员面对品牌打造时的积极性。企业需要将员工的利益与企业品牌文化相结合，这样才能让员工切实体会到企业品牌打造的重要性，调动员工的工作积极性。品牌相当于企业的门面，而且企业的品牌是需要企业所有员工共同维护的，员工只有从思想上重视品牌、认同品牌的价值、维护品牌形象才更有利于完成本品牌的打造。

2. 确定核心价值观

核心价值观起到指导企业经营的作用，是企业活动的方针，宛如黑夜中指明方向的灯塔。品牌的核心价值首先需要体现品牌的性质；其次要明确体现企业自身与竞争对手的区别，让消费者能够一目了然。

3. 合理营销

如今市场营销的重要性已被大众熟知，可以利用互联网和媒体围绕品牌造势，或是蹭一波时事新闻热度借势，抑或是结合明星效应将品牌进行包装营销等。借势的好处是借助公共资源，不必自己花费时间制造事件，弊端是再大的时事都有过去的一天，所以在借势的同时要发掘自身的可能性，根据自身情况形成其他竞争者难以模仿和干涉的独特事件，如把本企业的一项活动设计为有影响的社会活动。例如，最开始的淘系网购平台的"双十一大促"活动，将每年的 11 月 11 日作为购物节，其他平台即使纷纷模仿这一购物节，也难以影响消费者在其平台购买的热度。

4. 实事求是的定位

很多中小企业在进行品牌定位时，自然地认为消费者对于差异化的产品和企业更有印象，因此品牌定位越独特越好，其实这样的看法并不完全对。对于自身实力不足的中小企业来说，更重要的是做到脚踏实地，能够展现自己最大的优势，倘若过于追求差异化则意味着默认品牌定位是长久不变的，但在风起云涌、变化多端的市场形势下，无人能保证品牌定位永远不变。

5. 提供良好的服务

对于任何企业来说，提供良好的服务都是留住客户的制胜法宝，尤其是提供了超越消费者期待的优质服务，更能提高客户对企业的忠诚度，留下对企业的好印象，达到巩固客户的效果。提供良好的服务策略对于自身资源实力和创新能力不强的中小企业更是重要的武器，如西式快餐店设置面对墙壁的高脚桌椅，就是为了避免独自用餐消费者与陌生人面对面用餐时产生尴尬，这种设计就是站在消费者角度的思考，提供的服务自然会让消费者感到满意，甚至印象深刻，以后更愿意选择该企业。

6. 确认品牌规划方向

品牌规划是建立以塑造强势品牌为核心的企业战略。品牌规划将品牌建设提升到企业经营战略的高度，其核心在于建立与众不同的品牌识别，为品牌建设设立目标、方向、原则与指导策略，为日后的具体品牌建设战术与行为制订计划。

品牌规划最重要的是确定正确的发展方向和企业产品的推广模式。正确的品牌规划能利用有限的资源达到最好的效果；反之，有的企业投入大量资金进行品牌打造，广告做得响亮却因为品牌规划不清而在错误的道路上越走越远，徒劳无功。确认品牌规划方向需要做到以下几步。

（1）进行全面科学的品牌调研与诊断，充分研究市场环境、目标消费群与竞争者，为品牌战略决策提供翔实、准确的信息导向。

（2）在品牌调研与诊断的基础上，提炼高度差异化、清晰明确、易感知、有包容性和能触动感染消费者内心世界的品牌核心价值。

（3）规划以核心价值为中心的品牌识别系统，基本识别与扩展识别是核心价值的具体化、生动化，使品牌识别与企业营销传播活动的对接具有可操作性。

（4）以品牌识别统率企业的营销传播活动，使每次营销传播活动都演绎传达出品牌的核心价值、品牌的精神与追求，确保企业的每份营销广告投入都为品牌做加法，都为提升品牌资产做累积。

（5）制定品牌建设的目标，即品牌资产提升的目标体系。

7. 管理品牌

管理一个品牌包括建立、维护乃至经营的全过程，并且需要根据消费者的反应不断进行调整，是一个既复杂又深入的过程。不管前面的品牌规划、品牌定位等方面做得多好，都需要品牌管理这一环节将所有的细节串联起来。良好的品牌管理需要将消费者与品牌接触的每个环节都考虑到，如在电视上看到广告、在商场碰见促销活动、在街上看见专卖店的展柜等节点都会组成消费者对品牌的印象，这些环节都是品牌管理需要考虑的。做好品牌管理减少多余的环节，有效降低品牌打造的成本。

营销技巧

波士顿矩阵

波士顿矩阵又称"市场增长率－相对市场份额矩阵"，用来分析研究产品市场增长率和市场占有率。其把企业产品划分为四种，并采取不同的策略，使企业的资源得到合理有效的分配。

具体来说，波士顿矩阵将产品划分为如下四种。

（1）问题产品：高增长但低市场占有率，发展前景好但市场开拓不足，需谨慎投资。

（2）明星产品：高增长且高市场占有率，发展前景好，竞争力强，需加大投资力度以支持其发展。

（3）金牛产品：低增长但高市场占有率，企业已无须增加投资扩大规模，应降低投资维稳。

（4）瘦狗产品：低增长且低市场占有率，利润率低甚至亏损，应采取撤退战略。

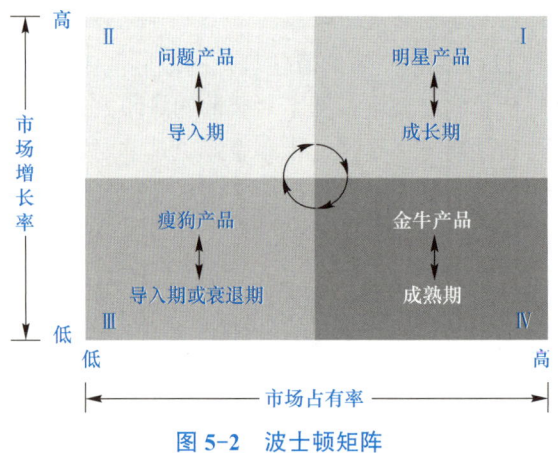

图 5-2　波士顿矩阵

项目小结

本项目从竞争对手分析的重要性以及方法切入，主要介绍了成本领先战略、差异化战略、挑战者战略以及市场追随者战略，让学生了解企业在市场竞争中应该如何趋利避害，如何找到最合适的竞争战略，从而对市场营销有更进一步的了解。

案例讨论

王老吉的"可口可乐"梦想

一个红色的易拉罐和一句"怕上火,喝王老吉"的广告语红遍了大江南北,从 2002 年销售 1.8 亿元到 2005 年销售 30 亿元,这一源自岭南的凉茶饮料实现了质的跨越。包括王老吉在内的广东凉茶在 2006 年销量实现 300% 的增长,突破 400 万吨;而 2005 年可口可乐在中国内地的销量是 317 万吨,这是凉茶市场份额首次超过可口可乐的中国内地市场份额。而王老吉在产品包装、品牌运作、渠道策略上都把可口可乐作为标杆,在终端视觉识别管理方面已经成为很多本土品牌的榜样。王老吉具有独特的销售主张(USP)——"怕上火,喝王老吉"以及致力于成为凉茶饮料品类代表的品牌定位,实践证明这一市场策略是成功的,以健康饮料概念打击非健康碳酸饮料可乐类产品。王老吉目前正在研究开发凉茶原汁的生产,下一步将在国内各地市场分区域开设罐装厂,"可口可乐"梦想离王老吉越来越近。

请思考: 为什么市场营销中存在着产品竞争?

任务实施

【任务目标】

通过市场竞争战略演讲赛进一步理解并掌握市场竞争战略的核心。

【组织及步骤】

1. 内容:要求学生收集某汽车品牌的市场竞争战略案例,如竞争对手分析、竞争战略部署、产品策划、品牌策划等,并改写成讲演稿,有叙有议、有点评,以演讲的形式发言。

2. 组织:把全班分成小组,首先自报选题,收集资料;其次,各小组选出 2 名学生参加全班决赛。

【成果与检测】

要求每名学生完成"市场竞争战略案例讲演稿",小组交流,全班评比。

巩固与思考

一、单选题

1.(　　)是指互为竞争者的品牌之间生产的产品在规格、功能等方面满足客户相同的需求,仅在产品外观、售前售后服务、质量等方面展开竞争。

　　A.行业竞争者　　　　　　B.品牌竞争者　　　　　　C.一般竞争者

2.(　　)是指当前处于同一个行业或领域之内的,与本企业生产的产品大致相同的其他企业。

　　A.现有竞争者　　　　　　B.一般竞争者　　　　　　C.潜在竞争者

3.差异化战略又称(　　)。

　　A.区域化战略　　　　　　B.低成本战略　　　　　　C.特色优势战略

4.挑战者在选择进攻策略时,(　　)是实施起来比较危险残酷的策略。

　　A.迂回策略　　　　　　　B.游击策略　　　　　　　C.直面策略

5.（　　）是不热衷于挑战、不会主动扰乱市场秩序的企业，以模仿竞争对手先前的创新产品和经营模式为立足点，力求获取部分市场份额。

　　A．市场挑战者　　　　　　B．市场追随者　　　　　　C．市场领先者

二、多选题

1．企业缺乏竞争力的主要原因包括（　　）。

　　A．缺乏创新能力　　　　　B．组织结构烦琐　　　　　C．品牌竞争力差

2．竞争战略受到的威胁包括（　　）。

　　A．新加入者威胁　　　　　B．现有竞争者威胁　　　　C．替代品企业威胁

3．成本领先战略的基本思想包括节约思想、保持优势思想和（　　）。

　　A．全程控制思想　　　　　B．降低成本思想　　　　　C．员工参与思想

4．市场挑战者可以选择的挑战对象包括行业领先者、（　　）。

　　A．市场跟随者　　　　　　B．势均力敌者　　　　　　C．实力较弱者

5．市场追随者的类型有紧紧跟随型、（　　）。

　　A．有距离跟随型　　　　　B．选择性跟随型　　　　　C．有条件跟随型

三、填空题

1．实施成本领先战略易受到环境因素影响，专注于降低成本而无法预测市场的变化，或是_____的风险。

2．差异化战略的劣势包括无法提高市场份额、优势体现时间较短、_____、_____。

3．_____是挑战者集中自己的力量和资源进攻对方的最弱项。

4．_____有长远的目标，不热衷于强势竞争。

自学进阶

鳄鱼法则

假定一条鳄鱼咬住你的脚，你试图用手拔出你的脚，鳄鱼便会同时咬住你的脚与手。你越挣扎，被咬住得越多。所以，万一鳄鱼咬住你的脚，你唯一的办法就是牺牲一只脚。

鳄鱼法则的核心理论是止损。如在证券投资中，鳄鱼法则就是当你发现自己的交易背离了市场的方向时，必须立即止损，不得有任何延误，不得存有任何侥幸，否则一次大亏，足以输掉前面99次的利润。所以，严格遵守止损纪律便成为确保投资者在风险市场中生存的唯一法则。止损是证券投资的一项基本功。

鳄鱼法则对人们的工作生活有两个启示。①当你犯了错误的时候，要立即停下来，不可以再找借口、期待、理由或采取其他任何动作，否则将会陷入更大的麻烦和错误，造成更加严重的后果。②要学会放弃。有时，生活中不好的境遇会不期而至，令我们猝不及防，手忙脚乱，甚至造成严重的损失，这时候安然处之，及时主动放弃局部利益而保全整体利益是最明智的选择。智者曰："两弊相衡取其轻，两利相权取其重。"趋利避害，这也是放弃的实质。

项目六 制定产品开发策略

ITEM 6

本项目主要从产品整体概念、产品生命周期、产品组合、新产品开发战略、品牌策略、包装策略等方面进行系统的梳理介绍,让学生更好地了解并掌握如何制定产品开发策略,并将其很好地运用于日后的工作中。

学习目标

- 了解产品整体概念及策略类型。
- 了解产品生命周期的特点及营销策略。
- 掌握产品组合策略的类型及优化方法。
- 了解新产品开发战略的内容和策略类型。
- 掌握品牌策略定位及其类型。
- 了解包装的原则、影响因素及其策略类型。

学习导图

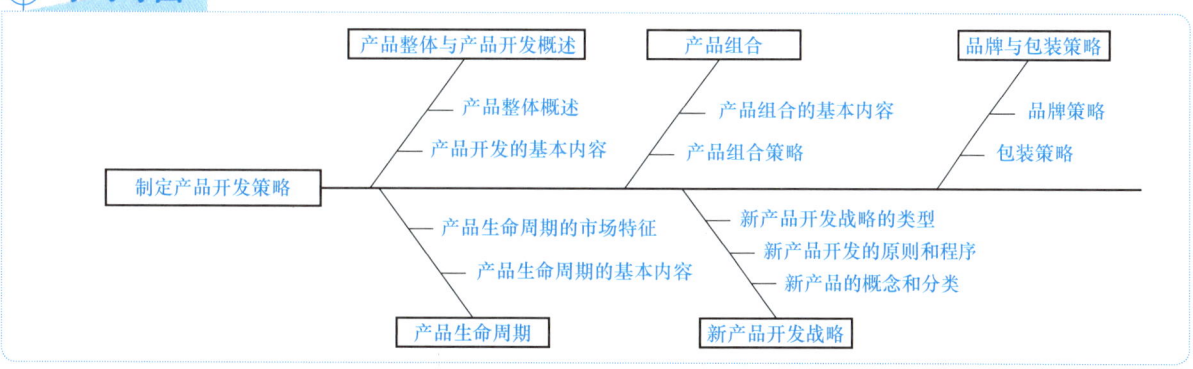

职业内容与岗位要求

职业功能	工作内容	技能要求	相关知识
产品管理	制定产品开发策略	◎能够了解新产品的类型 ◎能够协助企业开发部门开发新产品 ◎能够制订新产品上市计划	◎新产品知识 ◎新产品开发、扩散知识 ◎接受新产品客户的类型
	实施品牌管理	◎能够进行品牌设计 ◎能够制定并实施品牌策略	◎品牌与商标知识 ◎品牌设计的原则与方法 ◎品牌决策的方法

📋 引导案例

一生只能买一次的戒指

Darry Ring 是香港戴瑞珠宝集团旗下求婚钻戒品牌，其规定每位男士凭借身份证一生只能定制一枚戒指，这唯一的戒指用来送给他一生最爱的人，寓意"一生唯一真爱"。实名定制钻戒的模式，让每枚钻戒有了专属的印记，成功赋予了一枚钻戒真正的情感，传递真爱信仰的浪漫理念。其对真爱严谨追求的品牌定位深得广大追寻永恒爱恋情侣的青睐。

2016 年的情人节，全国情侣跃跃欲试要秀恩爱，一部 6 分钟的短片《情人节最虐狗的情侣竟然是我们爸妈》广告视频在各网站推出，感动了全国千万观众，受到各界关注和赞誉。这部短片说的是 Darry Ring(一生只爱一个人) 和滴滴快车［快出发（去说爱）］的情感乘法。短片中，几位大叔大爷，向观众讲述了自己年轻时结婚的事儿，"照相1.8元，结婚证1.8元，就这样结婚了，从没有浪漫过"。于是他们马上决定出发给老伴补个求婚仪式，手捧鲜花、戒指、情书、礼物，突然出现在她们面前真情告白，令她们又惊又喜，感动落泪。值得一提的是，此片虽是老年人的故事，却能自带网络传播属性。这是因为推出的时间节点在情人节，挂靠了热门关键词"虐狗"，视频制作自带的"草根"即视感倍添亲切度和网感。

※ 引例分析

Darry Ring 以"男士一生仅能定制一枚"的理念深入人心，因此选择老年人的爱情为切入点，符合其一贯倡导的"唯一""真爱"。同时，老年人因其感情生活含蓄温和，缺少年轻人轰轰烈烈大胆示爱的动力，而滴滴快车的广告是"一触即达"，可自然而然转化为"出发去说我爱你"。Darry Ring 和滴滴快车的理念巧妙跨界融合为一个主题"爱若唯一，何必久等"，广告短片达到了十分明显的促销效果。

随着全球化、区域经济合作程度的加深，人们生活质量的改善，人们的需要也在不断地与时俱进，对产品的要求也从过去的"能用就行"向现在的实用性、智能化、科技化转变；作为企业，只有着眼于产品的产业链、供应链、品牌，产品的开发，市场精细化等有战略性的整体布局，制定具有针对性、可操作性的产品开发策略，才能在激烈的竞争中占据有利地位，开拓更多的市场，赢得更多消费者的认可，树立家喻户晓的品牌。

任务一　产品整体与产品开发概述

市场营销学认为，广义的产品既包括具有物质形态的产品实体，又包括非物质形态的利益，亦即包括核心产品、形式产品、期望产品、延伸产品、潜在产品五个层次，这就是"产品整体概念"。而随着社会经济的蓬勃发展，市场规模的逐渐扩大，产品的更新换代也在加速，企业需要根据自身情况选择合适的产品开发策略。

知识点一　产品整体概述

1. 产品的基本概念

狭义的产品一般是指看得见、摸得着，具有特定形状的物品，而在市场营销学中，产品的概念被延伸为提供给市场、被人们使用或消费，并且能够满足顾客某种需求的任何事物，包括实物、构思、场所、服务等，如咨询服务、保修服务、音乐会、手机、律师的咨询意见等都可以被称为"产品"，这种广义上的产品概念即现代营销意义上的"产品整体概念"。

2. 产品的分类

"现代营销学之父"菲利普·科特勒（Philip Kotler）等将产品整体概念划分为五个基本层次，分别是核心产品、形式产品、期望产品、延伸产品、潜在产品（见图6-1）。

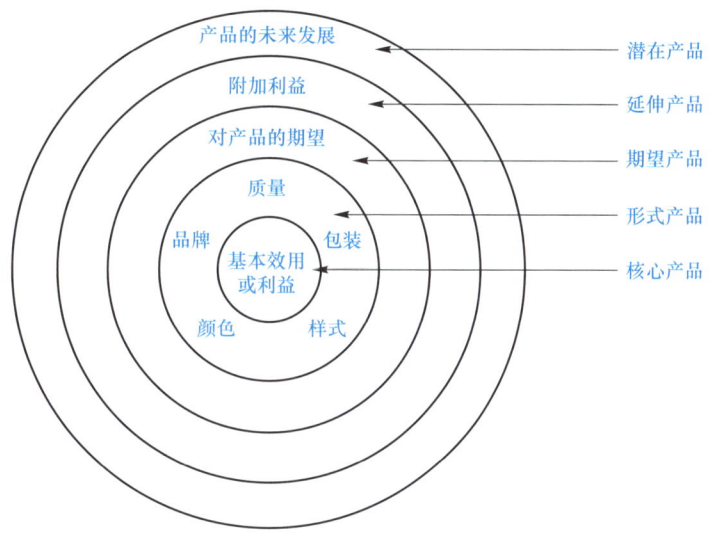

图6-1　产品整体概念的五个基本层次

（1）核心产品。核心产品，是指产品能为顾客提供的基本效用或利益，是构成产品整体概念最本质的核心部分。例如，电视机可以给顾客带来娱乐和信息，旅馆可以让顾客休息和睡觉，旅游服务可以满足顾客观光、愉悦身心的需求等。因此，在营销活动中，销售人员必须明确顾客在购买某种产品时追求的基本效用或核心利益是什么。

（2）形式产品。形式产品，是指核心产品的外在表现形式，具体表现为产品质量、产品包装、产品样式、产品颜色、产品品牌等。在市场上，有大量功能相似或相同的产品，企业要想获得竞争优势，就必须重视形式产品对顾客的吸引力，如电视机可以同屏显示不同的节目，有创意的化妆品外形，电灯发光的颜色，可以事先预约的汽车服务等。

（3）期望产品。期望产品，是指顾客在购买产品之前期望得到的、与产品密切相关的东西。例如，顾客对电视机的期望包括送货上门、安装服务、售后维修等，顾客在入住旅馆之前对客房有安静、舒适、整洁等方面的要求等。如果期望产品不能满足顾客的需求，就会影响顾客对产品的满意值，从而降低顾客重复购买产品的概率。

（4）延伸产品。延伸产品，是指顾客在购买产品时附带获得的各种利益，包括产品说明书、零配件供应、产品保证、技术培训等。许多情况表明，新的竞争并非企业生产的产品，而是附加在产品上各种具有价值的延伸产品，企业如果能正确发展延伸产品，那么必将在市场竞争中赢得主动权。

（5）潜在产品。潜在产品，是指现有产品可能发展成能够满足顾客新需求的未来产品，是一种具有演变趋势和前景的潜在状态产品，如电视机可发展为计算机终端机，手机与计算机功能合一等。潜在产品要求企业不断地寻找能够满足顾客新需求的方法，将潜在产品变成现实产品，使顾客得到意外惊喜。

3. 产品整体概念对企业营销的意义

产品整体概念是以市场经济条件下的产品概念为基础，进行更完整、更系统、更科学的表述，对企业营销具有重大意义，具体体现为以下四个方面。

（1）产品整体概念体现了以顾客基本利益为核心的现代营销观念。核心产品为顾客提供效用或利益，形式产品用来实现效用或利益，期望产品用来满足顾客的期望，延伸产品给顾客提供了售后保障和服务，潜在产品为满足顾客未来的需求而发生变化。

（2）产品整体概念的五个基本层次可以为企业提供改进产品的线索，从而为产品的开发与设计提供新的方向。

（3）产品整体概念的五个基本层次让企业有更多挖掘新市场的机会。

（4）产品整体概念的五个基本层次有助于企业形成自己的特色，从而给企业的产品差异化策略提供新的思路。

知识点二　产品开发的基本内容

1. 产品开发的定义

由于人们的需求经常发生变化，企业只有不断改进产品，增加特色和功能，提高产品质量，改进外包装装潢，才能适应消费者不断变化的需求。例如，电灯的发明、汽车设计的更新换代、饮食方式的创新、洗发水增加去头屑功能、变频空调等。又如，美国次贷同样属于产品开发，是金融产品开发，即使是失败的，也属于产品开发的范畴。产品从构想到客观物质存在的全过程，可以是对原有产品新功能的开发，也可以是一款产品全新的创造，还可以是产品的构思、设计、工艺制作一直到投入市场的全过程。

从宏观上讲，新产品包括对老产品技术、功能的优化，也包括在老产品的基础上研发新产品。也就是说，产品开发是企业提供多样化消费需求，提升产品个性化的创新过程，是企业发展的战略核心之一。其要求企业对市场的需求、技术的更新换代有很高的把握度，同时对企业有限的人力、物力、财力等资源的有效整合也提出了更高的要求，企业要想在市场竞争中占据有利地位，关键在于准确地认识市场环境的变化，适时地整合资源，准确地把握新产品的开发动向。

从微观上讲，产品开发就是对产品的功能、设计、技术、工艺乃至生产、销售渠道、营销方案等各个环节的整合，要求产品开发的呈现具有创新性、智能性、系列性、复合性等发展趋势的特点。

2. 产品开发策略的类型

产生一种新的想法就是产品开发过程的开始，而从生产销售的角度来看，哪怕只是产品的功能或者形态与原产品有差异，甚至是进入一个新的市场都可以视为新产品。而要保持产品的"新"就要开发新产品维持市场热度，同时利用新产品抢占细分市场。只有创造性地使用各种新产品的开发策略，才能真正使企业实现软着陆，实现企业的可持续发展。产品开发策略一般分为精准定位开发策略、整合包装开发策略、差异化开发策略、系列产品开发策略四种类型（见图6-2）。

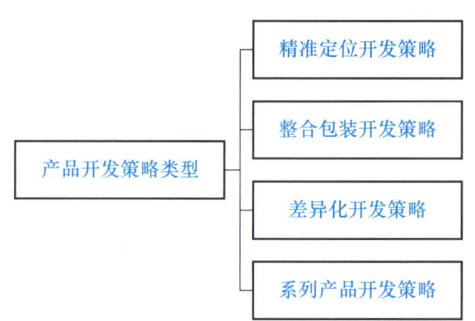

图 6-2 产品开发策略类型

（1）精准定位开发策略。精准定位开发策略，是指通过深度的市场调查以后的定位策略，调查的内容即本企业的产品针对的是哪一层次的消费者，这个层次的消费者购买力是怎样的，有什么偏好，有什么样的购物习惯，需要购买具有什么功能属性的产品等，本企业的产品需要向这个层面的消费者传递购买理由或者营造一种迫切需要的氛围。例如，早期小米手机的"饥饿营销"策略就是经典的案例。一代的小米手机在当时智能手机价格高、普及率低的背景下，以超高的性价比、限量销售的方式营造抢购热潮，迅速打开智能手机的市场，完成了原始资本的积累。

在运用精准定位开发策略时，要注意消费者购物具有"阶级性"，他们对产品的价值、标准容易和自己生活中习惯使用的产品产生较强的关联性。例如，环保主义者除了关注产品功能性外，其使用煤油或者液化气也和他们的生活习惯有很强的关联性。除了生活必需的需求外，消费者还会要求使用的产品能体现其生活质量和理想。例如，汽车从最开始的运输功能便利性到专业设计，就是为了满足消费者的尊严和虚荣心等精神层次的需求。

因此，精准定位开发策略有利于经营者有效分析市场信息，避免在制定开发策略时出现错误。其还可以给经营者提供有效建议，令经营者制定出优质的、符合市场趋势走向的产品营销策略。

（2）整合包装开发策略。整合包装开发策略具有很强的关联性，具体体现在产品的命名、包装设计、商标申报、卖点提炼、营销推广等各个环节，特别是产品的名称必须通俗易懂、简单易记，同时紧扣产品的特性，如凉茶王老吉的广告语"怕上火，就喝王老吉"。

产品的外包装既要和市场上的产品包装有一定的差异性，又要凸显产品优势，如功效型化妆品的包装可以采用亮丽色彩搭配柔软的线条凸显产品的档次。当然，企业也可以反其道而行之，只运用简单的色彩，如白＋蓝的搭配方式勾勒出女人的曲线美，用简单的差异达到令人眼前一亮的效果。

（3）差异化开发策略。差异化开发策略又称"创新性策略"。市场竞争使众多产品同质化，生产经营者想要在市场中脱颖而出就必须有所创新，有自己的特色，能够满足消费者的个性需求。只有差异化的产品才能获得更多的关注形成独特的辨识度，有效区别于其他产品。如饮料，娃哈哈集团开发了"营养快线"，提出"补充更多营养"的独特口号。

产品要体现出差异化、个性化，同时产品的服务要体现出差异化，因为服务差异化能进一步阻断同行和消费者的直接联系，也可以让消费者享受到其他产品生产商无法提供的服务，从而增强消费者对本企业产品的黏性。

（4）系列产品开发策略。通俗地讲，系列产品开发策略就是紧扣产品进行上下左右延伸，开发出一系列虽类似，但在功能、包装、档次、规格等方面各不相同的产品。采用该策略开发新产品需要对生产经营者的技术提升、资源整合、产品设计、市场动向有更高的要求并且尽可能地开发出能满足大众的产品。例如，小米科技围绕客户的需求开发小米家电系列产品，适合城市与农村，涵盖高、中、低三档消费水平，既适合高层级消费者又迎合普通大众的需求。

任务二　产品生命周期

产品生命周期也称"商品生命周期",是产品或商品在市场运动中的经济寿命,主要是由消费者的消费方式、消费水平、消费结构和消费心理的变化决定。在市场营销活动中,企业必须根据产品生命周期的变化规律,灵活调整营销方案,在重视新产品开发的同时也要及时替换衰退的老产品。

知识点一　产品生命周期的基本内容

1. 产品生命周期的定义

产品生命周期是指产品从进入市场开始一直到被市场淘汰的全过程。产品被投放到市场后,销售量和产生的利润必然会随着时间的推移发生变化,这种变化表现为由少变多再由多变少,如同人的生命一样,从诞生(少)、成长到成熟(多),最后走向衰亡(少),这就是产品生命周期现象。也就是说,产品生命周期是在市场流通过程中,由消费者的需求变化以及影响市场的其他因素造成的商品由盛转衰的周期。

2. 产品生命周期的不同阶段及其特点

产品生命周期分为四个阶段,即产品导入(进入)期、产品成长期、产品成熟(饱和)期和产品衰退(衰落)期(见图6-3)。

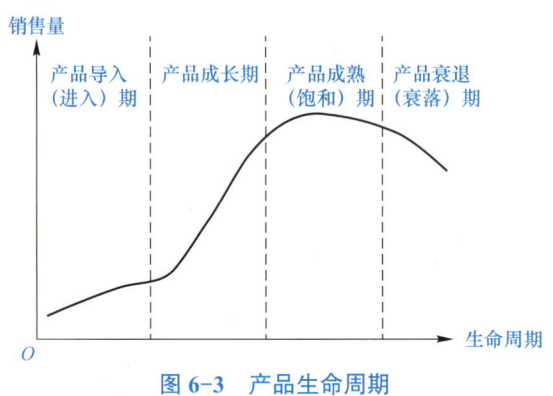

图6-3　产品生命周期

(1)产品导入(进入)期。产品导入期是指产品投入市场的初期阶段。在该阶段,产品的种类少、知名度低、没有市场辨识度,除了一些追求新鲜事物的顾客外,几乎没有其他购买人群。由于产品技术方面的限制以及受到生产经营者控制投资成本的影响,企业在该阶段基本没有利润,甚至处于亏损状态。

产品导入(进入)期的总体特征为产品生产量小、制造成本高、推广费用高、价格偏高、销售量低。

(2)产品成长期。产品成长期是指产品销售量和利润额迅速增长的阶段。在该阶段,产品逐渐被顾客接受,市场知名度不断提升,顾客需求和产品销量呈现上升的趋势,市场份额占有量持续增加。与此同时,行业竞争者认为该类型的产品有利润,纷纷进入市场参与竞争。

产品成长期的总体特征为产品的产量增加、制造成本和价格下降,销量上升。由于竞争者增多,生产经营者的利润逐渐减少,产品的利润逐渐达到顶点。

（3）产品成熟（饱和）期。产品成熟（饱和）期是指产品销售量达到最高点、利润额达到最大值的阶段。在该阶段，大量产品进入市场，在生产经营者的推广下，产品具有较强的市场辨识度，被越来越多的顾客接受，目标人群被进一步扩大，市场需求趋于饱和。

产品成熟（饱和）期的总体特征为产品生产趋向标准化、销量指数由上升转为下降，加之市场竞争加剧，导致产品的质量下滑、规格统一、包装及服务如出一辙，投入成本增加，利润进一步减少。

（4）产品衰退（衰落）期。产品衰退（衰落）期是指产品逐渐被市场淘汰的阶段。在该阶段，随着市场环境的改变、技术工艺的改进以及顾客习惯的改变，产品在市场上已经老化，不再适应市场的需求，于是产品的销售量和利润额均持续下降，此时生产经营者认为没有利润而陆续退出市场，直至完全退出。

产品衰退（衰落）期的总体特征为产品的体量减小，为企业创造的利润减少，市场供应量过剩。

知识点二 产品生命周期的市场特征

1. 产品生命周期的营销策略

产品生命周期的四个阶段呈现出不同的市场特征，是企业制定营销策略的依据。

（1）产品导入（进入）期的营销策略。新产品刚投入市场的时候，销售量的增长极为缓慢，大多数企业往往无利可图，甚至会出现亏损现象。因此，在产品导入期阶段，企业应该迅速提高销售量，扩大盈利，尽量缩短导入期，加快进入成长期，在精准把握产品定位的基础上制定适当的价格。关于制定导入（进入）期的产品价格，企业可以采取高价高促销策略、高价低促销策略、低价高促销策略、低价低促销策略（见图6-4）。

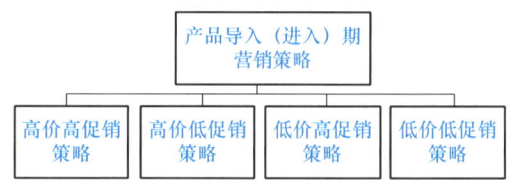

图6-4 产品导入期营销策略

①高价高促销策略。高价高促销策略是指在顾客和竞争对手正确估计出产品成本之前，企业以高价格、高促销费用向顾客大力推销产品。高价格可以让企业尽快回笼资金并且获得更多的盈利，而采用高促销的方式，可以达到广泛宣传新产品的效果，让更多顾客知晓新产品进而打开产品的销路。采用该策略的前提是绝大多数顾客不了解该产品，但该产品新颖独特，所以有少数顾客群体愿意以高价购买该产品。

②高价低促销策略。高价低促销策略是指企业以高价格、低促销费用将产品推向市场，以达到尽可能多地获得利润的目的。产品定价高可以让企业获得较多的收入，促销费用低可以减少企业的成本。采用该策略的前提是新产品的出现有效地填补了市场空白，市场规模有限且没有竞争对手，顾客愿意支付高价获得该产品。

③低价高促销策略。低价高促销策略是指企业以低价格、高促销费用将产品投入市场销售，以达到获得较多市场份额和长期利润的目的。产品定价低可以获得尽可能多的顾客认可，而采用高促销的手段可以将产品的信息迅速传递给顾客，激发他们的购买欲。采用该策略的前提是市场规模大，顾客处于不知晓产品的状态，竞争对手容易掌握生产产品的技术，所以在短时间内会出现较为激烈的市场竞争。

④低价低促销策略。低价低促销策略是指企业以低价格、低促销费用将产品推向市场销售。产品定价低可以让企业扩大市场占有率，而采用低价促销的手段是为了减少企业的成本、获得较高利

润。采用该策略的前提是产品的市场容量大，顾客对产品价格敏感，该产品在市场上具有较高的知名度，市场上存在潜在竞争对手。

（2）产品成长期的营销策略。在该阶段，产品的需求量增加，产品的销售量迅速增长，市场占有率扩大的同时，竞争对手也逐渐增多，市场竞争日趋激烈。在这种情况下，企业应该尽量延长产品的成长期，尽可能保持销售量的增长速度。针对成长期的产品，企业可以采用产品调整策略、细分市场策略、改变推广策略、适时调价策略四种营销策略（见图6-5）。

图6-5　产品成长期营销策略

①产品调整策略。产品调整策略即提升产品的质量，如增加产品功能、改变产品款式、更换新包装、改变产品规格等，通过提升产品品质提升产品的竞争力，尽可能满足顾客的需求，以扩大消费人群规模。

②细分市场策略。细分市场策略即寻找新的细分市场，主要表现为积极开辟新市场，创造新用户，以扩大销售渠道，如从一线城市转向三线、四线城市，从传统的线下销售转变为互联网平台销售模式。

③改变推广策略。如在广告宣传上从侧重产品的卖点转变为品牌形象的确立，从传统的发传单转变为新媒体视频直播的推广方式。

④适时调价策略。适时调价策略即充分理解前期定价空间的利润优势，适当降低价格，减少部分利润以提升产品的竞争力，赢取抢占市场份额的时间。

（3）产品成熟（饱和）期的营销策略。产品进入成熟（饱和）期后，市场竞争加剧，生产过剩，销售量增长缓慢，甚至会出现徘徊不前的状态。在这一时期，企业的营销指导思想应该是延长产品的生命周期，使基本处于停滞状态的销售增长率以及开始下降的利润率回升。产品成熟（饱和）期的营销策略主要包括市场修正策略、产品提升策略、营销组合策略三种（见图6-6）。

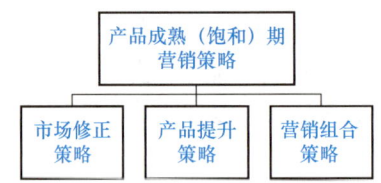

图6-6　产品成熟（饱和）期营销策略

①市场修正策略。市场修正策略的目的是通过改变产品的销售方式，在维持与老客户关系的同时增加消费者的使用量，以此吸引顾客，提高产品的销售量。

②产品提升策略。产品提升策略即改善产品的质量，通过技术、工艺、材料等方面的改进，增加产品的实用性、功能性、安全性、便利性，扩大产品的受众人群，满足更多的消费需求，最大限度地扩展细分市场的消费人群。

③营销组合策略。营销组合策略即利用产品的搭配、促销、定价、渠道等方面的不同组合方式刺激消费，增加销售额。例如，通过降价提升产品的竞争力，利用多种渠道改进服务方式，以此抢占市场份额，通过多种促销方式增加产品销售量，利用产品搭配扩大消费人群等。

（4）产品衰退（衰落）期的营销策略。衰退（衰落）期的产品代价高、风险大，不仅会损失大量的利润，而且会消耗许多隐含成本，如分散销售部门的精力，需要企业不断调整产品的定价和库存，耽误研发替代产品的进度造成产品组合失衡，更有甚者，顾客还会认为企业没有实力，最终导致企业利润大幅降低。产品衰退（衰落）期的营销策略主要有集中式策略、收缩式策略、撤退式策略三种（见图 6-7）。

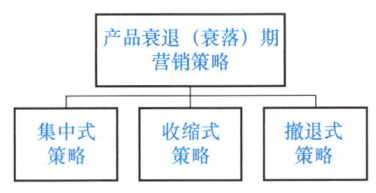

图 6-7　衰退期营销策略

①集中式策略。集中式策略即进攻型策略，就是收缩产品的营销战线，集中企业的人力、物力、财力等各项资源重新整合，集中火力主攻占比最高的细分市场，以赢得足够的优势增加销量、提升销售额，最大限度地获得产品的剩余价值。

②收缩式策略。收缩式策略是相对保守的策略，即维持产品一定的生产能力，放弃购买力低或成交无希望的顾客，大幅降低促销费用并将促销对象重点转向产品的忠实消费者，通过捆绑销售提升利润空间。

③撤退式策略。撤退式策略即放弃策略，是生产经营者对产品的市场前景进行准确的判断后，做出撤出该产品所在目标市场的决定，但是做出决定前要对自身掌握的资源进行合理的划分及利用。例如，哪些资源是可以保留并通过重新整合再次被利用的，哪些产品设备是需要转让的，哪些货物是可以保留的，哪些服务类型是可以保留的，等等。

2. 星巴克的产品生命周期管理分析

产品生命周期从多个不同的角度出发，综合描述了产品在各个阶段的特点，我们以星巴克为例，深入分析生产管理者如何根据产品的生命周期管理产品。

①导入（进入）期：第一家星巴克正式开业，此时顾客还不了解星巴克，不明白它的售价为什么这么高，所以当时星巴克的销售量很少。在这种情况下，星巴克开始做广告，在电视和报纸上不断推广自己的产品以提升产品知名度。

②成长期：随着产品知名度的提升、品牌层级的树立，星巴克的销售量直线上升。在该阶段，市场分销压力增加，于是星巴克顺应市场变化适当降低售价，制定任务，要求员工保持一贯的产品品质和服务质量，以此保证产品的市场竞争力。

③成熟（饱和）期：在该阶段，星巴克取得了很大的成功，市场占有率进一步扩大。但是，由于竞争者不断涌入，产品销量有所下滑，于是星巴克通过提供法布奇诺饮料给不喜欢喝咖啡的人群，以此扩展消费人群，使企业的利润得到了保证。

④衰退（衰落）期：星巴克基本定型，市场份额占比减少。此时的星巴克选择了两种策略，一方面在每家分店提供 Wi-Fi，另一方面为喜欢喝轻咖啡的顾客提供烤肉，鼓励顾客进店享受他们提供的服务和咖啡。星巴克的策略保证了市场占有率，进而获得了利润。

任务三　产品组合

产品好比人一样，都有其由成长到衰退的过程。因此，企业不能仅仅经营一种产品，当然也不是说经营的产品越多越好。企业生产和经营哪些产品才是有利的？这些产品之间应该有什么样的配合关系？这就是产品组合问题。不同的产品组合，有对应的策略，企业需要根据实际情况确定。

知识点一　产品组合的基本内容

1. 产品组合的概念

一般情况下，企业会经营多种产品，为了保证产品在市场上具有竞争力，企业需要时刻关注目标市场的营销状况，及时调整企业所有产品的组合方式，以适应生产、营销和竞争的需求。产品组合也称产品的"各色品种集合"（product assortment），是指一个企业在一定时期生产经营的各种不同产品、产品项目的组合，由产品线和产品项目组成，是一种企业经营范围内全部产品的构成方式。

2. 产品组合的组成

产品组合由产品线和产品项目组成，其中，产品线是指一组具有密切关系的、性质类似的系列产品，也称产品大类。这些产品或是具有相同的生产技术、相似的产品功能，或是能满足顾客的相同需求，价格在一定幅度变动，又或是经由同种类型的渠道销售给同类顾客群。产品项目是指同一产品线下各种类型的产品，可以通过品牌、档次、型号、规格、款式、质量、价格等进行区分。例如，雅芳的产品组合主要包括四条产品线，即时装、日用品、化妆品和珠宝首饰，每条产品线下都包含许多单独的产品项目。以化妆品为例，雅芳的化妆品可以细分为粉饼、口红、眼线笔等。

3. 产品组合的要素

研究产品组合的要素有助于企业更加有效地管理产品，制定新产品的开发决策。企业可以从广度、深度以及关联性三个要素着手分析产品组合。

（1）广度。产品组合的广度也称"产品组合的宽度"，是指企业拥有的产品线的数量，产品线越多意味着产品组合的广度越宽，产品线越少说明产品组合的广度越窄。例如，彩虹集团就只有显像管一条产品线，其产品组合的广度就很窄；而宝洁公司不仅生产销售护发品，还生产销售食品、保健品等，其产品组合的广度就比较宽。

（2）深度。产品组合的深度是指某一产品线下包含的产品项目的数量。产品项目的数量越多，产品组合的深度就越深；反之，就越浅。例如，好来牙膏有4种规格和5种配方，其产品组合的深度就是20。

（3）关联性。产品组合的关联性是指各条产品线在最终用途、资源供应、资源利用、分销渠道、生产条件等方面相互关联的程度。例如，某家电器企业拥有电冰箱、电视机、空调等多条产品线，每条产品线都与电有关，因此其产品组合的关联性较强。产品组合的关联性越强，越有利于企业经营管理。

知识点二　产品组合策略

1. 产品组合策略的类型

产品组合策略是企业为面向市场，对生产经营的多种产品进行最佳组合的策略。在调整产品组合时，企业可以针对具体情况选择以下三种产品组合策略（见图6-8）。

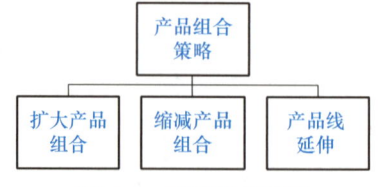

图6-8　产品组合策略

（1）扩大产品组合。扩大产品组合即拓宽产品组合的广度和增加产品组合的深度，具体表现为在企业原先的经营范围内增加新的产品线，并在各条产品线内增加新的产品项目，从产品线和产品项目两个维度拓展，由此扩大企业的经营范围。

拓展方式有两种：一是关联拓展，即增添与原产品线有关的产品，如香皂企业可以在香皂产品线的基础上增加沐浴露、洗发水、护发素等产品；二是无关联拓展，即增添与原产品线无关的产品，如香皂企业增加电子产品。

（2）缩减产品组合。缩减产品组合即缩短产品组合的广度和降低产品组合的深度，具体表现为在企业原先的经营范围内，剔除那些盈利极其微小，甚至出现亏损状态的产品线和产品项目，缩小企业经营范围，以便集中资源生产经营获利较多、发展前景较好的产品线和产品项目。

在以下几种情况下，企业可以考虑采取该策略：一是产品已进入衰退期，长期处于亏损状态；二是企业无力兼顾新旧产品线；三是市场环境出现疲软不景气；四是能源、原材料供应紧张。

（3）产品线延伸。每家企业的产品都具有特定的市场定位，而产品线延伸就是一种通过调整产品的档次改变产品原先市场定位的手段，具体有以下三种实现方式。

①向上延伸。向上延伸即在原产品线内增加高档次的产品项目。企业采取向上延伸策略可以获取高额利润，提高企业形象，使产品线得到完善，以便满足不同层次顾客的需求。当高档产品的销售量具有较大增长空间，且企业具备经营和销售高档产品的能力时，企业可以考虑采取该策略。

②向下延伸。向下延伸即在高档次的产品线中增加低档次的产品项目。企业采取向下延伸策略的原因可能有以下几种：一是产品的高档形象已经树立，有利于企业拓展新产品；二是企业发现高档产品的销售量增长缓慢；三是企业受到竞争对手的打压，必须通过进入低档产品市场的方式反击对手。总而言之，企业这样做不仅可以让产品趋于大众化，还可以利用高档产品的品牌效应，吸引购买力相对较低的顾客，从而达到扩大市场份额的目的。

③双向延伸。双向延伸即原先生产中档产品的企业，在具有市场优势后，在原产品线内同时增加高档次和低档次的产品项目。采取双向延伸策略可以扩大企业市场范围，提高企业的市场地位，增强企业的竞争能力。但采用该策略的前提是企业原中档产品市场已经占据优势地位，并且有足够的资源条件。

2. 产品组合优化策略

产品组合策略只能改变产品组合的基本结构。随着市场竞争以及顾客需求的变化，产品组合内的产品项目所处的市场地位必然会发生分化，这就要求企业必须经常分析每个产品项目的销售情况，采取适当的手段优化产品组合。

产品组合优化策略是指分析、评估以及调整现有的产品组合，通常包括两个重要步骤。

（1）分析产品线销售额和利润。这一步即分析、评估现有产品线中不同产品项目的销售额和利润。若销售额和利润高度集中在某一产品线中的少数产品项目上，则说明该企业的产品线比较脆弱，需要企业悉心保护，并努力生产经营具有发展前景的产品项目，若无发展前景则要适时剔除。

（2）分析产品项目市场地位。这一步即将产品线中的每个产品项目与竞争对手的同类产品进行对比分析，系统全面地衡量每个产品项目的市场地位。

任务四　新产品开发战略

新产品开发战略是建立在市场观念和社会观念的基础上，企业向现有市场提供新产品，以满足

顾客需要，增加销售的一种战略。由于新产品开发是一项极其复杂的工作，并不是所有的开发都能成功，因此经常要遵循一定的原则、程序，选择合适的新产品开发策略。

知识点一　新产品的概念和分类

1．新产品的概念

新产品是一个广义的概念，具体包括新发明产品、改进产品和新品牌。除因科学技术在某一领域的重大发现外，在生产销售方面，只要产品在功能或形态上发生改变，任意部分发生变化或者有所创新，与原来的产品产生差异，并且给顾客带来了新的利益或新的感受，就都可视为新产品，如新发明产品、新品牌产品、对原产品外观加以改进的产品、对原产品性能加以改进的产品以及从原市场进入新市场的产品等。

2．新产品的分类

根据产品的变革程度以及新颖程度划分，新产品大致可分为以下四种类型。

（1）全新产品。全新产品是指在基本原理、产品结构、产品性能、生产材料等方面具有重大突破和创新，以崭新的姿态出现，对社会发展以及人们的生活、生产方式产生深远影响的，具有适用性、独创性、先进性的新发明产品。例如，第一台计算机、第一部电话、第一架飞机等。

开发全新产品耗费的大量时间、财力与物力，是绝大多数企业难以承受的，并且成功率低，但是企业一旦开发成功，就相当于开发了一个全新的市场，有利于企业拥有垄断优势，在较长时间居于行业领先地位。

（2）换代新产品。换代新产品是指在基本原理不变的情况下，采用新材料、新工艺、新技术对原产品进行重大革新，使产品的性能得到显著提高的新产品。例如，电视机从黑白电视机发展成彩色电视机，牙刷从手动牙刷发展成电动牙刷，洗衣机从单缸洗衣机发展成全自动洗衣机等。

开发换代新产品的难度比全新产品低，成功率比较高，且市场普及速度比较快。

（3）改进新产品。改进新产品是指对原产品的质量、结构、材料、款式等方面做出一定改进形成的新产品。与换代新产品不同，它不是由于科技进步所致，而是从原产品中派生出来的，因此在性能方面没有显著提高。例如，把铅笔改进为自动铅笔，把食品改进为保健食品，把牙膏改进为药物牙膏等。

改进新产品的难度较低，容易被竞争对手效仿，并且进入市场后容易被顾客接受，因此企业之间的竞争较为激烈。

（4）仿制新产品。仿制新产品是指通过引进、模仿国内或国际市场已经出现的产品形成的新产品。例如，米兰时装周发布会上出现的最新款式时装，不到一周就可以在北京或者东京买到大致一样的。此类产品对于范围较大的市场而言已经不是新产品，但是对于企业来说，仿制新产品是利用新设备、新工艺生产的与原产品不同的产品，因此可以视为企业的新产品。

仿制新产品见效快，具有较强的灵活性，如果企业在短时间内不能开发出创新度较高的产品，但是具备快速接收市场信息的能力，就可以考虑生产仿制新产品，以降低开发成本、缩短开发时间以及减少促销费用。

知识点二　新产品开发的原则和程序

1．新产品开发的原则

开发新产品是一项极其复杂且艰难的工作，它不仅关系着企业的生存发展，需要企业投入大量的资金与精力，还具有一定的风险，即不是所有的新产品都能开发成功。因此，企业在开发新产品时切忌盲目轻率，必须做到精准慎重。关于开发新产品有四个原则可以遵循。

（1）根据市场需求，开发能够满足顾客需求的新产品。生产经营符合顾客需求的产品是提高企业经济效益的关键，这就需要企业根据市场需求变化开发新产品。而企业只有对市场进行频繁深入的调查与预测，做好系统的市场研究工作，才能精准把握市场需求及其发展前景。

（2）根据企业能力，确定新产品的开发方向。企业本身具有的诸如生产能力、资金能力、技术能力以及销售能力等，必定有优劣势之分，所以并不是所有符合市场需求的产品，企业都有能力开发。只有那些既符合市场需求又符合企业能力的产品项目，才是正确的新产品开发方向，开发这些新产品可以让企业充分发挥优势，达到事半功倍的效果。

（3）量力而为，采取切实可行的开发方式。开发新产品的方式有购买专利、技术引进、协助开发和独立开发等。通常情况下，只要条件允许，企业都应该独立承担新产品的开发工作，尤其是大型企业，可以抽调一定的人员参与产品的基础研究以及应用研究，以促进企业的技术进步，使我国的科技事业得到进一步发展。

（4）不断创新，持续前进。目前，在"新产业革命"的挑战下，新工艺、新技术不断涌现，导致产品生命周期越来越短。若企业安于现状，抱着得过且过的心态，则必然面临淘汰危机。因此，企业应该严格依据"构思一代、设计一代、研制一代、生产一代"的指导思想，推陈出新、不断前进。

2. 新产品开发的程序

由于开发新产品有较多不确定的因素，且成本高、风险大，新产品开发的成功率普遍较低。企业若想提高成功率，就要建立科学的、系统的开发程序。一般研制新产品的程序主要有以下八个环节（见图6-9）。

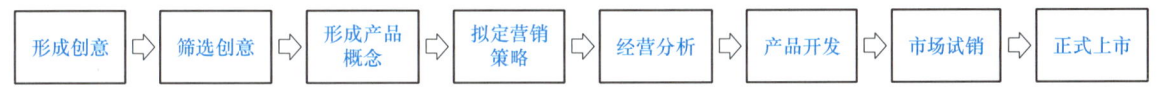

图6-9　新产品开发程序

（1）形成创意。形成创意是新产品开发的第一个阶段，企业需要系统地、有组织地搜寻开发新产品的设想。一般新产品的创意来源于竞争对手、顾客、企业销售人员等，也可以来源于生活，如看到的行业杂志、参观的展览会、参加的研讨会等。

（2）筛选创意。筛选创意是指对第一阶段取得的创意进行全方位的评估，研究创意的可行性并从中筛选出可行性高的创意。企业可以通过设立专门的筛选机构或采用特定的筛选系统对创意进行评定，将可行性较低和不可行的创意淘汰，以便企业集中资源将成功机会较大的创意开发成新产品。

（3）形成产品概念。形成产品概念是指将一个具有吸引力的创意发展成一个产品概念，具体表现为企业从顾客角度用消费术语对创意做一个具体、详尽的描述，而从创意转变为产品概念需要经过以下两个步骤。

①概念形成。概念形成即把一个产品创意转变为多个可供选择的产品概念，再将每个产品概念按照对顾客的吸引程度排序，选择最优的产品概念。

②概念测试。概念测试即将产品概念进行市场实验，让顾客选择最符合他们需求且最具吸引力的产品概念，然后根据顾客的反应进一步完善产品概念。

（4）拟定营销策略。确定产品概念后，企业需要拟定一份营销策略。完整的营销策略应该包括以下三方面内容。

①概述目标市场的规模、计划开发新产品的市场定位、占据的市场份额、未来几年该产品能够提供的销售额和利润。

②描述计划开发新产品第一年的定价，采取何种渠道、促销手段以及营销预算是多少。

③预测计划开发新产品的长期销售额、利润以及所采取的产品组合策略等。

（5）经营分析。经营分析是指在拟定的营销策略基础上，通过深入评估计划开发的新产品的经营成本、预计销售情况、利润，分析新产品能否满足企业的营销目标，由此确定新产品是否具有开发价值。

（6）产品开发。产品开发是指将产品概念发展成样品或产品模型的过程，该过程由工程技术部门以及产品研究开发部门共同研究试制，样品或产品模拟制作成功后需要进行严格的功能试验和顾客试验。功能试验是指在实验室和现场对新产品的功能与安全性进行测试；顾客试验是指将部分样品或产品模型交给顾客试用，收集顾客对新产品的意见以及在使用过程中发现的问题，再针对这些意见与问题进行必要的改进。

（7）市场试销。市场试销是指将试制的新产品投放到具有代表性的、经过严格筛选的市场进行试验销售，检验顾客的反应。在该阶段，产品和营销策略被置于真实的市场环境中，因此可以很好地检测出产品以及包括市场定位、定价、品牌、包装等在内的营销策略是否切实可行。

（8）正式上市。正式上市是指在新产品试销成功后，企业决定批量生产新产品，将其正式推向市场。此时，企业需要做出两个决策：一是推出新产品的时机，若新产品影响到企业其他处于成熟期产品的销售量，则应该延迟推出新产品；二是选择在什么地区推出新产品，一般情况下，企业会选择只在一个地区或一个国家市场推出新产品，只有极少数大型企业会迅速在某些地区、国内市场以及国际市场同时推出新产品。

知识点三　新产品开发战略的类型

新产品开发战略是指企业根据自身的资源条件、市场的需求以及竞争对手的情况，试制、投入新产品的策略。常见的新产品开发战略有以下几种。

1. 抢占市场策略

在当今信息化社会，高新技术的发展速度与企业的利润呈正比关系。采用该类型策略，企业如果能够缩短开发新产品的时间，就可以在市场上捷足先登，获取高额利润。从竞争角度出发，企业若能抢先一步占领市场，竞争对手就只能跟随其后，而且由于企业不满足已占领的市场，会通过连续不断的更新换代，开发新产品、新市场，在这种情况下，竞争对手就会因为跟随企业的步伐疲于奔命而遭受挫折，企业因此建立起经营优势。

2. 超越自我策略

超越自我策略的着眼点在于长远的利益而不是当下的利益，具体表现为企业会通过放弃当下的部分利益培育潜在的市场。采取该策略的企业需要具备超越自我的气魄，并且有高超的技术做后盾。实施该类型策略后，企业开发新产品的能力会明显提高，从而将竞争对手甩在身后。

3. 紧跟策略

采用紧跟策略的企业往往针对市场上已有的产品进行仿造或进行局部的改进和创新，但基本原理和结构是与已有产品相似的。这种企业跟随既定技术的先驱者，以求用较少的投资得到成熟的定型技术，然后利用其特有的市场或价格方面的优势，在竞争中对早期开发者的商业地位进行侵蚀。

4. 补缺策略

每家企业都不可能完全满足市场的需求，所以在市场上总是存在未被满足的需求，这就为企业留下了一定的发展空间。补缺策略要求企业详细地分析市场上现有产品及消费者的需求，从中发现尚未被占领的市场。

任务五 品牌与包装策略

品牌策略是一系列能够产生品牌积累的企业管理与市场营销方法，主要有无品牌策略、统一品牌策略、个别品牌策略、品牌推展策略、品牌创新策略。

知识点一 品牌策略

1. 品牌的定义

广义的品牌是具有经济价值的无形资产，用抽象化的、特有的、能识别的心智概念来表现其差异性，从而在人们的意识当中占据一定位置的综合反映。品牌建设具有长期性。

狭义的品牌是一种拥有对内、对外两面性的标准或规则，是通过对理念、行为、视觉、听觉四个方面进行标准化、规则化，使之具备特有性、价值性、长期性、认知性的一种识别系统总称。这套系统也被称为"CIS体系"，其中，品牌名称是指品牌能够用语言称呼的部分，由数字、字母、词语、词组等组成，如耐克、可口可乐、华为等。品牌标志是指品牌中不能用语言称呼的部分，但可以被认出、易于记忆，由符号、明显的色彩/字体、图案等组成，如耐克的一勾造型、可口可乐的特殊字体、华为的花瓣造型等。

总的来说，品牌即产品的牌子，指的是一种商业名称及标志，可以用于识别销售者或某个销售集团的产品，并使之与竞争对手的产品区别开。品牌的构成要素有文字、符号、标记、颜色、图案等。同时，品牌是一种集合概念，它包含了品牌名称和品牌标志两个部分。

2. 品牌的内涵

品牌之所以富有价值，是因为它是企业向顾客提供的一组特定的服务和利益，好的品牌能够传达质量保证。一个品牌应当具备以下六层内涵。

①属性。属性即品牌代表的产品或企业的品质状况，包括效率、服务、工艺、质量等。例如，中国家电第一品牌海尔代表着"服务上乘、质量可靠"。

②利益。利益即品牌能够带给顾客的利益。顾客在接受品牌的属性之前，要从自身角度出发，评估品牌的各种属性能够带给自己的利益。例如，海尔的"服务上乘"能够节约顾客的时间，"质量可靠"则减少了顾客的维修费用。

③价值。价值即品牌可以体现该企业的某些价值观。例如，海尔向顾客展现了"零缺陷、精细化、高标准"的服务价值。品牌的本质即品牌拥有者的产品、服务或其他优于竞争对手的优势，能为目标受众带去同等或高于竞争对手的价值，包括功能性利益、情感性利益。

④文化。文化即品牌传载的文化。例如，中国汽车市场上常见的车名通常包含了"瑞""斯""威"等字，分别寓意吉祥、国际化、威武等。

⑤个性。个性即品牌具有的识别功能。好的品牌一般都具有鲜明的个性特征，在设计上新颖突出且独一无二，如一说到麦当劳就会想到麦当劳的金拱门标志。

⑥使用者。使用者即品牌体现的购买或使用该产品的顾客类型。这类顾客代表一定的文化、个性，有助于企业细分市场，把握产品的市场定位。

3. 品牌的作用

品牌主要有以下三个方面的作用。

①品牌反映了代表企业的产品质量、实力以及特色，是企业的财富象征和无形资产；品牌代表

了企业的个性,传达了企业的文化,有利于树立企业形象。

②品牌体现了企业销售的产品在市场上的状况,有利于促进顾客产生偏好,培养顾客忠诚度,建立稳定的顾客群,从而扩大销售。

③品牌表现了企业销售的产品在市场上的定位,通过品牌区别产品的质量及价格,有助于向顾客显示产品品位和档次。

4. 品牌策略的类型

品牌策略是指企业将品牌作为核心竞争力,借此获取差别利润和价值的企业经营策略。常见的品牌策略有以下五种。

(1)无品牌策略。无品牌策略即企业对其生产的产品不冠以任何品牌,只简单标注生产企业的厂名及地址。虽然品牌能给企业带来很多好处,但不是所有产品都必须有品牌,如工业油、包装袋、煤等不需要用品牌加以区别有差异性的产品,以及小范围生产和销售的产品等。该策略适用于高品质的产品以及低质、低价的一次性产品。

(2)统一品牌策略。统一品牌策略即企业对其生产的产品冠以统一的品牌。该策略适用于在市场上已经获得良好声誉的企业,并且该企业的所有产品都维持在相同的品质水平上。采取该策略可以大幅降低企业的营销成本,尤其是推广新产品的成本,并且可以将企业和产品的形象统一起来,有效展现企业实力和企业文化。例如,娃哈哈集团的营养八宝粥、口服液、果奶等产品均适用"娃哈哈"。

(3)个别品牌策略。个别品牌策略即企业对不同产品线的产品使用不同的品牌,或是企业对相同产品在不同市场销售时采用不同的品牌,用以区别产品线或市场。采用该策略可以充分体现产品及市场的差异性,有利于顾客按照品牌对产品类型、档次和质量进行区分,并且能使企业的整体信誉不被个别产品的不良信誉影响,但是会增加企业的促销费用。例如,宝洁公司为了区别其洗发水的差异性,对具有不同功能的洗发水冠以不同的品牌,包括"沙宣""潘婷""海飞丝""飘柔"等。

(4)品牌推展策略。品牌推展策略即企业在已享有盛誉的品牌里添加新的产品。采取该策略的前提是,原品牌在市场上具有较高声誉,并且新产品的总体水平不能低于原产品。该策略可以让顾客更快地认识新产品。例如,春兰集团的空调产品闻名遐迩,于是将新推出的摩托车冠以"春兰豹""春兰虎"等品牌名称。

(5)品牌创新策略。品牌创新策略即企业改进或舍弃原品牌,创立新品牌。当品牌过时,或者企业想要重新树立形象、改变经营方向时,采用该策略可使品牌迎合新的时代要求,贴合顾客的需求。例如,吉利汽车集团在21周年时公布了新车标图案。

知识点二 包装策略

1. 包装的组成要素

构成包装的六种要素如下。

①品牌、商标。品牌、商标是构造包装的主要因素,并且在包装中占据突出位置。

②形状。形状是包装中不可或缺的组成要素,有利于储存、运输、陈列以及销售。

③色彩。色彩是包装中最能刺激顾客感官的构成要素,对顾客有感召力,有助于销售。

④图案。图案是包装中起到装饰作用的构成要素,其作用相当于广告中的画面。

⑤材料。材料的选择影响制作包装的成本,同时影响市场竞争力。

⑥标签。标签包含大量的产品信息,如产品的主要成分、生产厂家、产品质量等级、生产日期以及使用方法等。

2. 包装的种类

按照包装在流通过程中的不同作用,可以将其分为运输包装、销售包装两种类型。

（1）运输包装。运输包装又称"大包装或外包装"，主要用来保护产品的品质安全和产品数量的完整。运输包装可以进一步分为单件运输包装及集合运输包装。

①单件运输包装。单间运输包装即在运输过程中用单件容器包装产品。单件容器指的是筐、罐、坛、桶、袋、箱等。

②集合运输包装。集合运输包装即将一定数量的单件包装用一件大包装容器进行组合包装形成的大包装。常见的集合运输包装有集装箱、托盘、集装包等。

（2）销售包装。销售包装又称"小包装或内包装"，即与顾客直接接触的零售包装。它不仅具有保护产品的作用，而且具有美化和宣传产品的作用。出色的销售包装能够吸引顾客，并且方便顾客认识、选购和使用。

3. 包装的作用

（1）保护产品。产品从出厂到流通再到顾客手里的整个过程，都离不开运输和储存。合理的包装能够保护产品不受环境和外力的影响，如在运输过程中遇到的风吹、日晒、雨淋等损害，在储存过程中遇到的虫蛀、鼠咬等损坏。

（2）促进销售。包装具有识别和推销的作用，时尚简约、漂亮得体、美观大方的包装不仅能吸引顾客注意，还能刺激顾客的购买欲。研究结果显示，63%的顾客会根据产品的包装做出是否购买产品的决定，所以说包装是无声的推销员。

（3）增加盈利。精美的包装往往可以抬高产品的身价，让顾客愿意支付较高的价格购买。例如，在我国香港地区，一把苏州生产的檀香扇市场原价为65元，在使用了5元成本的锦盒包装后，售价高达165元，即便如此，销售量还是大幅提高了。

（4）便于储运。由于产品的形状具有不固定性，如液态产品、气态产品、粉状产品等，如果不对产品进行包装，就无法储存和运输产品。而良好的包装有利于产品装卸，节约运力，缩短交货时间，保护产品，从而使产品保值。

4. 包装的设计原则

产品包装的设计直接影响产品的销售量，因此企业在进行市场营销活动时应该重视包装设计。一般来说，包装设计需要遵循以下六个基本原则。

（1）安全。安全是包装设计最基本的原则，因为包装最主要的目的就在于安全、有效地保护产品。所以，企业在选择包装材料和制作包装物时，必须充分考虑产品的物理、化学、生物性能，设计适当的包装以保证产品不变质、不挥发、不损坏、不渗漏等。

（2）美观。包装设计要力求美观大方、色彩协调、造型别致，让包装富有较强的艺术感染力，贴合目标顾客的审美情趣。例如，在设计儿童用品的包装时，应做到色彩鲜艳，具有较强的趣味性与知识性；在设计女性用品的包装时，应做到新颖、典雅、华丽；在设计男性用品的包装时，应做到大方、洒脱、庄重。

（3）便于携带、保管与使用。设计包装时必须充分考虑产品的重量、体积、性能以及用户特点。例如，蒙牛的总经理发现顾客在购买整箱牛奶后搬运困难，就给牛奶箱设计了一个提手，这个新包装使蒙牛牛奶的销售量大幅提升；宝宝金水的原包装是保质期3年的100毫升装，但是北方夏季短，一年用量少，扔掉可惜，保管3年又困难，根据这个情况，厂家将原包装改为保质期1年的60毫升装，改进后受到了北方顾客的欢迎；日本厂商设计的化妆品瓶盖通常只有一道螺纹扣，这是考虑到顾客使用化妆品的频率为早晚各一次，这样的瓶盖设计省时方便，一天只需要拧4下就可以了。

（4）包装与产品的质量和价值相匹配。低档产品要选择低档材料包装，以便降低企业包装产品的成本，减轻顾客的购买负担；高档产品、文物、艺术品、名贵药材等要选择高档材料进行精美的包装，否则会使产品贬值，如易拉罐饮料的价格一般低于10元，如果几十元的饮料用易拉罐装，顾客会难以接受。

（5）符合顾客的风俗习惯和宗教信仰。在设计包装时，企业需要考虑目标市场顾客的风俗习惯以及宗教信仰，避免引起麻烦。

（6）符合法律法规，兼顾社会利益。企业需要了解政府对包装的相关规定，依法行事，同时做到积极开发、使用绿色环保的包装，尽量简化包装，保护生态平衡，如用纸壳、塑料代替金属、玻璃等。

5. 包装设计的影响因素

在市场营销中，企业要想适应市场竞争，在设计包装时需要考虑不同因素的影响。

（1）顾客因素。不同的国家和地区受到社会文化环境差异的影响，对产品的包装要求有所不同，因此企业要根据不同国家、地区、民族等顾客的习惯及要求，设计包装的文字说明、大小、形状、图案、颜色等。

（2）运输商因素。运输商对于产品包装的基本要求是产品能否以最低的成本安全送达目的地，因此企业设计的包装应便于装卸，并且结实安全，以免出现产品还未到达目的地就发生损坏的情形。

（3）分销商因素。分销商不仅要求产品的外包装便于装卸、防盗、结实，还要求产品的内包装在设计上做到合理美观，既能有效利用货架使产品容易拿放，还能吸引顾客。

6. 包装策略的类型

包装策略是产品开发策略的重要组成部分，一般可分为统一包装策略、配套包装策略、包装再利用策略、分档包装策略、附赠包装策略和改变包装策略六种（见图6-10）。

（1）统一包装策略。统一包装策略即对企业生产经营的全部产品，在包装外形上采用统一包装的模式，如统一的图案、造型、颜色、材质等；不同产品线的产品包装相同或类似。该策略可以使顾客通过相似的包装联想起同一企业的其他产品，有利于打造和提升企业的形象，节省包装设计的费用，扩大企业在市场上的影响力。尤其是在推出新产品时，企业采取统一包装策略，可以打消顾客对新产品的不信任感。

（2）配套包装策略。配套包装策略即企业将几种有关联的产品进行组合，将其置于同一包装物内。企业在进行配套包装时，最好选择同一品牌的产品，若为不同品牌的产品，则产品质量应该水平相当，并且要充分考虑顾客的购买力与产品的关联度。该策略可以扩大新产品销路，节约交易时间，便于顾客购买、携带和使用，还能通过新旧产品的组合包装，使新产品更加顺利地进入市场。

（3）包装再利用策略。包装再利用策略即产品使用完毕后，其包装还可以移作他用，如设计精美的"皇家礼炮"外包装盒可以用来装饰，装酒瓶的袋子可以用来装物品。该策略可以唤起顾客使用产品时的回忆，增加了包装的用途，起到延伸宣传的作用。

（4）分档包装策略。分档包装策略即根据顾客不同的购买力和购买目的，对同一产品采用不同档次的包装，如普通装和家庭装、简装和精装。该策略可以更好地满足顾客在消费需求上的差异。例如，家庭需求的差异、购买数量的差异、经济实力的差异等。因此，产品的分档标准可以从包装的精致程度、数量、材质等方面抉择。

（5）附赠包装策略。附赠包装策略即在产品包装中附赠小礼品，如卡片、玩具、奖券等。该策略可以吸引顾客重复购买，有利于企业推出新产品，对儿童、青少年和低收入人群比较有效。

（6）改变包装策略。改变包装策略即修改或更换产品的包装图案、造型、颜色、材质等，是企业随着市场需求的变化改变产品包装的一种做法。当原包装落后于时代、在材质上不符合新需求、在外观上显得陈旧时，企业就应当改变包装，以便在顾客心中树立新的形象；当产品质量类似、包装相同的同类产品中出现某一产品打不开销路时，企业也应当改变包装，减小不利影响。

营销技巧

产品生命周期各阶段的营销策略

1. 产品导入（进入）期的营销策略

产品导入（进入）期的特征是产品销售量少，促销费用高，制造成本高，销售利润很低甚至为负值。根据这一阶段的特点，企业应努力做到：投入市场的产品要有针对性；进入市场的时机要合适；设法把销售力量直接投向最有可能的购买者，使市场尽快接受该产品，以缩短产品导入（进入）期，更快地进入产品成长期。

在产品导入（进入）期，由产品、分销、价格、促销四个基本要素组合成各种市场营销策略。

（1）快速撇脂策略。

快速撇脂策略即以高价格、高促销费用推出新产品。实施高价策略可在每单位销售额中获取最大利润，尽快收回投资；高促销费用能够使新产品快速建立知名度，占领市场。实施这一策略的条件是：产品有较大的需求潜力；目标顾客求新心理强，急于购买新产品；企业面临潜在竞争者的威胁，需要及早树立品牌形象。

（2）缓慢撇脂策略。

缓慢撇脂策略以高价格、低促销费用推出新产品，目的是以尽可能低的费用开支求得更多的利润。实施这一策略的条件是：市场规模较小，产品已有一定的知名度，目标顾客愿意支付高价，潜在竞争的威胁不大。

（3）快速渗透策略。

快速渗透策略是以低价格、高促销费用推出新产品。其目的在于先发制人，以最快的速度打入市场，取得尽可能大的市场占有率，然后随着销售量和产量的扩大，使单位成本降低，取得规模效益。实施这一策略的条件是：该产品市场容量相当大；潜在消费者对产品不了解，且对价格十分敏感；潜在竞争较为激烈；产品的单位制造成本可随生产规模和销售量的扩大迅速降低。

（4）缓慢渗透策略。

缓慢渗透策略是以低价格、低促销费用推出新产品。低价格可扩大销售量，低促销费用可降低营销成本，增加利润。实施这一策略的适用条件是：市场容量很大；市场上该产品的知名度较高；市场对价格十分敏感；存在某些潜在的竞争者，但威胁不大。

2. 产品成长期的营销策略

新产品经过导入（进入）期以后，消费者已经熟悉该产品，消费习惯已经形成，销售量迅速增长，新产品进入成长期。进入产品成长期以后，老顾客重复购买，并且带来了新顾客，销售量激增，企业利润迅速增长，且在这一阶段利润达到高峰。随着销售量的增加，企业生产规模也逐步扩大，产品成本逐渐降低，新的竞争者会投入竞争中。随着竞争的加剧，新的产品特性开始出现，产品市场开始细分，分销渠道增加。企业为维持市场的继续成长，需要保持或稍微增加促销费用，但由于销售量增加，平均促销费用有所下降。针对成长期的特点，企业为维持其市场增长率，延长获取最大利润的时间，可以采取以下四种策略。

（1）改善产品品质策略。

如增加新的功能，改变产品款式，发展新的型号，开发新的用途等都属于改善产品品质策略。对产品进行改进可以提高产品的竞争力，满足顾客更广泛的需求，吸引更多的顾客。

（2）寻找新的细分市场策略。

寻找新的细分市场策略是通过市场细分，找到新的尚未满足消费者需求的细分市场，根据其需要组织生产，迅速进入这一新的市场。

（3）改变广告宣传的重点策略。

改变广告宣传的重点策略是把广告宣传的重心从介绍产品转移到建立产品形象上，树立产品品牌，维系老顾客，吸引新顾客。

（4）适时降价策略。

适时降价策略是在适当的时机采取降价策略，以激发那些对价格比较敏感的消费者产生购买动机和采取购买行动。

3. 产品成熟（饱和）期的营销策略

进入产品成熟（饱和）期以后，产品的销售量增长缓慢，逐步达到最高峰，然后缓慢下降；产品的销售利润也从成长期的最高点开始下降；市场竞争非常激烈，各种品牌、款式的同类产品不断出现。对成熟期的产品宜采取主动出击的策略，使成熟期延长，或使产品生命周期出现再循环，可以采取以下三种策略。

（1）市场调整策略。

市场调整策略不是要调整产品本身，而是要发现产品的新用途、寻求新的用户或改变推销方式等，以使产品销售量扩大。

（2）产品调整策略。

产品调整策略是通过产品自身的调整满足顾客的不同需要，吸引有不同需求的顾客。整体产品概念的任何层次调整都可被视为产品再推出。

（3）市场营销组合调整策略。

市场营销组合策略是通过对产品、定价、渠道、促销四个市场营销组合因素加以综合调整，刺激销售量回升。常用的方法包括降价、提高促销水平、扩展分销渠道和提高服务质量等。

4. 产品衰退（衰落）期的营销策略

产品衰退（衰落）期的主要特点是，产品销售量急剧下降；企业从这种产品中获得的利润很低，甚至为零；大量竞争者退出市场；消费者的消费习惯发生改变等。面对处于衰退（衰落）期的产品，通常有以下两种策略可供选择。

（1）继续策略。

继续策略是继续沿用过去的策略，仍按照原来的细分市场，使用相同的分销渠道、定价及促销方式，直到这种产品完全退出市场为止。

（2）集中策略。

集中策略是把企业能力和资源集中在最有利的细分市场及分销渠道上，从中获取利润。这样既有利于缩短产品退出市场的时间，又能为企业创造更多的利润。

项目小结

本项目主要对产品整体概念、产品生命周期、产品组合、新产品开发战略、品牌与包装策略等方面进行了阐述，其中，重点介绍了产品开发策略类型及其特点。通过本项目的学习，希望学生能够掌握产品开发策略的内容和策略类型特点，并将所学相关知识运用在日后工作当中。

案例讨论

三只松鼠:"让天下主人爽起来"

三只松鼠股份有限公司(以下简称"三只松鼠")由"松鼠老爹"章燎原创立于2012年,总部位于安徽芜湖,并于南京成立研发与创新中心。公司发展依托品牌、产品、物流及服务优势,10多年潜心耕耘。自2014年起,公司连续5年位列天猫商城"零食/坚果/特产"类目成交额第一位,并先后被新华社和《人民日报》誉为新时代的"改革名片""下一个国货领头羊",上市当天获誉"国民零食第一股"。2019年"双十一",公司以10.49亿元销售额刷新中国食品行业交易纪录,被《华尔街日报》、路透社、彭博社等外媒称为"美国公司遭遇的强劲对手""中国品牌崛起的典范"。

肩负"让天下主人爽起来"和"以数字化推动食品产业进步,以IP化促进品牌多元发展"的企业使命,三只松鼠不断致力于产品创新,强化"造货+造体验"的核心能力,通过"风味""鲜味"和"趣味"构建起独特的"松鼠味",构建起"一主两翼三侧"的立体化渠道布局,全方位贴近消费者。

产品是企业销售的核心内容,所以产品策略十分重要。产品是一个广义的概念,并不是单指有形的、交付给顾客的物品,而是涵盖了所有能够满足顾客需求的东西,既包括有形的商品,也包括无形的服务。"三只松鼠"作为一个电商零食品牌,提供的主要产品可以分为两个部分:一是顾客收到的实物商品,即顾客购买的零食;二是作为电商特有的服务——客服。

1. 产品层次分析

按照产品层次理论,产品可以划分为核心产品、基本产品和附加产品三个层次。核心产品即顾客购买产品获得的核心利益。产品的最终目的是满足消费者的需求,三只松鼠的目标顾客群体以"80后""90后"为主,这部分顾客在零食的选择上除了满足味蕾的需求外,对情感化的需求更值得关注。三只松鼠很好地通过产品将这两种需求融合,严格控制产品的新鲜程度,保证食品的口感与味道,通过客服提供个性化服务,与消费者达到高度情感沟通。基本产品是企业给顾客提供的用以满足其需求的实际产品,包括产品本身的特色、质量、包装等可直观感受到的内容。三只松鼠提供给顾客的基本产品即消费者收到购买的零食。一方面,三只松鼠的零食质量是有严格把控的,它向消费者承诺:只卖15天内生产的新鲜坚果!让消费者对产品质量放心。另一方面,三只松鼠为使食品保持出厂时的新鲜程度,采用牛皮纸+铝箔纸的双层包装,而在包装设计上则考虑到与消费者之间的情感沟通,选择了可爱的动漫松鼠形象,使其与目标顾客群体的内心更贴近。企业除了提供核心产品与基本产品满足顾客需求外,还可以提供所有能够帮助满足顾客需求的其他附加产品,如必要的小配件、安装说明、售后服务等。三只松鼠的产品设计得非常周到,主要体现在附加产品上。在顾客拿到包裹时,在包装外提供有开箱器,在每个包裹中都配有湿巾、开壳器、封口夹、垃圾袋等零食必备小物件,提供这些附加产品都是为了更好地满足顾客需求,让顾客欢畅地享受吃零食的过程。虽然这些包装和小赠品增加了一些成本,却打动了大量消费者的心。三只松鼠的各个产品层次都体现着与顾客的情感交流,使产品、包装、服务达到了统一。

2. 服务策略

电商企业有一项必不可少的服务即客服,三只松鼠在客服上采取了差异化策略,与其他电商形成明显区别,突出了品牌个性。"主人"是三只松鼠对其顾客的独有称呼,与大部分淘宝卖家的"亲"比起来显得更加亲切,使顾客更加感受到尊重。当消费者点击进入三只松鼠的旗舰店后会发现,客服都是以"鼠某某"命名,组成了一个松鼠家族;打开旺旺,"主人您好,我是松鼠家鼠某某,听到主人的呼唤……"等一席暖心的问候语映入眼帘,"松鼠们"不仅会为"主人"解答有关产品交易的各种疑惑,还会接受"主人"时不时的"撩鼠"行为。在这里,各种类型的"松鼠"都有,或重口味,或小清新,他们能满足不同"主人"的偏好,轻松应对"主人"抛出的各种话题。三只松鼠客服的宗旨就是陪每个"主人"聊到开心、满意。这样的消费服务体验刚好迎合了"80 后""90 后"人群的特点,使很多消费者在消费的基础上与"松鼠"建立起了友谊,达到了情感上的共通,再次消费便成了顺理成章的事。

3. 产品品类拓展

三只松鼠通过对市场的分析,发现坚果在市场上并没有较好的品牌,高端坚果更是如此,而消费者对碧根果的热度持续走高,这成了三只松鼠进入市场的一个切入口。但只有坚果并非章燎原的终极梦想,他要为三只松鼠的"主人"寻找各种优质的"森林食品",倡导天然、新鲜以及非过度加工的食品,打造享誉全国,甚至有一天全球闻名的互联网食品品牌。在 2015 年之前,三只松鼠以坚果为主要产品。这一年,团队通过对数据的分析,发现坚果类增幅趋于平缓,但与坚果类相关的果干类和肉脯类的交易指数攀升速度很快,并且它们的受众十分相似,市场前景看好。于是,三只松鼠开始增加产品品类,尝试向全品类发展。目前,三只松鼠的产品已经包括九大品类。

请思考:1. 三只松鼠成功的原因有哪些?
2. 三只松鼠实施了哪些营销策略?

任务实施

一、实验目的
1. 了解产品策划的步骤,掌握产品策略章节理论知识点。
2. 了解产品决策的层次及决策内容。
3. 熟悉产品策划的流程,培养团队协作能力。
4. 提高营销策划书的文案写作能力。

二、实验要求
1. 按照每组 4 人的规模成立策划小组,小组成员进行分工,明确成员的角色,完成产品策划模块的主线任务及支线任务。
2. 每个小组应充分调动成员的积极性,分别扮演不同的角色(策划经理、市场调查员、市场分析员、营销策划师),注意团队协作与配合,共同进行产品决策。
3. 完成产品策划专题的各项任务,提交产品策划书。

三、实验内容
1. 了解软件操作的基本流程、学习的目的和意义,熟悉企业的背景情况等信息,尽快进入模拟实验状态。
2. 可根据策划小组分组情况,进行角色分工和角色扮演,在组长带领下明确产品策划模块的实验任务。
3. 小组分工协作完成产品(组合)策划主题主线任务与支线任务,了解和搜索产品决策所需的背景信息。

产品(组合)策划的相关知识,分为 6 条主线任务和 14 条支线任务。

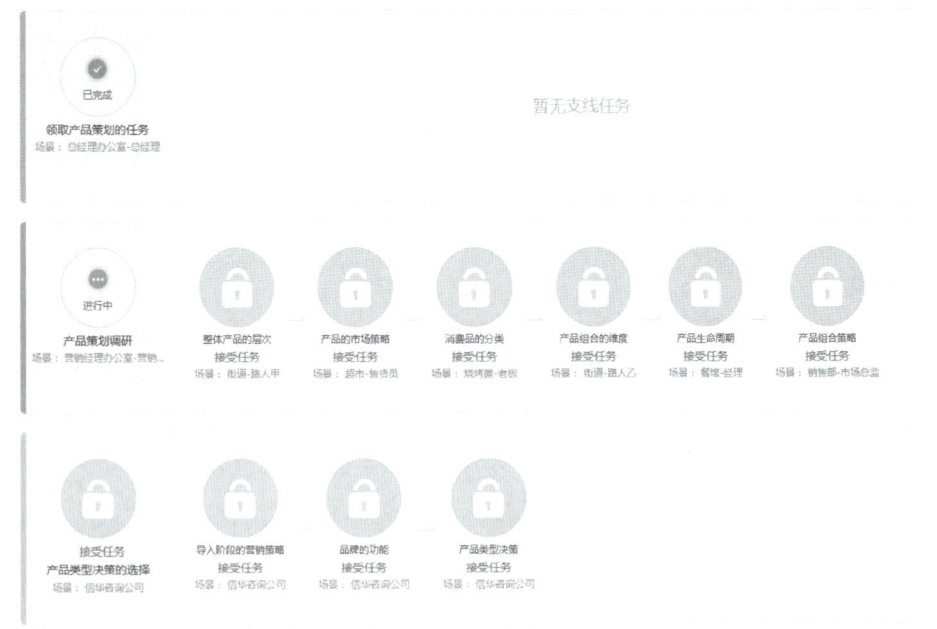

图 6-10 产品（组合）策划流程

（1）主线任务：领取产品策划的任务、产品策划调研、产品类型决策的选择、产品包装决策的选择、品牌策划决策、完成并提交产品策划文案。

（2）支线任务：在产品策划调研、产品类型决策的选择、产品包装决策的选择、品牌策划决策的支线任务中可以了解产品组合策划详细的知识点。同样是以答题的方式完成每条支线任务，最后完成自己的策划报告。

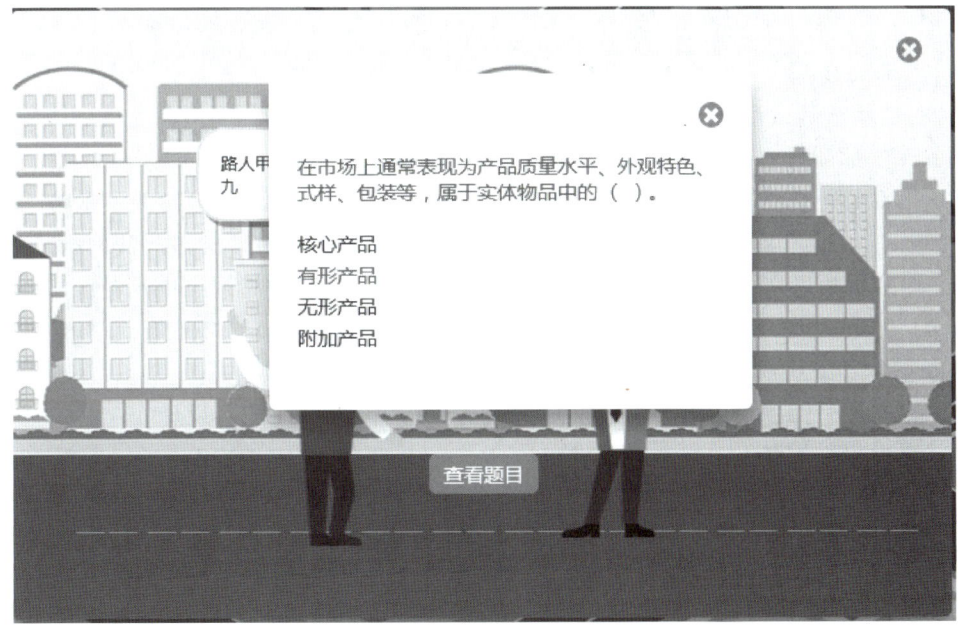

图 6-11 支线任务中的知识点

4. 完成并提交产品策划文案。

四、实验组织及课时建议

教师讲授和介绍实验的目的，对产品决策、产品生命周期等理论和知识进行回顾，调动学生参加实验活动的积极性。学生利用软件，根据之前的分组情况完成营销策划调研、产品类型决策、产品包装决策及品牌策划决策各条主线及支线任务，最后根据实验过程及结果撰写产品策划报告。

营销战略策划的实验课时建议为4～6学时，可根据整体课程实验课时设置情况灵活调整。

五、实验结果

完成产品策划的各条主线及支线任务，撰写并提交产品策划报告。

六、成绩评定

完成主线任务及支线任务的成绩占总评定成绩的50%，实验过程成绩占30%。成绩评定以小组为单位，根据小组成员的实验综合表现给出，实验过程评价根据学生的出勤率、学习态度、小组的贡献率由小组自评给出。提交的营销战略策划书成绩占20%。

成绩评定等级为优（≥90分）、良（80～89分）、中（70～79分）、及格（60～69分）、不及格（<60分）。

凡是未参加实验的同学，成绩以零分记载。

巩固与思考

一、单选题

1．在市场营销学中，产品的概念延伸为提供给市场、被人们使用或消费，并且能够满足顾客某种需求的（　　）。

A．任何事物　　　　　　B．具体事物　　　　　　C．常见事物

2．（　　）是产品的构思、设计、工艺制作一直到投入市场的全过程。

A．产品组合　　　　　　B．产品策划　　　　　　C．产品开发

3．在市场营销活动中，企业必须根据（　　）的变化规律，灵活调整营销方案，在重视新产品开发的同时也要及时替换衰退的老产品。

A．产品生命周期　　　　B．产品组合策略　　　　C．产品开发策略

4．（　　）由产品线和产品项目组成，是一种企业经营范围内全部产品的构成方式。

A．产品生命周期　　　　B．产品组合　　　　　　C．产品开发

5．（　　）是指一种商业名称及标志，它可以用于识别某个销售者或销售集团的产品，并使之与竞争对手的产品区别开。

A．包装　　　　　　　　B．品牌　　　　　　　　C．设计

二、多选题

1．产品开发策略类型除了精准定位开发策略、整合包装开发策略外，还包括（　　）。

A．抢占市场策略　　　　B．差异化开发策略　　　C．系列产品开发策略

2．产品组合的要素包括（　　）。

A．广度　　　　　　　　B．深度　　　　　　　　C．关联性

3．在调整产品组合时，企业可以针对具体情况选择产品组合策略，其中包括（　　）。

A．缩减产品组合　　　　B．扩大产品组合　　　　C．产品线延伸

4．常见的品牌策略有（　　）。

A．无品牌策略　　　　　B．统一品牌策略　　　　C．个别品牌策略

5．包装的作用不包括（　　）。
A．强调设计　　　　　　　B．节省资金　　　　　　　C．保护产品

三、填空题

1．产品的_____是指产品从进入市场开始一直到被市场淘汰的全过程。

2．产品生命周期分为四个阶段，即产品导入（进入）期、产品成长期、_____、_____。

3．_____是新产品开发的第一个阶段，企业需要系统地、有组织地搜寻开发新产品的设想。

5．_____即将一定数量的单件包装用一件大包装容器进行组合包装而形成的大包装。

4．_____是指企业将品牌作为核心竞争力，借此获取差别利润和价值的企业经营策略。

自学进阶

澳柯玛产品开发策略

澳柯玛集团是一家生产冰柜、洗碗机等产品的国内知名企业。2004年，经集团调研发现，西方发达国家家用消毒洗碗机普及率超过70%，东南亚新兴国家的洗碗机普及率超过30%，而我国则几乎是一片空白，即使在经济快速发展的上海，洗碗机的普及率也不超过20%，而且价格之高令绝大多数消费者望而却步。澳柯玛集团经过充分的市场准备，在澳柯玛工业园新厂房内建成了国内第一条洗碗机自动生产线，同年开始在市场上试用销售，短短几天便被消费者抢购一空，针对洗碗机热销的形势，澳柯玛集团又适时开发出微电脑的全自动洗碗机，在2010年秋季广州进出口商品交易会上，澳柯玛集团的产品备受中外客商瞩目，仅仅3天的交易会拿到了超千万元的订单，从此，澳柯玛洗碗机开始走出国门，走向世界，向世界展示中国制造。

项目七 实施价格策略

ITEM 7

本项目介绍了影响企业定价的因素，定价程序与定价策略的选择、分析、技巧，价格变动的原因、策略、分析以及处理方法三个方面，让学生更好地掌握企业价格策略，能够根据本项目内容做出完整的定价方案，并在工作中加以运用。

学习目标

- 了解影响企业定价的内外部因素。
- 掌握企业定价的程序与策略。
- 了解价格变动的原因和策略。

学习导图

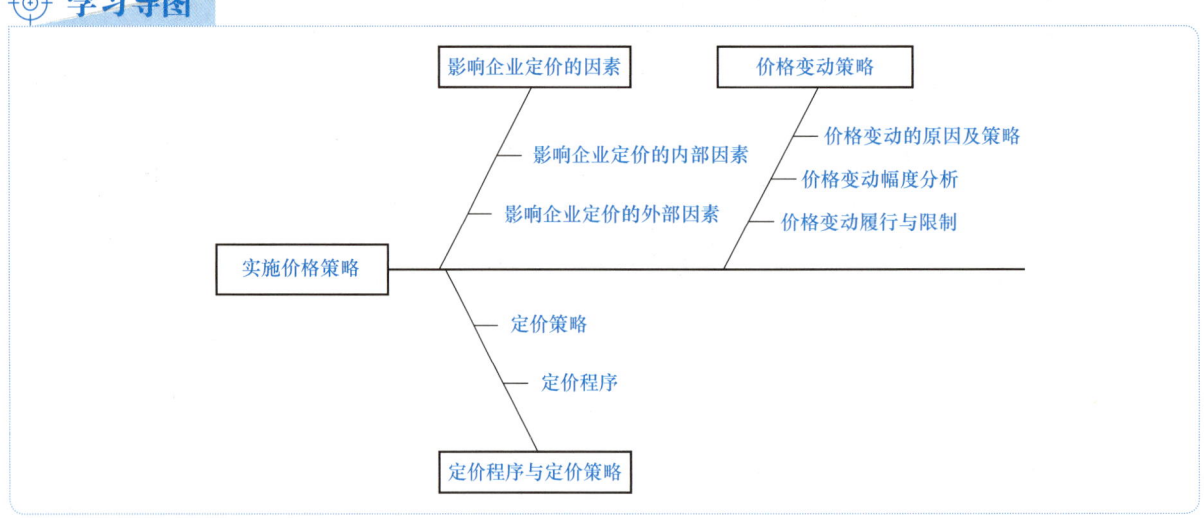

职业内容与岗位要求

职业功能	工作内容	技能要求	相关知识
价格管理	实施价格策略	◎能够灵活运用定价策略与技巧 ◎能够测定需求弹性 ◎能够选择定价方法 ◎能够确定基本价格 ◎能够主动应对价格变动	◎定价策略与技巧的知识 ◎定价目标基本方法 ◎需求弹性知识 ◎主动应对变价知识

引导案例

沃尔玛的价格策略

山姆说:"我们重视每一分钱的价值,因为我们服务的宗旨之一就是帮助每一名进店购物的顾客省钱。"沃尔玛通过降低商品价格推动销售,进而获得比高价销售更高的利润。沃尔玛从它的第一家店开办起就始终坚持这一价格哲学,从不动摇。

1. 天天平价

沃尔玛经营几种零售业态,虽然它们的目标顾客不同,但经营战略是一致的,即"天天平价""为顾客节省每一美元",实行薄利多销。这样的口号在沃尔玛店面的灯箱上,店内POP宣传单上,甚至在其购物小票上比比皆是。这句话对沃尔玛的重要性由此可见一斑。

所谓"天天平价"就是指零售商总是把商品的价格定得低于其他零售商的价格。在这种价格策略的指导下,同样品质、品牌的商品价格都要比其他零售商的低。在沃尔玛,任何一个商店员工,无论在任何地方发现卖的某样东西比沃尔玛便宜,都有权把沃尔玛的同类商品降价。

沃尔玛的"天天平价"绝不是空洞的口号,也不是低价处理库存积压商品或一朝一夕短暂的低价促销活动,更不同于某些商场、专卖店为吸引客流而相互进行恶意低价倾销或一面提价,一面用打折欺骗消费者,而是实实在在、"始终如一"让利于顾客的行为。这种平价主要是依靠成本控制、优化商品结构、推进服务实现的。它代表着低价不等于廉价,低价不等于服务低劣。相反,低价也有高价值,低价也有高服务质量。

沃尔玛的平价和一般的削价让利有着本质的区别。天天平价是折扣销售额的基础,是把降价作为一种长期的营销战略手段,减价不再是一种短期促销行为,而是作为整个企业市场定价策略的核心,是企业存在的根本,是企业发展的依托。沃尔玛是所有折扣连锁店中将这一战略贯彻得最彻底的公司,它想尽办法降低成本,力求使商品比其他商店的商品更便宜。为此,一方面,沃尔玛的业务人员"苛刻地挑选供应商,顽强地讨价还价",以尽可能低的价位从厂家采购商品;另一方面,沃尔玛实行高度节约化经营,并处处精打细算,降低成本和各项费用支出。这一指导思想使得沃尔玛成为本行业的成本控制专家,最终将成本降至最低,真正做到"天天平价"。

2. 让利销售

让利销售包括折价销售、会员制销售。对全部商品折价销售,主要适用于沃尔玛连锁店的新开张、周年店庆以及一些重大的节庆日促销;对某个部类的商品优惠售卖,主要适用于各种节日和季节性消费展开的促销活动。

沃尔玛的迅速发展得益于其首创的"折价销售"策略。尽管表面上看起来就是降价让利,但实际上与降价让利有很大的差异。周期性的或不定期的降价活动,往往是为了通过一次性的"甩卖",达到商家在特定时期、特定情况下特定的促销目的,如清仓换季、宣传新产品等。而折价,是一种长期的、稳定的让利,即通过尽全力地压低价格保证销售量,从而保证利润总量,同时保证客源。所以,沃尔玛的"折价销售"是一种特定的销售方式,是一种长期的、稳定的销售策略。

"折价销售"在定价时需要坚持两个原则:一是尽可能低廉,仅仅高出成本一点儿,如30%;二是长期稳定地保持这种低价,即使是某些商品拥有某种垄断优势或是遇到意外情况,也不轻易改变,这已成为沃尔玛的一种经营战略。

会员制销售是最能体现长期效果的一种促销方式,是指沃尔玛向其经常性购买的顾客发放一种凭证,顾客以向沃尔玛交纳会员会费或规定的其他方式获得凭证,依照企业的规定或会员章程的约定享受价格优惠、免费服务等优待权。

沃尔玛公司的会员制销售主要在山姆俱乐部实行,其对沃尔玛平价形象的塑造起着非常重要的作用。在山姆俱乐部,商品的价格比普通的零售店低30%~40%,这或许没有给沃尔玛带来多大的利润,却把一批忠实的顾客紧紧地吸引在自己身边,缩小了竞争对手的消费群体,这无疑是一种高明的战略。

※ 引例分析

沃尔玛的低价策略不是降低商品质量,而是在质量保证的前提下想尽一切办法从进货渠道、分销方式以及营销费用、行政开支等各方面节省资金,努力地做到"天天平价,始终如一",实现比别人更便宜的承诺。

历史上,价格对消费者的选择起到了决定性作用。但随着社会的不断发展,消费者在购买商品时会结合多方面因素考虑,如服务、环境等,价格已不再是消费者消费时的决定性因素。但是,价格仍是决定企业盈利、企业市场发展的重要因素之一。企业需根据情况,按照一定程序,选择合适的定价策略及价格变动策略。

任务一　影响企业定价的因素

价格是市场营销组合中最敏感、最灵活的因素,也是企业盈利与未来发展的重要因素之一。而影响企业定价的因素非常多,主要的内部影响因素有定价目标(包括利润目标、销售额目标、市场占比目标、价格稳定性目标)、产品成本,主要的外部影响因素有市场需求、竞争状况及政府、地区因素,企业对此需要重视。

知识点一　影响企业定价的内部因素

1. 定价目标

企业将商品投放市场时需要按照企业总目标、市场分配、营销手段等市场标准进行,是有目的性的投放。而定价目标是企业在对其生产或经营的产品制定价格时,有意识地要求达到的目的和标准。不同行业的企业、同一行业的不同企业,以及同一企业在不同时期、不同的市场条件下,都可能有不同的定价目标,其受到企业、时间段、市场三类因素变动影响,也是在进行价格决策时的主要因素。定价目标可划分为利润目标、销售额目标、市场占比目标、价格稳定性目标(见图7-1)。

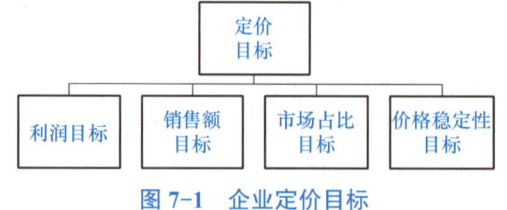

图7-1　企业定价目标

（1）利润目标。由于企业的生存和发展与利润和收入息息相关，因此利润目标成为企业目标定价的重要组成部分。获取利润是企业从事生产经营活动的最终目标，具体可通过产品定价来实现，而且同时，利润目标是企业发展的直接动力和根本目的，企业的生存和发展与利润收益相挂钩。在实践中，根据企业理念及经营方式不同，可将利润目标分为以下两种不同形式。

①追求最大利润目标。最大利润既有长期和短期之分，又有企业全部产品和单个产品之别。正常来说，企业要想获得最大的市场竞争力，应当追求产品的长期性和综合性，以获得在市场上更好的发展前景。有远见的企业经营者，都着眼于追求长期利润的最大化。还有一些多品种经营的企业，经常使用组合定价策略，即有些产品的价格定得比较低，有时甚至低于成本以招徕顾客，借以带动其他产品的销售，从而使企业利润最大化。

追求利润最大化并不意味着投放市场的产品以高价销售，这可能导致价格高、销量下降，进而总利润额度减少。在将产品投入市场的时候，企业一般会使用两种方法：一是采用低价策略，先将投入市场的商品以低价吸引消费者，再逐步提升价格获取利润；二是采用带动营销，首先投入低价商品扩大市场影响，其次使用该商品带动其他产品销售，从而达到最大利益化。

②获取适度利润目标。获取适度利润目标是以适中、稳定的价格获得长期利润的一种定价目标，是指企业在产品平均成本加上适当利润的基础上定价。由于以获得最大利润为目标会使企业遭遇很多限制，所以许多企业会以适度原则获得利润为目的。适度利润目标会使产品价格较低，使其面对的市场竞争不那么激烈。当企业希望带给消费者优质形象以产生良好关系的时候，也会以适度利润为目标。

以适度利润为目标确定产品价格，不仅可以使企业避免激烈的市场竞争，还可以为企业在市场上获得长期利润奠定良好的基础。不过，企业在实现该目标的同时，还要考虑到企业在研发初期投入的成本资金、了解市场竞争对手的相关资讯、调查消费者对于该产品的接受程度、考虑该产品在市场上的需求等因素，否则适度利润是无法实现的。

（2）销售额目标。这一定价目标是企业在保证一定利润的前提下，采用薄利多销、低价、扩销的策略保障企业总利润。在能够将总利润保持在中等水平的情况下，企业可以适当降低价格、促进销售，扩大利润收入。但当投入市场的商品价格弹性较小时，企业应采用高价、厚利、限销的策略。

为了保证企业的利润水平，企业会优先考虑销售额目标。在将商品投放市场时，必须同时考虑销售额目标和利润目标，而当两者发生矛盾时，应以最低利润为原则。

（3）市场占比目标。市场占比又称"市场份额"，是指总销售额占行业销售额的比例。市场占比能够直接反映产品在市场上的竞争情况和企业经营状况。以市场占比作为定价目标，从长远来看是肯定能够给企业带来高额利润的，因为市场占有率和产品投资收益率具有关联性（见表7-1）。

表 7-1　市场占比和产品投资收益率关联性影响利润分析

市场占有率	投资收益率
10% ~ 20%	14% 以上
20% ~ 30%	约 22%
30% ~ 40%	约 24%
40% 以上	约 29%

以销售额为定价目标可以让企业具有长期获得较好利润的可能性，但是企业想要实现此目标，需要具备雄厚的经济实力、对竞争对手的充分了解、分析政府对未来市场的政策三个条件。而且，企业以销售额为目标制定定价策略，能够帮助企业获得最优利润，并且扩大企业产品在市场上的占

有率，从而成为该市场中具有竞争力的企业。

（4）价格稳定性目标。价格稳定性是能够帮助企业获得一定收益的必要条件，此方法也被众多企业采用，因为以价格稳定性为定价目标可以最大化地减少企业经营风险。这种定价目标不仅使市场价格长时间保持稳定，也减少了因企业竞争产生的损失。

目前，在市场上都是由大企业首先制定价格，其他企业则保持与其具有一定距离的定价，以达到稳定市场价格的目标。价格稳定性作为定价目标主要在铁质产品行业、矿石行业、化工行业得到最广泛的应用。

2. 产品成本

产品成本，是指企业在生产产品时发生的各种耗费，可以指一定时期为生产一定数量产品而发生的成本总额，也可以指一定时期生产产品的单位成本。产品成本从广义上来看，可以包含员工工资、场地租赁、营销费用等方面；从狭义上来看，可以包含产品的零件、生产器械等。

（1）固定成本。固定成本是指企业在生产产品时在一个固定时间段付出的相关成本费用。该成本费用是不会随着产品产量的变动而变动的，一般在企业生产季节性产品时会用到。固定成本通常可分为约束性固定成本和酌量性固定成本。

①约束性固定成本。约束性固定成本是和企业的经营能力相挂钩的，不能轻易变动，是指企业在提供产品研发、经营方法时所支出的必要成本，如场地、税费、员工工资、生产设备等。

②酌量性固定成本。酌量性固定成本会根据企业、市场情况的变化而变化，在不同时间段有不同的预算成本，不具有约束性，故此得名。酌量性固定成本包含新产品研发支出、宣传支出、员工支出等。

例如，A上市公司通过短时间的发展获得高额的销售收入。其做法是将资金重点投入核心技术以及关键设备，对资金进行充分、合理的分配。而对于产品生产的源头，以及相关运输配送的成本都直接由源头商自行支出，形成一种合作关系，从而减少自己投入资金的成本。A上市公司就是通过该方法获得了比同行业竞争对手更快的发展。这种经营模式被称为"轻资产结构"。

（2）可变成本。可变成本是指成本随着产品生产时的种类和数量的变化而改变。一般情况下，产品变化与产品产量是成正比的，固定成本的相同时间间隔和条件，取决于与可变成本相关的业务数量，两者之间具有相互依存的关系。当业务量超过相关范围时，成本也会相应地出现变动（见图7-2）。

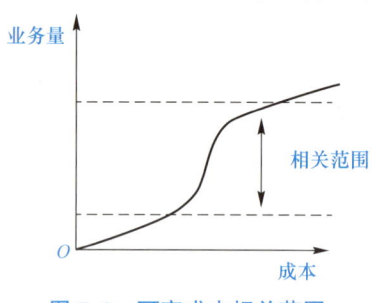

图7-2 可变成本相关范围

企业、产品可变成本发生的原因，一类是技术性可变成本，另一类是自由支配可变成本。技术性可变成本是指企业在生产过程中由于技术原因会有改变或者升级等，成本发生变动；自由支配可变成本是指企业管理层根据市场情况以及生产、发展等因素改变营销决策，造成成本变动。

知识点二 影响企业定价的外部因素

1. 市场需求

市场需求是指一定的顾客在一定的地区、一定的时间、一定的市场营销环境和一定的市场营销计划下对某种商品或服务愿意并且能够购买的数量。可见，市场需求是消费者需求的总和，也是需求侧的管理或者改革理论、实践的重要课题。市场需求对企业在投入新产品时的定价有着主要影响作用。不同企业在生产不同产品并将之投放市场的时候，都会面临一个共同问题"消费者对价格的敏感度"。

根据经济学原理可知，在其他外在因素保持不变的情况下，消费者对于产品的需求发生改变，会影响市场产品价格的涨幅情况。如果消费者对于产品的需求下降，商品价格就会下跌；如果消费者对于产品的需求上升，商品价格就会上涨。

2. 竞争状况

企业在对市场投入的新产品定价时会受到多种因素的干扰，而企业商品的价格水平首先取决于市场竞争模式，市场性质也会直接影响企业的定价策略。

企业在对投入市场的商品进行价格决策时，必须考虑竞争对手的营销策略。例如，价格制定、促销手段、产品质量、产品服务、企业实力等方面。在此过程中，不论哪项发生变化都会对企业制定价格策略产生影响。

3. 政府、地区因素

新产品定价在考虑竞争对手因素的同时还需要考虑政府、地区因素等。因为国家的经济发展和一个地区的经济条件对企业定价策略有着决定性影响，如经济周期情况、市场通货膨胀情况以及产品利率问题等。

不同地区的经济情况是不同的，所以企业定价时还需考虑投入市场地区当前的经济情况。而政府是影响企业定价决策的重要因素。因此，企业在进行营销活动前，需要对营销人员进行定价方面的培训。尤其在对外出口方面，企业在产品外销前一定要清楚该国的相关政策，避免受到反倾销调查。

所以，企业的新产品在投入市场前要详细了解各方面信息，首先是企业的目标，明确企业想要什么；其次是了解客户人群，知道他们最关心什么；再次是了解竞争对手，选择应对的营销战略；最后是对成本进行准确分析并合理定价。

任务二　定价程序与定价策略

价格通常是影响交易成败的重要因素，也是市场营销组合中最难确定的因素。企业定价的目标是促进销售，获取利润。这要求企业既要考虑成本的补偿，又要考虑消费者对价格的接受能力，从而使定价策略具有买卖双方双向决策的特征。此外，价格还是市场营销组合中最灵活的因素，它可以对市场做出灵敏的反应。

知识点一　定价程序

价格是现代企业营销战略中的重要工具，价格制定的好坏往往会影响企业的经营状况。定价程序是指企业对新产品的定价，对已上市产品重新制定价格的工作步骤。按照先后次序，企业会从确立定价目标到进行各类因素的分析，然后通过讨论，最终为产品制定一个符合市场需求、能够为企业获取利润的价格。

1. 确定定价目标

确定定价目标是有计划性的、循序渐进的、针对性的活动，是企业制定产品价格策略的前期工作，也是企业后期实现营销目标和发展战略的具体工作。一个企业在阐明价格目标的同时，还必须确定以后的收入目标、市场份额目标、价格稳定性目标、竞争战略目标、利润最大化目标、企业发展目标、企业社会形象目标。企业在订立这些目标时，应遵循一定的原则和确定定价目标的注意事项（见表7-2）。

表7-2 确定定价目标的原则与注意事项

原则	①定价目标应与企业营销组合策略中其他策略的目标相一致； ②定价目标应服从于企业发展的整体战略目标； ③定价目标应是多样化的，但最终目标是实现利润最大化； ④定价目标应是动态的
注意事项	①目标需要规定准确的投放时间范围； ②目标需要用可衡量的方法规定，需要具有现实性； ③目标需要明确指出产品在相关领域实现的具体结果； ④目标需要与企业的整体目标保持一致

2. 衡量市场需求

衡量市场需求是企业制定产品价格时的重要任务。市场需求一般与产品价格成反比例关系：当产品价格与市场需求相悖时，价格提高，市场需求下降；当产品价格与市场需求正相关时，价格提高，市场需求上升。市场需求会透过设定产品价格的限制，影响产品的销售乃至营销目标的实现。

衡量市场需求的前提是搜集相关成本信息，目标市场群体的需求量、经济价值、价格接受范围、价格敏感程度，以及相关市场竞争者的相关信息。企业可以通过问卷调查法、观察法、投射法、文案调研法、模拟分析法进行信息搜集。

3. 估算产品成本

产品成本代表产品价格的最低限度，所有企业制定产品价格的前提都是进行成本的估算。产品的定价不能过高或者过低，要按照市场状况以及产品成本费用决定，这样才能保障产品的再次生产以及维持企业后续的经营。

4. 进行市场分析

企业制定产品价格除取决于需求状况、成本状况外，还受市场竞争状况的强烈影响。市场竞争状况主要表现在市场价格的竞争和产品价格水平的下降。对市场竞争状况的分析，包括三个方面的内容（见图7-3）。

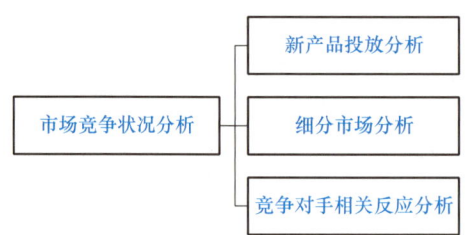

图7-3 市场竞争状况分析

（1）新产品投放分析。企业在对新产品设定价格的时候，需要先衡量产品在市场上的价值。衡量产品价值的标准可以通过预估产品的后续生存能力以及对产品成本的分析两个方面进行。进行产品价值衡量，可以帮助企业对市场的相关规模进行细分和进一步了解消费者的导向及范围。

（2）细分市场分析。通过细分市场分析可以清晰地呈现消费者对不同价格水平的敏感度，还能制衡企业市场定价。进行细分市场分析可以帮助企业针对不同的市场对产品利益产生不同的营销观点，还可以帮助企业对产品前期投入的成本以及后期收获的利润额进行更精准的估算，以及为企业在制定新产品价格时提供导向。

（3）竞争对手相关反应分析。企业在将模仿产品或者改进产品投入市场之前，必须清晰地评估产品投放后期面临其他竞争对手可能会做出的相关反应，避免企业价格和行业价值遭受损害。过低的投放价值会产生激烈的市场价格战，需要将产品价格保持在中等价值线区域里。

5. 选择定价

通过对各类因素进行分析，企业可以确定新产品的定价边界，并进入实施交付管理的具体实施阶段。从本质上来看，企业设定的价格需要映射出市场上消费者的接受程度，并且能让消费者感受到与其他相关产品的价格差异。企业在实施投放价格时，应最大化地发现能产生最大利益的所有因素，并加以评估，从而进一步提升企业与消费者之间的价格，产生更强的黏性。

知识点二　定价策略

1. 常见的定价策略

定价策略在企业的总体策略中发挥着举足轻重的作用，价格的制定必须与企业的营销目的相配合。定价策略有很多种，因此企业在定价上拥有很大的空间（见图7-4）。

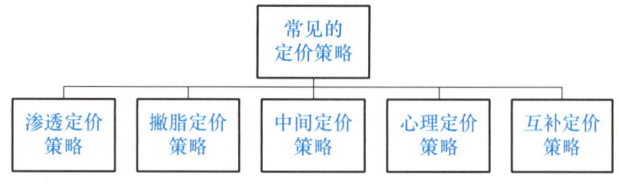

图7-4　常见的定价策略

（1）渗透定价策略。渗透定价策略是指企业在将新产品投入市场的初始阶段，会将商品定以低价，从而保障后续商品销售量的增长，并增强与市场的黏性以获得较大的市场占比。

渗透定价策略主要适用于产品市场竞争比较激烈和产品特色不强的情况。使用此策略有利于企业增加在市场上的产品销售量，并迅速融入市场，获得市场优势。

（2）撇脂定价策略。撇脂定价策略属于企业的高额定价策略，针对企业需要在短时间内获得高额利益、回笼本金的目的。撇脂定价策略的优点是能够争取主动把控市场，获得短期利润最大化，同时保障企业在市场上的竞争地位；缺点是定价过高，容易导致消费者后期的不认可，使企业竞争进入白热化阶段。撇脂定价策略适用于投入的新产品优点显著，且在刚上市时产品需求的价格弹性比较小，在短期内不易被仿制，以及竞争企业较少的情况。

（3）中间定价策略。中间定价策略可以照顾大多数用户的利益，保障产品销售量策略长期稳定增长，使买卖双方均感到合理。中间定价策略的优点是能够通过折中的方式避免渗透定价策略和撇脂定价策略中冒险的缺点，但完全抵消了这两种策略的优点。所以，采用该定价策略时需要注意避免产品没有特色，否则打不开销路。

（4）心理定价策略。心理定价策略是针对消费者心理定价的一种策略，是企业进行产品定价的趋势。不同消费者的消费习惯是不相同的，因此企业需要根据对消费者的分析制定商品市场价格层级，以满足各类消费者的需求。心理定价一般有折扣定价、威望定价、习惯性定价和组合定价四种形式。

①折扣定价。折扣定价是通过消费者面对价格低于往常时的同质量、低价格心理获得盈利。

②威望定价。威望定价是针对企业声望高于产品声望，且消费者有追求名望的心理进行定价。这种定价策略一般由著名品牌采用。

③习惯性定价。针对一些价值不高、购买需求重复且大量的产品，企业也会参照市场的同类产品价格对此类产品定价，定制的价格不能在短时间内随意变动，不然会打破消费者购买此类产品的

惯性倾向，可能导致销售量的变动。

④组合定价。组成定价是将多种商品价格绑定，激发消费者的购买欲望，从而达到促进多商品成交量的目的。

（5）互补定价策略。互补定价策略也称"附属产品定价策略""俘虏产品定价策略"。使用该定价策略的企业将某种主要产品的价格定得较低，甚至亏本销售，以吸引消费者购买，而将与其相关的需要一起使用的连带产品的价格定得较高以赚取利润。其中，主要产品被称为"引诱品"，连带产品被称为"俘虏品"。一般而言，引诱品是使用寿命较长的商品，而俘虏品则是易耗品。消费者一经低价买了引诱品后，就不得不以高价不断购买俘虏品以使主要产品发挥作用。例如，美国吉列公司生产的剃须刀，其刀架价格并不高，但必须使用该公司生产的与刀架相适配的专用刀片，而刀片的市场价格却较高。

2. 定价策略的选择方法

选择代表着挑选、选取，企业要根据经营战略、价格策略、市场分析、经济发展、企业发展等状况，为产品选取一个合适的定价方案。

（1）成本导向定价法。以营销产品的成本为主要依据制定价格的方法，统称为"成本导向定价法"。它是最简单、最基本，应用相当广泛的一种定价方法。成本导向定价法分为成本加成定价法、盈亏平衡定价法、边际成本定价法。

①成本加成定价法。成本加成定价法是指当产品驱动成本变化时，应合理分摊相应的费用，使成本固定，然后遵循目标利润进行定价的策略。产品在生产过程中产生的一系列费用都属于成本范围。

②盈亏平衡定价法。盈亏平衡定价法是指在销售量达到一定额度的情况下，产品价格需要达到相应的水平才能盈亏平衡的定价策略。盈亏平衡定价法的前提是需要先明确产品前期投入的固定成本以及后期的变动成本。

③边际成本定价法。边际成本定价法是指由于产品的需求量变动，产品成本发生变化的定价策略。相对于变动成本定价法，边际成本定价法常常不被企业采用，因为两者的策略方法比较相似，所以边际成本定价法又被称为"变动成本定价法"。

（2）竞争导向定价法。竞争导向定价法是指企业对竞争对手的价格保持密切关注，以竞争对手的价格作为产品定价的主要依据。当然，这并不意味着保持一致，而是根据竞争对手的价格制定出高于、低于或相同的价格。其优点在于考虑到产品价格在市场上的竞争力。其缺点在于过分关注价格上的竞争，容易忽略其他营销组合可能造成产品差异化的竞争优势；容易引起竞争对手的报复，导致恶性的降价竞争，使公司毫无利润可言；竞争对手的价格变化难以被精确估算。竞争导向定价法还可以分为随行就市法和密封投标法。

①随行就市法。随行就市法是指企业在将产品投入市场的时候，以同行业竞争者的产品价格为标准，制定平均价格保持市场水平一致的一种方法。采用此方法可以帮助企业通过不同层面了解消费者对价格的接受程度。

②密封投标法。密封投标法是指买方引导卖方通过竞争成交的一种定价方法，具体是单个买方公开招标，多个卖方竞争投标，招标产品由投标者依据自身情况密封递价，从而确定成交。

（3）顾客导向定价法。顾客导向定价法是指企业以对产品市场需求情况的调查和消费者对产品价格的接受度为依据定价的一种方法。所以，顾客导向定价法又称为"市场需求导向定价法"，可分为理解价值定价法和需求差异定价法两种。

①理解价值定价法。消费者在购买商品时是拥有自己的主观意见的，在面对商品的价格时，有自己的评判标准，而企业则可以通过调查并以此为依据对商品进行定价。首先，企业可以通过采用相关的营销手段影响消费者对该产品价值的认知，如名人效应、客户使用测评视频等；其次，根据

消费者被影响后的价值认知进行定价（见图7-5）。

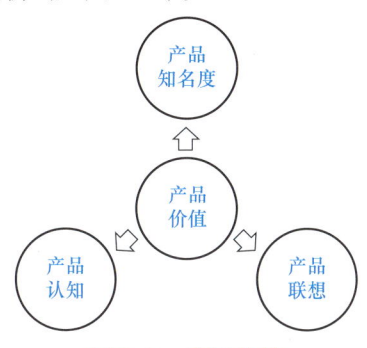

图 7-5　产品价值

②需求差异定价法。需求差异定价法是以确定产品价格的需求为依据，将收回产品成本的目标摆在次要地位，以及将消费者的不同需求放在主要地位，满足不同产品定制不同价格的需求。该定价法可以使企业在定价时最大限度地符合市场需求，从而获取最大收益。

3. 定价技巧

（1）非整数法。非整数法是指将商品价格设定为以零结尾的非整数，使消费者认为其主导价格低于整数价格，从而刺激消费者的购买欲望。

（2）弧形数字法。在大型超市的商品定价中，数字按使用频率排序，依次为5、8、0、3、6、9、2、4、7、1。这种现象的根源是顾客消费心理的作用，给消费者带来刺激感，容易被顾客接受。价格数字化的应用也可以结合中国国情。例如，在定价中最常用的数字是"6"和"9"，这两个数字之所以比较受欢迎，是因为中国人有"六六大顺、长长久久"的说法；"8"也常被使用，是因为很多中国人认为它会给自己带来发财的好运；而"4"则因与"死"同音，被人忌讳。

（3）应时调整法。在市场竞争中应时刻关注产品的市场需求变化，从而应时进行价格的调整。例如，A品牌服装刚上市时以新颖、高价出售，深受消费者喜爱，产品一售而空；当市场出现大批形同款式时，A品牌将产品价格降至略高于普通服装价格，依旧一售而空；当服装过了潮流风向时，A品牌以略高于成本价的价格出售，依旧一售而空。

（4）安全法。对于一般商品来说，定价过高不利于打开市场，而定价过低则会造成企业的亏损。因此，最稳定的方式是使定价略高于成本价，获取正常利润。

（5）分割法。分割法是一种心理策略，能够使买方在心理上产生价格低廉感。分割法有两种形式。①以较小的单位报价。例如，干货每吨1000元可以报成每千克1元，薄荷叶每千克10元可以报成每50克0.5元等。又如，在App上进行内容宣传时也会出现"只需要5元，就会推广给两万客户进行收看"。②以较小单位商品的价格进行比较。例如，一般电器类产品会将产品总价平均到天计算，出现"我们的冰箱平均每天电费只要2元钱"。又如，日常使用的产品类会出现"每天节约一滴水，每周就可以购买一本书"。

任务三　价格变动策略

价格变动策略的目的在于促使产品价格适应供求变化，并与营销组合的其他因素更加协调，发挥最佳促销作用，提高营销效益。价格变动的必要性是建立在价格得到有效执行基础上的，价格执行的过程也是价格不断调整的过程。因此，价格变动策略实质上是企业的一种动态定价策略。

知识点一　价格变动的原因及策略

1. 价格变动的原因

价格变动是因生产成本和供需关系变化产生上下涨幅的现象。价格的变动自动调节着社会供需的均衡，亦即生产和消费的均衡。通常，影响价格的原因有以下五个（见图7-6）。

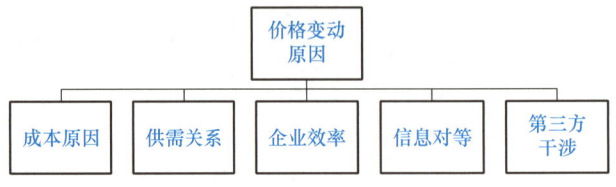

图7-6　价格变动原因

（1）成本原因。生产成本会随着科学因素降低或提升，使产品价格也出现相应的变动。

价格是商品的交换价值在流通过程中取得的转化形式，无差别的劳动是流通的基础。有了劳动才有了价值、有了被需要、有了交换的意义。也就是说，价值是生产价格的基础，价值应大于生产价格。

（2）供需关系。不同市场的消费者对价格变动的反应是不同的，即使是处在同一市场的消费者对价格变动的反应也可能不同。顾客对提价的可能反应有：产品很畅销，不赶快买就买不到了；产品很有价值；卖主想赚取更多利润。顾客对降价可能有以下看法：产品样式老了，将被新产品代替；产品有某些缺点，销售不畅；企业财务困难，难以继续经营；价格还要进一步下跌；产品质量下降了。

购买者对价值不同的产品价格反应也有所不同：对于价值高，经常购买的产品价格变动较为敏感；而对于价值低，不经常购买的产品，即使单位价格高，也不太在意。此外，购买者通常更关心取得、使用和维修产品的总费用，因此卖方可以把产品的价格定得比竞争者高，取得较多利润。

（3）企业效率。商品流通中常常会出现中间商，所以企业可以直接同货源厂家合作，以较低的价格进货，既可以减少中间商的资金占用，又可以为产品的批量销售提供一定的条件。这样，在提升销售效率的同时提升了销售量，使商品有价格下降的可能。

（4）信息对等。产品需要符合大众需求，符合消费者对该产品的心理价值。根据消费者对该产品的心理价值变化，产品价格也会相应地提高或降低。马克思说："不同商品的价格不管最初用什么方式来互相确定或调节，它们的变动总是受价值规律的支配。"

（5）第三方干涉。根据国家政策、法律环境以及经济形势的变化，企业也会对商品价格进行调整。

2. 价格变动策略

价格变动策略是指企业在市场营销活动中，根据市场状况、企业条件等价格影响因素的变化适时修订和调整产品基本价格的手段。价格变动策略又分为降价策略和提价策略。

（1）降价策略。降价是企业在面对企业内部条件和根据市场走向的变化进行价格下降的变动，这是企业在定价时面对的具有持续性威胁的问题。对于企业来说，降价具有一定的风险性，产品降价时，消费者也会因为惯性心理认为是产品质量下降导致产品价格下降。同时，降价行为会引起市场的过度竞争，所以企业在进行产品降价时应该掌握好时间与价格幅度。

①新产品即将上市，对旧产品有着替代作用，可以通过降价迅速地将旧产品处理掉。这样不仅可以回笼资金，而且可以为新产品打开市场做铺垫，回笼的资金可被用于新产品的市场推广。

②库存积压太多，需要通过降价达到迅速回笼资金的目的，降价能使产品较快卖出，获得现金，让资金链活起来。

降价的原因和策略见表7-3。

表 7-3　降价的原因和策略

降价原因	①企业外部需求以及市场竞争因素变化； ②企业内部战略转换、成本因素变化； ③国家政策、法律法规干预
降价策略	①提前告知商品降价时间，或者给予临近降价时间购买的消费者以差额补贴； ②适当减少产品特点、功能、规格和服务项目； ③开展促销形式，如买/赠形式、优惠券促销形式

（2）提价策略。提价可以增加企业的利润，但是会降低企业在市场上的竞争力，引起消费者异议和经销商的投诉，严重的话还会受到政府干预，产生对企业不利的影响。在市场营销中，产品价格提升现象是相当普遍的。

①为了应对产品成本增加，减少成本压力。这是所有产品价格上涨的主要原因。成本的增加或者是原材料价格上涨，或者是生产或管理费用提高引起的。企业为了保证利润率不致因此降低，便采取提价策略。

②为了适应通货膨胀，减少企业损失。在通货膨胀条件下，即使企业仍能维持原价，随着时间的推移，其利润的实际价值也会呈下降趋势。为了减少损失，企业只好提价。

③产品供不应求，遏制过度消费。对于某些产品来说，在需求旺盛而生产规模又不能及时扩大，即出现供不应求的情况下，可以通过提价遏制需求，同时可以取得高额利润，既可以缓解市场压力使供求趋于平衡，又为扩大生产准备了条件。

④利用顾客心理，创造优质效应。作为一种营销策略，企业可以利用涨价营造品牌形象，使消费者产生价高质优的心理定式，提高企业知名度和产品声望。

提价的原因和策略见表 7-4。

表 7-4　提价的原因和策略

提价原因	①会跟随竞争对手的价格变化进行提价； ②产品成本增加，需要适应市场通货膨胀； ③产品在市场的优势较大，处于重要的发展阶段； ④企业希望利用消费者的消费心理创造产品的优质效应
提价策略	①告知成本提升原因，获得消费者同理心，减少消费者的心理抵触； ②增加产品质量、含量，给顾客提供更多选择机会； ③在不影响公司利润的前提下适当赠送小礼品

知识点二　价格变动幅度分析

价格变动幅度分析能够反映出当下市场经济情况以及后续的发展情况，是关于企业研究物价总水平涨幅程度的分析。价格变动幅度分析方案包含物价总指数分析、用分类（分组）物价指数补充分析物价总指数、物价总指数的涨跌构成分析三个方面。任何价格变化都将受到购买者、竞争者、分销商、供应商，甚至政府的注意。

1. 物价总指数分析

物价总指数也称"一般物价指数""综合物价指数"，是反映全部商品价格平均变动的物价指数。物价总指数是根据广泛组合的商品和劳务的价格平均值计算得出的，它反映了一个国家一般物价水准的变动。

物价总指数的变动是各种经济因素综合作用的结果，是企业经济运行状况的一种反映。物价总指数分析是研究物价变动的首要程序，通过观察市场总体价格水平变动分析企业的经济运行情况。

物价总指数分析是研究物价指数的方法、物价水平及其需要注意的问题。物价总指数是数量化的物价总水平变化指数，是两个时期物价水平比较的相对数，按基期和报告期的不同，指数的意义不同。

物价总指数分析比较常用的方法有两种：一是同经验数据相比，根据市场价格的涨幅程度判断市场形势；二是同往年的市场价格指数相比，判断当期的价格变化特点。

2. 用分类（分组）物价指数补充分析物价总指数

物价总指数是一个平均的相对数字，是整体价格变化的综合反映。补充分类（分组）物价指数可以正确反映结构变化对物价总指数的影响，从而找出影响物价总指数的主要因素。对价格指数进行分类（分组）以补充一般价格指数的方法，只体现在一般价格指数的变化上。

3. 物价总指数的涨跌构成分析

我国用来考察一般物价水准变动的物价指数主要是商品零售价格指数。除此之外，也可采用GDP内含价格指数以及其他综合性物价指数。商品零售价格指数是通过抽样调查取得的统计平均数，即对所选的数百种典型的零售商品在不同地点的零售价格加权平均计算的结果。

物价总指数的涨跌构成分析，是指在各种或各组价格指数变化的影响下，企业需要通过分析构成总指数的涨跌原因，也就是各类别（组别）指数的涨跌对物价总指数的具体影响程度，说明涨跌对物价总指数的具体影响程度。

这种分析一般采用比重分析法。比重分析法是指根据各种商品价格指数的涨跌幅度在物价总指数中所占的比例计算物价总指数涨跌构成的方法。

知识点三 价格变动履行与限制

价格变动是指商品价格因为市场竞争问题、成本问题、需求问题、政府原因等因素产生的变动。

1. 价格变动履行

价格变动履行，是指执行政府定价的合同，在合同订立后、履行前政府定价发生调整的，按照何种价格履行的问题。

2. 价格变动限制

价格变动限制，是指遇到交易行为风险降低、意外因素减少，对期货合约的每日价格波动产生限制。随着市场的发展和完善，交易会逐渐增加可变价格的变动限额。

价格上涨限制是对价格变动的静态限制。这种限制方法是以前一个交易日的收盘或结算值为基础，乘以一个预先给定的比例计算出当天每项合同的最高和最低价格，如果市场价格超过了这个价格，就要暂时终止合同交易。

价格分析报告写作

撰写价格分析报告首先要对价格数据资料进行收集、加工和深入分析，其次进入撰写环节。这里着重介绍撰写价格分析报告应注意的几点基本要求。

1. 抓住主题，明确观点

主题是价格分析报告要表现的核心思想，观点是对价格分析主题核心内容的高度概括。只要围绕主题进行分析，就能抓住主要问题和突出矛盾，深入、准确地认识错综复杂的市场价格变化情况。明确观点则能对价格变化情况做出概括性判断，准确判断变动形势，适时采取调控政策措施，具有很大的实际意义。明确观点还便于他人简明扼要地了解和抓住价格分析报告反映问题的重点、要点，掌握分析报告中提出的看法和做出的判断。所以，撰写价格分析报告的第一要求是抓住主题，围绕主题观点明确地进行分析。

2. 进行严谨的分析论证

（1）分析论证。

价格分析写作也是一个论证过程。撰写比较简单的价格动态反映报告，一般只需要对价格变化的基本情况做出简要的描述性分析即可。但在撰写专题分析、形势分析和预测分析报告时，由于涉及的内容多、范围广、时间长、问题复杂，需要按照分析主题采用一定的分析方法进行论证，使得出的观点、看法、判断有可靠的事实依据，合乎逻辑规则和逻辑关系。

论证是价格分析写作一个重要的基本方法。按照写作理论，价格分析主题也可以叫作"论题"，依据的价格数据材料叫作"论据"。论证则是指在价格分析写作中，按照逻辑规则，以市场价格实际情况为依据，对价格分析论题进行论述的过程，是一种进行科学分析、科学判断、科学预测的推理形式。

论证还是一个推理过程，需要在运用归纳、比较、概括、综合等分析方法基础上，得出对价格变化状况、价格变化趋势深刻、准确的判断和分析结论。因此，撰写价格分析报告一定要运用论证方法。分析报告的观点与依据之间，以及在分析报告的结构上都应体现出合理的逻辑关系，得出的结论应合乎逻辑，无论是在事实上还是在分析过程上，抑或是逻辑关系上，都能站得住脚，经得起推敲。

（2）使用论证写作应注意的问题。

要用准确的概念、语句清楚而明确地表达价格分析报告的观点、看法，用语、用词不能含糊不清、模棱两可，要概括、精练而确切。

要按照具体情况，选择合适的论证方法，并有必要的分析论证过程。价格分析每推进一步，每得出一个新的判断，都要建立在对分析工具运用的基础上，符合逻辑规则。

论据必须与论题一致，价格分析依据的数据材料必须来自市场实际而且充分，能满足价格分析主题的需要，能由充分符合市场实际的数据材料推出论题，做出判断，得出结论。论据与论题之间不能缺少密切联系，务必防止在论据不充分的情况下，做出缺乏可靠依据的分析判断。

3. 掌握和运用一定的写作方法

写作是一种思想表达，而能否准确地表达思想，除了对价格变化情况要有深刻的认识能力外，还要掌握和运用一定的写作方法，这对一个人的写作能力和写作水平有很大影响。

就价格分析写作一般情况而言，应注意学习和掌握两个方法。一个按古人的说法叫"谋篇布局"，按现在的说法叫"构思"，就是安排分析报告的内容结构，包括分几个部分写，每部分写哪些内容，各部分之间是什么关系，怎样通过各部分的具体内容说明分析报告的核心观点。另一个按古人的说法叫"炼字"，意思是说在写作时要注意选择文字，按现在的说法叫"字斟句酌"。无论多长的文章，都是由文字构成内容体现思想的。

只有使用的语句、字词恰当、合适，才能准确地表达文章思想。在一定程度上说，提炼文字就是提炼思想。做任何工作，都需要大处把握、小处严谨。同样，写分析报告，大处是把握主题、观点，小处是用语、用词，只有小处严谨了，才能很好地把握大处。一篇分析报告中的观点和看法是文章的核心，是文章的骨架，用来说明观点和看法的材料是文章的血肉，只有二者搭配、使用得当，才会相得益彰。

观点和看法是分析报告的中心思想，在对情况、问题、形势、趋势有了定性的、判断性的看法后，还需要提炼出画龙点睛之句、画龙点睛之词，用精练、严谨、准确的语句、字词

加以概括。尤其是在向领导报送信息时，用语、用词一定要慎重、准确，不能用随意性的、夸张性的、新闻性的、网络性的语言、字词，也不能用对价格数据的描述代替对价格情况、价格问题、价格形势、价格变动趋势的定性和判断性看法。

在选择用语、用词时，应注意多下些功夫，反复斟酌、反复推敲。唐代诗人贾岛所写的为人们历代传诵的名句："鸟宿池边树，僧敲月下门。"作者对用"推"字，还是用"敲"字更富有诗意煞费苦心，并留下了"推敲"一词的典故。这种精益求精的治学精神值得人们认真学习。

营销技巧

错觉定价

错觉定价是利用顾客对商品价格知觉上的误差性，巧妙地确定商品销售价格的一种定价方法。在生活中，由于主客观的原因，顾客会对商品价格产生错觉。若能巧妙地利用顾客的错觉，让顾客在心理上得到更大的满足，就可以收到较为理想的效果。很多高端产品和服务都会在产品附加值上花费更多精力，目的都是消除顾客的顾虑。

1. 非整数定价法（尾数定价法）

例如，某商品价格宁可定为9.9元而不定为10元，宁可定为9角9分而不定为1元。9.9元是"9"的概念，而10元是"10"的概念，10比9高一层次，人们会觉得贵一些，心理感受不一样，其实9.9元与10元仅相差1角钱。同时，带尾数的价格又给人一种此价是经过精心核算的最低价格的感觉，从而产生信任感；而整数价为10元、20元、100元，往往被人认为此价只是概略性计算，并不十分准确，因而产生不信任感。市场营销活动中零售商品定价大多数是取非整数定价。

2. 整数定价法

整数定价法的意图主要是让消费者对商品价格便于记忆、宣传，同时产生价高质好感和满足某种荣耀感。例如，一种商品分别定价为29.5元和30元，从非整数定价法来看，前者被认为是便宜的，后者被认为贵些。但并不是所有消费者都对商品非廉价才购买不可；相反，有人认为价格差不多的商品，宁要价格高一些的，因为价高质量可能好一些。实际上，这也是消费者价格错觉的心理作用。对于那些名牌、高级礼品等商品用整数定价，不仅便于消费者之间口头宣传，而且有人能以整数夸耀于人前，以满足其自尊需要。

3. 拆零定价法

例如，一种大包装商品改为小分量包装后，价钱也拆零计算，使得消费者产生便宜的感觉，其实单位价格一样。例如，某种茶叶1千克一包装为30元，若分作50克一包装，每包为1.5元。消费者对于一次付出30元会有所顾虑，而付出1.5元就不会犹豫不决了。实际上，1千克30元与50克1.5元的价格是相同的。

4. 毛利定价法

长期经营的实体店或外卖店铺，在经营过程中可以统计出长期毛利率的平均水平。如果经营时间比较短，可以参考餐饮店的毛利率40%～60%，作为计算定价的依据。定价系数：产品价格＝成本/（1－毛利率）。

5. 系数定价法

系数定价法是以同地区、同类型、同档次外卖店铺的菜品价格和成本比制定价格的方法。定价系数：产品价格＝成本×定价系数。

6. 附加定价常数法

这种定价是在系数定价法的基础上，增加定价常数得出的。而定价常数是生产中的大额费用（如房租、人力、能源等相加之和）除以产品销售分数得出的。

项目小结

本项目主要对实施价格策略的原因、种类，实施价格变动策略的原因、策略以及定价程序与定价策略几个方面进行了相关阐述，其中，重点介绍了影响企业定价的内外部因素和定价程序与策略。通过本项目的介绍，希望学生能够掌握实施价格策略的相关知识点并结合实际充分运用。

案例讨论

商业传奇人物：吉诺·鲍洛奇

吉诺·鲍洛奇是美国商界的传奇人物。他出身寒微，白手起家，从卖豆芽菜到经营超级食品公司，在短短20年间就成为具有亿万资产的巨富。他的别号极多，有"推销怪杰""市场专家""公关大师"等美名，充分展示出他的"鲍氏企业经营之道"。

鲍洛奇的推销才干在他10岁那年就显露出来了。那时，他还是个穷矿工家庭的孩子，他发现来矿区参观的游客喜爱带当地的东西留作纪念，他就拣了许多五颜六色的铁矿片向游客兜售，游客果然争相购买。不料，其他孩子纷纷仿效，鲍洛奇灵机一动，把精心挑选的矿石装进小玻璃瓶，阳光之下，矿石发出绚丽的光泽，游客简直爱不释手，鲍洛奇也乘机将价格提高了4倍。也许正是这个有趣的经历，使得鲍洛奇对销售与定价总有独到的见解。以至于在他的商业生涯中，他一直注意制定销售价格的艺术。鲍洛奇认为，以低价促进销售、击垮竞争对手，是零售业者一种重要的销售手段，也是他常用的手段。但是，他绝不一味地搞降价销售。

鲍洛奇生产的一种蔬菜罐头在上市的时候，由于别的厂商同类产品的价格几乎都在每罐5角以下，所以公司的营销人员建议将价格定在4角7分到4角8分之间。但鲍洛奇将价格定在5角9分，一下子提高了20%！鲍洛奇向销售人员解释说，5角以下的类似商品已经非常多了，顾客已经感觉不到每种商品有什么特别的地方，并在心理上潜意识地认为它们都是平庸的商品。如果价格定在4角9分，顾客就会将之划入平庸之列，而且会认为你的价格已尽可能地定高，你已经占尽了便宜，甚至产生一种受欺诈的感觉；若你的产品定价在5角以上，就会立即被顾客划入不同凡响的高级货一类，定价至5角9分，既给人与普通货价格有明显差别的感觉，进而认为品质也有明显差别，也给人这是高级货中不能再低价格的感觉，从而使顾客觉得厂商很关照他们，反而认为自己占了便宜。

后来，在实际的销售中，鲍洛奇掀起了一场大规模促销行动，口号就是"让一分利给顾客"，于是更加强化了顾客心中觉得占了便宜的感觉，蔬菜罐头的销售大获全胜。这5角9分的高价非但没有吓跑顾客，反倒激发了顾客选购的欲望。

与其说鲍洛奇是一位推销天才，不如说他是一位熟知消费者心理的心理学家。他在做出决策之前，总能站在消费者的角度思考问题。他总是把顾客的心理揣摩得非常透彻，常利用较高的价格吸引顾客的注意力，激起顾客的购买欲，他不轻易降低产品的价格损坏商品的形象，而是另辟蹊径，采取赠送优惠券、发放纪念品等形式。这样，既吸引了顾客，又保护了产品的定价。

请思考：实施价格策略有哪些优势？

任务实施

【任务目标】
1. 通过对手机市场价格的评析，加深学生对各种价格方法及策划的理解。
2. 进一步了解价格制定、修订和变动的原因及其策略。
3. 初步培养学生价格策划能力。

【组织及步骤】
1. 内容。
（1）手机市场价格策划状况调查。调查对象为本地的手机专卖店、手机商店、百货商店手机专柜、网上手机店铺等。调查内容为某品牌手机的价格及其销售情况。调查方式为上网搜集、观察调查、深入访谈等。
（2）对某品牌手机市场价格策划进行评析，包括手机品牌名称、档次高低、进价依据、顾客反映、顾客流量、价格策划、销售情况等。
2. 组织。
（1）选择学生比较熟悉或正在使用的某品牌手机为调查对象。
（2）将学生分成若干小组，制定调查表或访谈提纲，分头进行调查与观察。
（3）以小组为单位汇总调查结果并进行讨论。

【成果与考核】
学生撰写某品牌手机价格策划评析报告，教师批阅并进行全班交流。

巩固与思考

一、单选题

1. 总销售额占行业销售额的比例叫作（　　）。
   A. 市场占比目标　　　　B. 价格稳定性目标　　　C. 销售额目标
2. 一个品牌企业在推出新产品的时候，在给产品定价时会将价格定得比同类产品低，刚开始的时候企业获利较小，但产品被快速地打入市场，保障产品后续的高销售量，从而获利。其采用的定价策略为（　　）。
   A. 撇脂定价策略　　　　B. 渗透定价策略　　　　C. 折扣定价策略
3. 某企业利用消费者跟风、仰慕的心理，对出售商品的定价可以采用的是（　　）。
   A. 尾数定价　　　　　　B. 威望定价　　　　　　C. 反向定价
4. 以小营销产品的成本为主要依据制定价格的方法被统称为（　　）。
   A. 顾客导向定价法　　　B. 成本导向定价法　　　C. 竞争导向定价法
5. 当企业产品处于市场激烈竞争时段及面临产量过剩时，企业的主要定价目标是（　　）。
   A. 利润最大化　　　　　B. 企业生产　　　　　　C. 降低产品成本

二、多选题

1. 企业在决定产品定价目标时，会受到（　　）因素变动的影响。
   A．企业　　　　　　　　B．时间段　　　　　　　　C．市场
2. 下列属于心理定价策略的是（　　）。
   A．折扣定价　　　　　　B．威望定价　　　　　　　C．习惯性定价
3. 企业定价策略的选择方法有（　　）。
   A．成本导向定价法　　　B．竞争导向定价法　　　　C．顾客导向定价法
4. 企业根据顾客对产品价值的认知消费行为定价，那么企业可以通过（　　）提升产品价值。
   A．提升产品知名度
   B．影响消费者对产品价值的定义
   C．使用品牌联想效应
5. 企业会对产品采取提价策略的情况是（　　）。
   A．受到政策、规范、行业标准的影响
   B．市场上没有替代品和竞争者
   C．产品处于发展上升期

三、填空题

1. _____企业在对其生产或经营的产品制定价格时，有意识地要求达到的目的和标注。
2. 企业产品可变成本发生的原因，一类是_____可变成本，另一类是_____可变成本。
3. 价格变动幅度分析方案包含_____、_____、_____三个方面。
4. 撇脂定价策略和_____都适用于产品生命周期的初始阶段。
5. 影响价格变动的主要有成本原因、_____、_____、_____、第三方干涉。

自学进阶

手表定律

手表定律是指一个人在拥有一只手表时，可以知道现在是几点钟，而当他同时拥有两只手表时却无法确定。两只手表并不能告诉一个人更准确的时间，反而会使看手表的人失去对准确时间的信心。

手表定律在企业管理方面给了人们非常直观的启发，就是对同一个人或同一个组织不能同时采用两种不同的方法，不能同时设置两个不同的目标，甚至每个人不能由两个人同时指挥，否则将使这个企业或者个人无所适从。深层含义在于：每个人都不能同时挑选两种不同的行为准则或者价值观念，否则其工作和生活必将陷入混乱。

你要做的就是选择其中较信赖的一只手表，尽量校准它，并以此作为自己的标准，听从它的指引行事。尼采有一句话："兄弟，如果你是幸运的，你只要有一种道德而不要贪多，这样，你过桥会更容易些。"如果每个人都"选择你所爱，爱你所选择"，无论成败都可以心安理得。

ITEM 8

项目八 建立渠道策略

本项目介绍了分销渠道的基本模式、分销渠道的中间商以及分销渠道的设计与管理三个方面，使学生能够更好地建立渠道策略，并能够运用于日后的工作中。

学习目标

- 了解分销梁道的含义、作用、类型。
- 了解中间商的定义、类型、作用。
- 掌握选择中间商的原则及条件。
- 了解分销渠道设计的影响因素及流程。
- 掌握管理分销渠道的方法。

学习导图

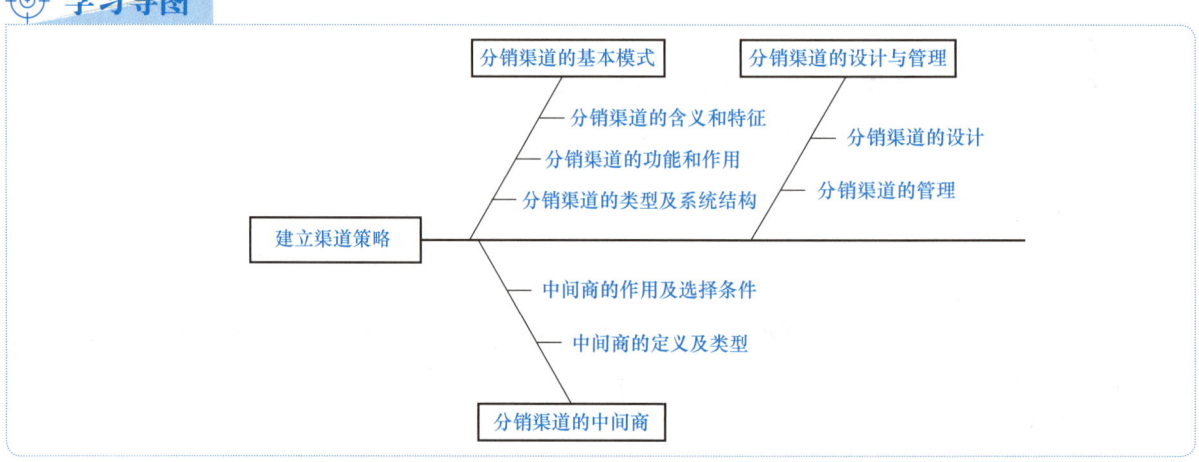

职业内容与岗位要求

职业功能	工作内容	技能要求	相关知识
渠道管理	建立渠道策略	◎能够建立与组织实施渠道策略	◎营销渠道种类的知识 ◎选择、评估中间商的知识
	设计渠道系统	◎能够设计相应的渠道系统	◎渠道系统种类的知识
	实施渠道管理	◎能够建立、管理和维护渠道系统	◎渠道调整的知识 ◎不同类型渠道关系的知识 ◎激励渠道成员的知识

引导案例

可口可乐的22个渠道

1886年5月8日，可口可乐在美国佐治亚州亚特兰大市诞生，自此便与社会发展相互交融，不断激发创新灵感。现在，可口可乐每天都在为全球的人们带来怡神畅快的美妙感受。

1978年12月19日，中美正式建交的第二天，可口可乐宣布重返中国市场，成为改革开放后第一个重返中国的国际品牌。

每个类别都有一个故事，每个类别都可以是一个系统，每个类别都有巨大的操作空间。可口可乐的成功在于系统化的操作，只要在不同区域进行复制即可。而且，可口可乐作为快消品中的典范，对于渠道的掌控能力非常强大。

（1）传统食品零售渠道，如食品店、食品商场、菜市场等。

（2）超级市场渠道，包括独立超级市场、连锁超级市场、酒店和商场内的超级市场、批发式超级市场、自选商场、仓储式超级市场等。

（3）平价商场渠道，其经营方式与超级市场基本相同，区别在于经营规模较大，而毛利更低。平价商场通过大客流量、高销售额获得利润，因此在饮料经营中往往采用鼓励整箱购买、价格更低的策略。

（4）食杂店渠道，通常设在居民区内，利用民居或临时性建筑和售货亭经营食品、饮料、烟酒、调味品等生活必需品，如便利店、便民店、烟杂店、小卖部等。这些渠道分布面广、营业时间较长。

（5）百货商店渠道，即以经营多种日用工业品为主的综合性零售商店。内部除设有食品超市、食品柜台外，还附有设快餐厅、休息冷饮厅、咖啡厅或冷食柜台。

（6）购物及服务渠道，即以经营非饮料类商品为主的各类服务行业，经常附带经营饮料。

（7）餐馆酒楼渠道，即各种档次饭店、餐馆、酒楼，包括咖啡厅、酒吧、冷饮店等。

（8）快餐渠道，快餐店往往价格较低，客流量大，用餐时间较短，销量较大。

（9）街道摊贩渠道，即没有固定房屋、在街道边临时占地设摊、设备相对简陋、出售食品和烟酒的摊点，主要面向行人提供产品和服务，以即饮为主要消费方式。

（10）工矿企事业渠道，即工矿企事业单位为解决职工工作中、工休时的防暑降温以及节假日饮料发放等问题，采用公款订货的方式向职工提供饮料。

（11）办公机构渠道，即由各企业办事处、团体、机关等办公机构使用公款购买，用来招待客人或在节假日发放给职工。

（12）部队军营渠道，即由军队后勤部供应，以解决官兵日常生活、训练及军队请客、节假日联欢之需，一般还附设了小卖部经营食品、饮料、日常生活用品等，主要向部队官兵及其家属销售。

（13）大专院校渠道，即大专院校等住宿制教育场所内的小卖部、食堂、咖啡店、冷饮店，主要面向在校学生和教师，提供学习、生活等方面的饮料和食品服务。

（14）中小学校渠道，指设立在小学、中学、职业高中以及私立中学、小学校等非住宿制学校内的小卖部，主要向在校学生提供课余时的饮料和食品服务（有些学校提供课余时的饮料和食品服务；有些学校提供学生上午加餐、午餐服务，同时提供饮料）。

（15）在职教育渠道，即设立在各级党校、职工教育学校、专业技能培训学校等在职人员再教育机构的小卖部，主要向在校学习的人员提供饮料和食品服务。

（16）运动健身渠道，即设立在运动健身场所出售饮料、食品、烟酒的柜台，主要向健身人员提供产品和服务；或指设立在竞赛场馆中的食品饮料柜台，主要向观众提供产品和服务。

（17）娱乐场所渠道，指设立在娱乐场所内（如电影院、音乐厅、歌舞厅、游乐场等）的食品饮料柜台，主要向娱乐人士提供饮料服务。

（18）交通窗口渠道，即设立在机场、火车站、码头、汽车站等场所的小卖部以及在火车、飞机、轮船上提供饮料服务的场所。

（19）宾馆饭店渠道，即集住宿、餐饮、娱乐于一体的宾馆、饭店、旅馆、招待所等场所的酒吧或小卖部。

（20）旅游景点渠道，即设立在旅游景点（如公园、自然景观、人文景观、城市景观、历史景观及各种文化场馆等）向旅游者和参观者提供服务的食品、饮料售卖点。一般场所固定，采用柜台式交易，销售量较大，价格偏高。

（21）第三方面消费渠道，即批发商、批发市场、批发中心、商品交易所等以批发为主要业务的饮料销售渠道。该渠道不面向消费者，只是商品流通的中间环节。

（22）其他渠道，指各种商品展销会、食品博览会、集贸市场、各种促销活动等其他销售饮料的场所。

※ 引例分析

这一案例表明了产品从生产者向消费者转移经过的通道或途径，是由一系列相互依赖的组织机构组成的商业机构，这一商业机构模式即产品由生产者到用户的过程中经历的各个环节连接起来形成的通道。销售渠道的起点是生产者，终点是用户，中间环节包括各种批发商、零售商、商业服务机构进行的商品所有权转移。渠道的控制是指通过对渠道的管理、考核、激励以及渠道冲突的解决等一系列措施，对整个渠道系统进行的综合调控。公司建立起渠道系统，仅仅是完成了实现分销目标的第一步，而要确保公司分销目标顺利完成，还必须对建立起来的渠道系统进行适时的渠道控制。由此可见，可口可乐作为快消品中的典范，对于渠道的掌控能力非常强大。

在市场上，参与产品交易的活动对象除了生产商和消费者之外，还有介于二者之间的众多中间机构或个人，他们在产品交易过程中扮演着不同的角色，执行着各自的职能，将来自上游的产品进行分销，最终将产品送达消费者手中。而企业能否建立合适的分销渠道，在适当的时间、地点，以适当的价格向市场推送产品，确保建立的渠道畅通、高效、低成本地销售产品，是企业开拓市场规模、提高产品销售额的关键。

任务一　分销渠道的基本模式

"现代营销学之父"菲利普·科特勒认为，市场营销渠道和分销渠道是两个不同的概念。他说："一条市场营销渠道是指那些配合起来生产、分销和消费某一生产者的某些货物或劳务的一整套所有企业和个人。"这就是说，一条市场营销渠道包括某种产品供产销过程中所有的企业和个人，如资源供应商、生产者、商人中间商、代理中间商、辅助商以及最后消费者或用户等。

知识点一 分销渠道的含义和特征

1. 分销渠道的含义

分销渠道是指产品或服务以正确的数量、正确的时间和正确的地点从生产商流向消费者（用户）经过的各个中间商连接起来的整条通道。在流通过程中，中间商具有协助生产商与消费者转移产品所有权的桥梁作用，即中间商的上游是生产商，下游是消费者（用户）（见图8-1）。

图 8-1 分销渠道

分销渠道的起点是生产者，终点是消费者（用户）。分销渠道作为产品据以流通的途径，必然是一端连接生产，另一端连接消费，通过分销渠道使生产者提供的产品或服务，源源不断地流向消费者。在这个流通过程中，主要包含着两种转移：商品所有权转移和商品实体转移。这两种转移既相互联系又相互区别：商品实体转移是以商品所有权转移为前提的，也是实现商品所有权转移的保证。

分销渠道是一组路线，是由生产商根据产品的特性进行组织和设计的。在大多数情况下，生产商设计的渠道策略应充分考虑其参与者——中间商。

产品在由生产者向消费者转移的过程中，通常要发生两种形式的运动。一是作为买卖结果的价值形式运动，即商流。商流使产品的所有权从一个所有者转移到另一个所有者，直至消费者手中。二是伴随着商流发生的产品实体的空间移动，即物流。通常，商流和物流都会围绕产品价值的最终实现，形成从生产者到消费者的一定路线或通道。

2. 分销渠道的特征

（1）分销渠道串联了产品流通的全过程。产品在市场上成功交换的首要条件是具备满足消费者需求的某些功能，而分销渠道的起点生产商就扮演了创造这些功能的角色；次要条件是产品价值的实现离不开消费环节。由此，通过从生产商到消费者之间的层层传递，产品的流通被分销渠道串联起来。

（2）分销渠道是由相互依存的组织或个人组成的多功能系统。分销渠道是提供不同功能的组织或个人共同参与产品的分销过程，使得产品的流通井然有序地进行，各种社会资源合理分配，最终将产品顺利地送达消费者手中。产品分销的过程包括了生产商、中间商、消费者以及一些协助分销的各种机构，这些机构在分销过程中可能产生利益冲突和矛盾，所以需要有效的管理手段。

（3）分销渠道的核心是产品所有权的转换。购销环节通常出现在产品所有权的转换过程中。一般情况下，购销次数随着分销渠道参与者的增多而增加，即分销渠道参与者越多，购销次数就越多，分销渠道的复杂程度也随之变高。例如，当厂商选择将产品直接销售给消费者时，购销次数是最少的，与此相对应的分销渠道也是最短的。但是，这种分销渠道在日常生活中很少出现，中间环节比较多的分销渠道往往相对较多。

知识点二 分销渠道的功能和作用

1. 分销渠道的功能

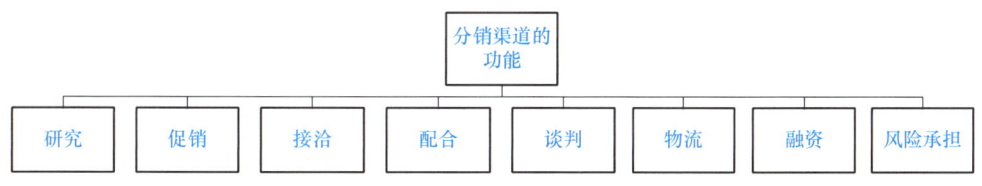

图 8-2 分销渠道的功能

（1）研究。这里的研究主要是指收集和分析与市场环境有关的顾客、竞争对手、合作伙伴等的信息，辅助销售策略的制定，保证产品交换的顺利进行，亦即收集制订计划和进行交换时必需的信息。

（2）促销。这里的促销即企业在能力范围内合理利用促销手段或媒介宣传产品的相关信息，从而挖掘潜在消费者，打开产品销路，亦即设计和传播有关商品的信息，鼓励消费者购买。

（3）接洽。这里的接洽是指企业寻找、物色潜在购买者，并与之进行有效的沟通，即为生产商寻找、物色潜在买主，并和买主进行沟通。

（4）配合。这里的配合是指卖方调整所供产品以符合买方的需求，包括分类、分等、装配、包装等活动，亦即按照买主的要求调整供应的产品，包括分等、分类和包装等活动。

（5）谈判。这里的谈判是指买卖双方就产品的价格及其他方面的交易条件进行谈判，达成产品的最终交易，其目的在于促进买卖双方签订最终协议且确保该协议能兼顾双方利益，即代表买方或者卖方参加有关价格和其他交易条件的谈判，以促成最终协议的签订，实现产品所有权的转移。

（6）物流。这里的物流也称"实体分销"或"实物转移"，是指产品的运输、储存、包装、配送等活动。

（7）融资。这里的融资是指收集和分散资金用以补偿购置产品的成本，以及中间商转移产品支付的各种费用，亦即收集和分散资金，以负担分销工作所需的部分费用或全部费用。

（8）风险承担。分销渠道在执行以上功能的过程中会存在一定风险，由于渠道合作伙伴之间相互依存，势必影响整条渠道的所有参与者，因此这里的风险承担即承担与从事渠道工作有关的全部风险。

2．分销渠道的作用

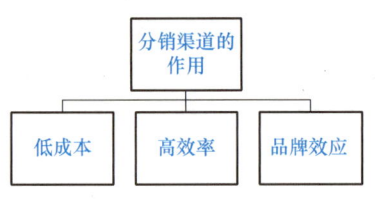

图8-3 分销渠道的作用

（1）低成本。低成本营销的实质是高性价比营销的完美落地，是围绕高性价比营销的目的，通过人才、资源、技术、资力的合理搭配，在专业、周密的调研、分析和策划基础上形成高效可执行的方案，不浪费有效的免费资源，不丢失有效的廉价资源，不错误购买高价资源，实现有效的全媒体和全覆盖，是当今企业运营成本攀升，减少无效浪费的必然要求，也是企业高效提高企业品牌宣传能力，扩大企业营销范围和提高利润率的正义主张。

例如，国内大部分电器生产企业会选择在"苏宁电器""五星电器""国美电器"等卖场销售自家产品，很少有企业会选择自己投资构建直营专卖店。一般来说，投资构建自己的销售渠道成本会比较高，如果企业资源稀缺，在花费了大量资金的情况下必然会造成企业人力的分散，最终导致生产企业的生产资源骤减。

企业选择专业化的独立渠道，可以有效规避生产商自建渠道的高成本和渠道经营失败的风险，实现低成本、低风险销售商品。

（2）高效率。专业化的渠道企业可以极大地提高产品的流通率和支付率，这种高效率源于市场的合理分工，即生产商专注生产产品，中间商专注产品分销，不同的企业发挥各自优势，分工合作，提升资源最大利用率。例如，4个生产商要将产品销售给10个顾客，在没有中间商的情况下，生产商与顾客之间需要签订40份合同；而4个生产商都通过同一个中间商与顾客签订合同，则只需要签订 14 份合同即可（见图 8-4）。

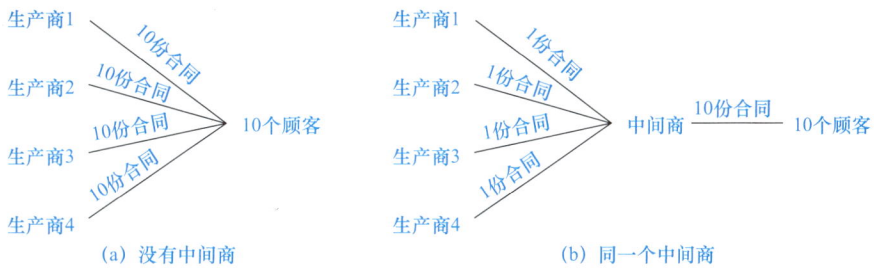

图 8-4　分销渠道的作用——高效率

（3）品牌效应。品牌效应是指由品牌为企业带来效应，它是对商业社会中企业价值的延续，在当前品牌先导商业模式中，意味着商品定位、经营模式、消费族群和利润回报。树立企业品牌需要企业有很强的资源统合能力，将企业本质通过品牌展示（如通过广告、日常行销、售后服务等）给世人。

知识点三　分销渠道的类型及系统结构

1. 分销渠道的类型

（1）直接渠道和间接渠道。按照生产商是否使用中间商的标准分类，将没有中间商介入产品交换过程的称为"直接渠道"，将有中间商介入产品交换过程的称为"间接渠道"。

①直接渠道。直接渠道的形式是生产者—用户，是工业品分销的主要类型。例如，大型设备、专用工具及技术复杂等需要提供专门服务的产品都采用直接渠道分销，有部分消费品也采用直接渠道分销，如鲜活商品等。

直接渠道具有三个显著的优点：及时、方便、费用少。没有了中间商，生产商一方面可以及时销售产品并跟进相关的促销活动；另一方面有利于生产商直接向消费者提供服务，掌握市场行情，甚至可以减少中间费用，直接越过中间商对产品价格进行把控。

直接渠道的优点决定了其适用于销售大型以及贵重产品的生产商，或者是提供复杂技术与专门服务的生产商，如联想、惠普等销售电子产品的公司和美国销售日用化妆品的公司雅芳等。

②间接渠道。间接渠道的典型形式是生产商—批发商—零售商—个人消费者（少数为团体用户）。现阶段，我国消费品需求总量和市场潜力很大，且多数商品的市场正逐渐由卖方市场向买方市场转化。与此同时，对于生活资料商品的销售，市场调节的比重已显著增加，工商企业之间的协作日趋广泛、密切。因此，如何利用间接渠道使自己的产品被广泛分销，已成为现代企业进行市场营销时研究的重要课题之一。

间接渠道有四个明显的特点：一是产品交易得到了充分简化；二是有中间商参与产品的交换过程，生产商关于销售产品的工作量可以大大减少；三是提高了产品在时间和地点两个方面的效用；四是由于中间商具备较为专业的销售能力，生产商可以放心地将维护市场以及销售产品的工作交给中间商负责，生产商则可以专注开发自己的产品和服务。

间接渠道是市场营销中最常见的渠道类型。随着市场的开放和流通领域的活跃，我国以间接渠道分销的商品所占比重增大。当前，市场上大约有 95% 的产品是采用间接渠道进行销售的，如牙刷、纸巾、方便面和饮料等产品领域中的快消品。消费者在购买此类产品时，一般都是分散、小批量购买，间接渠道极大程度提高了产品销售的效率。

（2）长渠道和短渠道。按照产品在分销渠道中流经多少个中间环节的标准分类，将没有中间环节以及只流经一个中间环节的称为"短渠道"，将流经两个或两个以上中间环节的称为"长渠道"，即可以将长短渠道分成四种级别。零级渠道，即由生产商直接到消费者。一级渠道，即由生产商通过零售商到消费者。二级渠道，即由生产商通过批发商、零售商到消费者，多见于消费品分销；或者是由生产商通过代理商到零售商最后到消费者，多见于消费品分销。三级渠道，即由生产商到代理商到批发商再到零售商最后到消费者。可见，零级渠道的中间环节最少，三级渠道的中间环节最多。对生产商而言，渠道越长越难管理（见表8-1）。

表 8-1　长渠道和短渠道的级别分类及结构

渠道级别	分销渠道结构
零级渠道	生产商→消费者
一级渠道	生产商→零售商→消费者
二级渠道	生产商→批发商（代理商）→零售商→消费者
三级渠道	生产商→代理商→批发商→零售商→消费者

（3）宽渠道和窄渠道。按照渠道每个环节中使用同类型中间商数量的多少标准分类，将使用较多同种类型中间商的渠道称为"宽渠道"，将使用较少同种类型中间商的渠道称为"窄渠道"。

①宽渠道。宽渠道具有高密度的市场覆盖率，能大量接触消费者，大批量地销售产品，可以为生产商提供大量的市场信息，有助于生产商大范围地开拓市场，让产品更加快速地进入市场，并且在面对同行业竞争者的打压时有较强的抗压力。但生产商要把握好中间商的使用数量，过宽的渠道不仅会增加企业的营销费用，还会增加渠道管理的难度。

②窄渠道。相较于宽渠道，窄渠道的市场覆盖率大大降低，而低覆盖率可能会使生产商错失一部分潜在顾客。窄渠道一般适用于专业性强的产品，或贵重耐用的消费品，由一家中间商统包，几家经销。它使生产企业容易控制分销，但市场分销面受到限制。相对地，在窄渠道中，生产商与中间商的协作关系会更牢固，便于企业管理渠道，减少中间费用，加大对产品的控制力度，提高销售的专业化程度。对于部分生产商来说，窄渠道是产品上新时吸引消费者的一种手段。

（4）传统渠道和新型渠道。按照同一条渠道中渠道成员之间的联系是否密切标准分类，将成员之间关系松弛的称为"传统渠道"，将成员之间联系紧密的称为"新型渠道"。

①传统渠道。传统渠道是由一个或多个生产商和中间商构成的、关系松弛的销售网络，渠道成员彼此独立，各自经营，依靠买卖关系维持彼此之间的联系，他们都有各自的利益考虑，因此内部之间经常相互制约，使整体缺乏强有力的领导从而影响销售。

②新型渠道。新型渠道是指渠道成员为了应对激烈的市场竞争，采用一体化经营和联合经营的方式形成的一种计划集中、管理专业化的组织网。渠道上的各个成员之间采取了不同程度的一体化经营或联合经营的方式，从而形成了经营规模，增强了交换能力，提高了整体运行效率和经营效益，有效地提升了环境适应力和市场竞争力。

2. 分销渠道的系统结构

分销渠道的系统结构有纵向分销系统、横向分销系统和综合分销系统三类。

（1）纵向分销系统。纵向分销要求企业必须首先界定市场，利用市场定义创造竞争优势。纵向分销系统是由生产商和中间商通过实施纵向整合而发展的联合体，有三种基本形式（见图8-5）。

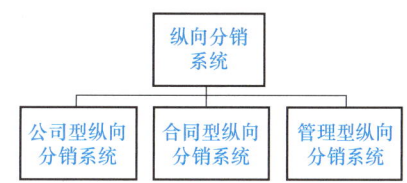

图 8-5　纵向分销系统的基本形式

①公司型纵向分销系统。公司型纵向分销系统是指生产商和中间商被同一投资系统联合起来，构成一个垂直的销售系统组织。组织中的大生产商或大零售商统一管理各个层次的批发商、零售商等，直至控制整条分销渠道，它通常集生产、批发、销售于一体。

一般只有财力雄厚的公司才能建立公司型纵向分销系统，如某公司在各地开设旅馆的同时，还拥有众多家具厂为旅馆提供需要的设备，并将生产的家具进行销售。

②合同型纵向分销系统。合同型纵向分销系统是指虽层次不同但互相有关联的生产商和中间商通过签订合同的方式联合起来，常见形式有特许专卖、零售商合作、批发商自愿连锁等。例如，可口可乐公司通过特许专卖的形式，让其产品可以在不同市场装瓶销售。

③管理型纵向分销系统。管理型纵向分销系统是指生产商与中间商建立协作关系，由生产商控制产品的定价、供应、销售与促销，以达到减少投资的目的。

（2）横向分销系统。横向分销系统是指两个或两个以上的中小生产商、批发商、零售商为抗衡大生产商、批发商以及零售商，进行短期或长期的联合经营。横向分销系统较少涉及渠道中的其他层次。

（3）综合分销系统。综合分销系统是指生产商通过多种渠道在不同的市场销售同一种产品，或者通过不同的渠道将产品销售给同类顾客。综合分销系统虽然能更好地满足顾客不同的需求，但是容易引发中间商之间的矛盾冲突。

任务二　分销渠道的中间商

知识点一　中间商的定义及类型

1. 中间商的定义

中间商是指在生产者与消费者之间参与商品交易业务，促使买卖行为发生和实现，具有法人资格的经济组织或个人。中间商是连接生产者与消费者的中间环节。中间商从不同角度可以划分为不同类型：按照是否拥有商品所有权，可分为经销商和代理商，前者是在商品买卖过程中拥有商品所有权的中间商；按照其在流通过程中所起的作用不同，又可分为批发商和零售商，前者是不直接服务于消费者的中间商。中间商在产品流通的过程中不取得产品的所有权，只起到支持产品分配的作用。

2. 中间商的类型

作为分销渠道中的重要组成部分，中间商的类型多种多样，而不同类型的中间商在产品交换过程中有着不同的作用与职能。大体上，中间商可以分为：代理商、批发商以及零售商三种。

（1）代理商。代理商专门从事寻找顾客的工作，代表生产商同顾客进行谈判，但代理商不取得产品的所有权，所以无须垫付产品资金，根据产品的最终销售量获取一定比例的佣金作为报酬。最常见的有企业代理商和销售代理商两种商业经营形式。由于代理商以企业的名义代替企业行使经济行为（包括销售商品及其他行为），故其法律后果直接归属于企业。

企业代理商是指接受企业的委托，依据协议在一定区域销售委托产品，且可以同时接受多家企业的委托，而企业也可以同时委托多家企业代理商，或企业自己进行销售活动。

销售代理商是指接受企业的委托，负责销售该企业的全部产品，并且可以对企业提供资助。企业可以在同一时期委托多家销售代理商，但一般企业自己不进行销售活动。

（2）批发商。批发商是指将从生产商那里购买的产品或服务转售给其他为了商业用途而进行购买的个人或组织机构。批发商不直接服务于最终消费者，处于分销渠道的中间环节，能够实现产品转移，达到再次销售的目的。批发商具有以下几个特征。

①在采购时，批发商会向生产商购进大批量的产品，通常可以获得这批产品的价格优惠或折扣。因批发商的供货量十分充足，其业务覆盖范围较大。

②在价格上，批发商在销售产品时价格一般会低于零售商的售价。由于批发商销售的产品单位利润不高，所以批发商多数采用"薄利多销"的营销模式，依靠大规模购销产品，赚取产品差价获取利润。

③在业务上，批发商不提供零售业务，只提供批量出售产品的业务。

（3）零售商。零售商是指将商品直接销售给最终消费者的中间商，处于分销渠道的终端，直接连接消费者，完成产品最终实现价值的任务。零售商从生产商或批发商处进货，对购进的产品进行拆零、分包后售卖给消费者，是联结生产商和消费者的重要纽带。零售商一般具有以下几个特征。

①采取产品种类多、数量少的购销模式，如百货商店、便利商店等为满足消费者的需求，尽量做到品种齐全。

②经营方式多样化，如折扣商店、超级市场、专业商店等不同经营形式的零售商带给消费者不同的体验。

③销售区域集中。通常情况下，人们会选择就近消费，由于顾客基本来自附近的居民和流动人口，零售商的销售区域相对集中，这也使合适的门店选址和运营时间成为零售商的管理重点。

知识点二　中间商的作用及选择条件

1. 中间商的作用

（1）提高销售活动的效率。中间商的存在有效地降低和减少了生产商直接向消费者销售产品的繁杂工作量，并且节约了消费者购买产品的时间。卖者和买者的数量越多，中间商介入减少的交易次数及节约的社会总劳动就越多。例如，中间商可以同时销售多家生产商的产品，消费者能从中间商那里购买到各式各样的产品，节省了消费者跑到各厂家观察产品的时间。

（2）储存和分销产品。中间商在购进不同生产商的各种产品后，能够储存、保护产品，并将完好的产品运输和分销到最终消费者手中。在这个过程中，中间商要储存、保护和运输产品。

（3）监督检测产品。中间商在订购产品时就考察了生产商对产品设计、工艺、服务质量等方面的把控。在选择产品时，中间商会根据厂家信誉、品牌效应两个层面进行筛选；在进货时，中间商将按照有关规则严格检测产品；在销售产品时，中间商一般会对产品进行等级划分。正是这三个流程对产品起到了监督检查的作用。

（4）传递信息。中间商在从生产商购买产品再销售给消费者的过程中，既向生产商介绍了消费者的需求、市场信息、各厂家同类产品的情况，也向消费者提供了各厂家的特点，无形中在生产者和消费者之间传递了信息，促进了竞争，有利于提高产品质量。

2. 选择中间商的条件

一条成功的分销渠道主要取决于企业选择的中间商有多努力，如果企业选择的中间商能力强、素质高、具备丰富的市场营销经验，就能推动整个销售活动顺利展开。能否正确选择中间商直接关系到企业销售目标的实现，所以生产商在选择中间商时必须本着宁缺毋滥的原则，并综合考虑以下八种条件。

（1）中间商的财务状况。生产商应该优先选择财力雄厚且财务状况良好的中间商，此类中间商不仅拥有按时付款的能力，必要时还能为生产商提供资金上的帮助。

（2）中间商的产品知识。生产商可以根据产品的特征选择有销售相同或相似产品经验的中间商，此类中间商通常在销售过程中积累了大量经验并形成了一套专门的销售流程，可以帮助生产商快速打开销路。

（3）中间商的产品政策。产品政策具体表现为中间商销售的产品组合。生产商在选择中间商时需要注意两点：一是看中间商有多少"产品线"；二是看中间商销售的产品是什么组合关系，是竞争产品还是促销产品。通常，生产商会选择销售促销产品的中间商，但如果生产商的产品具有明显的竞争优势，则可以选用销售竞争产品的中间商，因为消费者会客观分析中间商提供的各种竞争产品，择优购买。

（4）中间商的市场范围。中间商覆盖的市场范围是最关键的选择指标。市场范围主要包括两点：一是中间商服务的目标市场，二是中间商的销售对象。生产商应该选择与自己目标市场一致的中间商，并且该中间商的销售对象应与生产商期待的潜在客户是同一类型。

（5）中间商的地理区位优势。生产商选择的中间商在地理区位上应具有位置优势，如选择的零售商应位于客流量大、消费者集中的地区，批发商应位于交通便利的地区，交通枢纽最佳，便于产品的批量储存、运输与分销。

（6）中间商的综合服务能力。生产商在选择中间商时，要考虑中间商提供的综合服务项目以及服务能力是否符合产品在销售时需要的服务、具体表现。一部分产品需要中间商给顾客提供售后服务；而另一部分产品则需要提供技术上的指导或财务上的帮助，如支持分期付款。另外，某些特殊产品在运输过程中还需要中间商提供专门的储存设备。

（7）中间商的信誉和合作意愿。生产商应该选择信誉良好的中间商。一个信誉良好、态度积极的中间商不仅能迅速打开销路，还能帮助企业树立良好的品牌形象；相反，选择信誉差、没有商业道德、态度消极的中间商，会导致企业的销售状况变差，损坏品牌形象，甚至缩减该企业产品的市场占有率。

（8）中间商的促销政策及技术。推销产品的方式和所选促销手段决定了销售规模的大小。例如，某些产品适合广告促销，而某些产品只适合经由销售人员推销；某些产品需要有效储存，而某些产品则需要迅速运输。生产商要考虑中间商有无承担部分促销费用的意愿，有无必要物质、技术支持和相应的人才。

任务三　分销渠道的设计与管理

分销是企业进行市场销售的必然选择，良好的分销渠道有助于企业建立起与市场广泛接触的桥梁，在有效扩大销售实现经济目标的同时，更好地实现与顾客的沟通，赢得企业发展的重要保障。良好的分销渠道离不开正确的设计和适当的管理，只有有目的的、有针对性的分销渠道设计才能帮助企业更好地发挥自身优势，实现更快发展，而设计完好的分销渠道如果没有良好的管理也是无法运作的，二者缺一不可。

知识点一 分销渠道的设计

1. 影响分销渠道设计的因素

营销渠道设计是指为实现分销目标，对各种备选渠道结构进行评估和选择，从而开发新型的营销渠道或改进现有营销渠道的过程。市场经济活动相对复杂，对于企业来说，要想在市场中实现自己的营销目标，关键在于构建一条与企业营销策略高度匹配的分销渠道。所以，管理者在设计分销渠道之前，应综合考虑所有可能影响渠道设计的因素。

（1）顾客因素。顾客因素包括购买人数、地理分布、购买频率、平均购买数、对不同促销手段的敏感度等。例如，当产品交易数量大或消费者需求量大时，生产商可以设计较短的渠道为顾客供货；当产品的销售量少但被购买的频率很高时，生产商可以设计较长的渠道为顾客供货。

（2）产品因素。产品因素包括产品价值、体积重量、耐腐性、通用性、专用性、流行程度、创新程度等。例如，销售的产品是容易腐烂变质的蔬菜瓜果等，生产商通常会设计直接渠道进行销售，避免长时间的储存与运输，减少销售产品时因腐烂变质带来的经济损失。

（3）中间商因素。在设计分销渠道时，生产商还需要考虑不同中间商的优缺点。虽然生产商将产品直接销售给顾客所花的成本较低，但是中间商给顾客推销产品时付出的努力远大于生产商。不同的中间商在职能如运输效率、储存技术、送货频率以及给顾客打广告的能力等方面，都有不同的特点。

（4）竞争因素。竞争者使用的分销渠道也会影响生产商的渠道设计。例如，有时某些行业的生产商想要在相近或相同的销售处经销产品与竞争者抗衡；而有时某些生产商会避免使用竞争者正在使用的渠道，即便使用了同一种渠道也会追求自身特色与之区分。

（5）企业因素。生产商在设计分销渠道时还要考虑自身的各种情况，主要有以下几个方面。

①总体规模。生产商的总体规模决定了其市场覆盖范围的大小、顾客数量以及强制中间商与其合作的能力。

②财务水平。财务状况决定了生产商能够自己执行市场营销职能的范围和需要交给中间商执行职能的范围。

③产品组合。若产品组合较宽，则生产商可以设计与顾客直接交易的直接渠道；若产品组合深度大，则生产商需要设计独家分销或选择代理商作为渠道中间商的渠道方式；若产品组合的关联性强，则生产商需要设计性质类似或一样的分销渠道。

④渠道经验。生产商设计渠道的经验也会影响当下的设计思路，长时间通过某一固定类型的中间商销售产品的生产商，会渐渐形成企业自身的渠道偏好。

⑤营销政策。市场营销政策同样影响分销渠道的设计，如果有关政策要求生产商对最终消费者提供快速交货的服务，就会直接影响生产商对自身存货水平、运输系统，以及对中间商能力与数量的整体要求。

（6）环境因素。环境因素包括政策法规、社会经济、文化特色、竞争环境、技术条件等。例如，经济萧条时，生产商应设计短渠道的分销结构，让顾客能在市场上廉价购买到生产商生产的产品，避免提高产品售价产生多余的服务。又如，我国法律严格要求药品的分销，生产商不能像销售快速消费品一样任意销售药品。

2. 分销渠道的设计流程

分销渠道的设计需要经过以下四个步骤。

（1）分析渠道的服务产出水平。服务产出水平是指渠道成员在销售产品的过程中能够同时给顾客提供增值服务的数量。通常，服务产出水平有五种表现形式（见图8-6）。

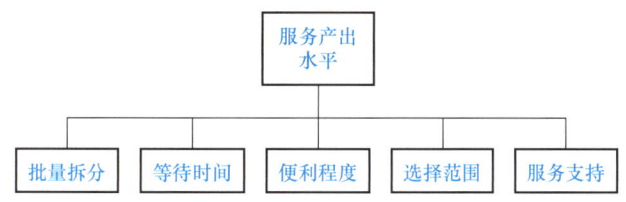

图 8-6 服务产出水平的五种表现形式

①批量拆分。批量拆分是指渠道成员对生产商生产的大批量产品进行拆分，再将拆分成不同规格、不同数量的产品销售给自己的下游。众所周知，生产商在生产产品时大多数是进行大规模的生产，但是对于顾客来说购买数量一般较少，供求之间的矛盾要求渠道成员在购销过程中将产品进行拆分，以满足顾客的购买需求。

②等待时间。等待时间是指顾客从订货或现场购买到最后拿到产品花费的等待时间。随着当代生活节奏的加快，技术的迭代更新，同行之间的激烈竞争，时间作为经济学角度的一种机会成本，是企业提高自身市场竞争力的一个重要因素。

③便利程度。便利程度是指分销渠道为顾客购买产品提供的简易程度。由于生产相对集中而分销相对分散，所以分销渠道需要更多分布广泛的中间商对产品进行分销，顾客则可以省去用于搜索产品的时间成本和交通成本，有时为了获得空间上的便利，顾客需要支付更高的价格。

④选择范围。选择范围是指分销渠道可以给顾客提供产品关于花色、数量、品种等方面的选择。由于每个顾客的消费需求不同，多样的产品能更好地满足不同顾客的购买标准。这就要求渠道成员具有较高的产出水平，以帮助顾客更加容易买到心仪的产品。

⑤服务支持。服务支持是指分销渠道为顾客提供的多种附加服务，包括支持信贷、送货上门、安装服务、售后维修等。当企业生产的产品与同行业的产品相似度较高时，优质的售后服务可以为渠道提高竞争力，帮助企业在同行业中脱颖而出，吸引更多的消费者。

（2）确定渠道目标与限制。渠道设计的核心目标是位于渠道终端的顾客，满足顾客的需求就是渠道核心目标的最终归属。因此，企业在设计渠道结构之前，首先要明确顾客想以何种形式，在何时、何处购买多少数量的产品，对购买的产品有哪些方面的需求；其次要明确渠道成员在帮助顾客购买的过程中应该执行哪些职能。

同时，分销渠道策略作为企业营销策略的中心环节，在设计时还应注意设计的渠道策略目标是否与企业营销目标一致，是否与其他营销策略，包括产品价格、促销手段等互相协调配合。例如，日用品企业可以采用直接渠道。该分销渠道较短，能为企业省去众多的中间环节和成本，再搭配低价推销产品的促销手段，对顾客进行销售，可以达到更好的销售效果。

（3）制定渠道结构的备选方案。在确定企业想利用渠道达到什么样的目标后，就要尽可能多地制作能够满足企业目标的渠道备选方案。通常情况下，所有的渠道备选方案都应当涉及两个最基本的问题：一是中间商的类型和数量，二是渠道成员的执行能力。

（4）评估主要渠道方案。企业要运用一定的标准，对所有看起来可行的渠道方案都做全面评估，从中选择能够长期满足企业营销目标的渠道方案。这里可应用的评估标准主要有三个。

①经济性。经济性是评估渠道方案最主要的标准。企业的最终目的是追求最佳的经济效益，因此在评估渠道方案时，要考虑到渠道的销售额与成本之间的关系。

②可控性。若企业选择自销，则企业对渠道的控制力较强；若企业选择利用中间商代销，则企业对渠道的控制力较弱。

③适应性。市场需求每时每刻都在发生变化，环境的改变直接影响着渠道功能的发挥，因此要求企业设计的分销渠道有适应市场的能力。

知识点二 分销渠道的管理

1. 分销渠道管理的目标与调整

（1）分销渠道管理的目标。科学的分销渠道管理可以保证供货及时，在此基础上帮助经销商建立并理顺销售子网，分散销售及库存压力，加快商品的流通速度。企业管理分销渠道的根本目的在于改善渠道状况，获得理想的分销效益，为企业的整体销售目标打下坚实的基础。企业分销渠道管理的目标主要有以下三个方面。

①建立和谐稳定的厂商合作关系。随着市场竞争的加剧和社会分工的发展，渠道的重要性逐渐凸显，而和谐稳定的厂商合作关系有助于企业对产品进行销售。通过渠道管理，可以有效加强厂商之间的交流与沟通，明晰双方的权利与义务，巩固彼此之间的信任。

②降低渠道费用，使经济效益最优化。有效的分销渠道管理通过加强对经销商的订货处理管理，可减少因订货处理环节中出现的失误引起的发货不畅，通过加强对经销商订货的结算管理，可规避结算风险，保障制造商的利益，同时避免经销商利用结算便利制造市场混乱，从而降低企业渠道费用，实现企业经济效益最优化。

③解决渠道冲突，促进渠道合作。渠道冲突是指利益分配不平衡或者合作不顺畅导致渠道成员之间产生矛盾。这种矛盾的产生是无法避免的，因为渠道成员彼此独立，并且都想实现自身利益最大化，此时就会在很大程度上损坏其他成员的利益。对渠道进行管理，给渠道成员制定需要共同遵守的规章制度，有利于渠道成员团结起来，为了共同的利益结成联盟。

（2）分销渠道的调整。市场供求关系、营销环境、企业资源等无时无刻不在发生变化，这就要求企业在构建分销渠道时不停地对渠道做适当的调整，以更好地适应市场环境，满足顾客需求，提高市场竞争力。企业调整分销渠道的方法主要有以下三种。

①控制渠道成员数量。控制渠道成员数量是指企业根据对渠道成员的评估结果或者根据公司业务的需求，对原渠道成员做增加或减少的调整。在采取此方法前，企业要充分考虑，增减成员是否会对企业利益造成影响，会让渠道成员产生何种反应。若决定采取此方法，就要提前准备好相应的措施，以防增减渠道成员产生的不良情况。

②增减某些分销渠道。增减某些分销渠道是指企业根据市场情况以及产品销售情况对现有的分销渠道数量进行调整。例如，当企业发现销售部分产品不需要众多渠道时，可以适当减少渠道数量；而当企业规模扩大，现有渠道数量已经不能满足产品的销售速度时，就可以增加渠道数量。

③调整整个渠道体系。对于如价格涨落、产品竞争、产品滞销以及周边市场冲击或低价倾销等扰乱市场的问题，要以协作、协商的方式为主，以理服人，及时帮助经销商消除顾虑，平衡心态，引导和支持经销商向有利于产品营销的方向转变。此调整方法是三种方法中调整幅度最大的一种，它不仅能彻底改变企业的整体渠道战略，而且要求企业在很大程度上改变已经习惯的营销组合。因为其调整面广泛，涉及问题众多，所以企业应全面、慎重地考虑此方法的利弊。

2. 渠道成员的激励和评估

（1）渠道成员的激励。渠道成员的激励是指生产商为了调动渠道成员销售产品的主动性与积极性以达到生产商的营销目标而采取的必要措施。研究表明，合作关系仅能让人的潜力发挥出20%～30%；而当人受到充分的激励后，可以将自身潜力发挥出80%～90%。由此可见，激励可以完美调动人的积极性。因此，激励渠道成员是企业管理渠道的一大利器。

激励渠道成员的方式多种多样，大体上可以分为直接激励法和间接激励法两种。

①直接激励法。直接激励法是指生产商利用物质或资金作为奖励，以此激发渠道成员的积极性，让渠道成员可以最大限度地销售产品。直接激励法主要有返利、折扣、开展促销活动三种形式

（见表 8-2）。

表 8-2 直接激励法

表现形式	具体内容
返利	又称"返点"，是指渠道成员在一定市场以及一定时间范围达到生产商指定的销售额，在此基础上，生产商给予渠道成员对应数量的百分点作为奖励
折扣	包括等级折扣、汇款折扣和数量折扣。等级折扣是指渠道成员根据自己在分销渠道中的等级享受对应的折扣待遇；汇款折扣是指渠道成员汇款的时间越早，折扣力度越大；数量折扣是指渠道成员销售的产品数量越多，得到的折扣越丰厚
开展促销活动	一般情况下，渠道成员非常欢迎生产商开展促销活动，通常促销费用由生产商承担，也可以要求中间商承担部分费用，并且要求中间商积极配合促销活动的展开

②间接激励法。间接激励法是指生产商通过帮助渠道成员获取更好的管理、销售产品的方法，以此提高销售绩效的一种激励手段。间接激励法通常有三种做法：帮助渠道成员建立进销存报表、帮助渠道成员进行销售终端管理、帮助渠道成员管理其客户网。

（2）渠道成员的评估。通过对渠道成员的客观评估，企业可以鉴别出对企业贡献力度大、工作积极努力的渠道成员，对于这些渠道成员，企业可以给予特别的关注，与之建立更加亲密的合作关系；同时，企业可以鉴别出能力不足、绩效不理想的渠道成员，及时做出调整。渠道成员的评估内容见表 8-3。

表 8-3 渠道成员的评估内容

评估项	评估内容
1	渠道成员完成的销售量和利润额
2	渠道成员给产品定价的合理程度
3	渠道成员的合作态度及促销能力
4	渠道成员的平均订货量与存货水平
5	渠道成员是否积极推销本企业的产品
6	渠道成员同时经销与本企业性质相同的产品数量
7	渠道成员的创新能力、竞争能力以及顾客对其满意度
8	渠道成员的产品市场覆盖范围、服务水平以及产品送达时间

3. 渠道冲突的类型及解决方法

（1）渠道冲突的类型。在市场营销实践中，根据不同的渠道层次，渠道冲突可划分为垂直冲突和水平冲突两种类别。

①垂直冲突。垂直冲突是指在同一渠道模式中，处于不同层次的渠道成员发生矛盾冲突。常见的垂直冲突有生产商与中间商之间的矛盾，不同类型中间商之间的矛盾。例如，某些批发商可能会埋怨生产商的产品价格控制得太紧，批发商能够从中获取的利润太少；而生产商抱怨批发商回款慢、提供的服务不到位等。

②水平冲突。水平冲突是指在同一渠道模式中，位于同一层次的渠道成员产生矛盾冲突。水平冲突常出现在同类型的中间商之间。例如，某生产商的一些批发商抱怨另一些批发商随意改变产品价格、服务项目等，扰乱市场，破坏渠道秩序。

（2）渠道冲突的解决方法。解决渠道冲突，首先要根据市场环境及企业资源，建立合适的分销体系和管理原则；其次要参照严格的标准挑选渠道成员，从源头上减少不必要的冲突；最后需要定期对渠道成员进行培训，加强渠道成员的沟通与交流，最好做到让渠道成员对企业的产品以及文化产生强烈的认同感与归属感。解决渠道冲突的具体方法有互换人员、沟通劝说、协商谈判、法律战略、退出渠道等。

①互换人员。互换人员是指在多层次的渠道中对渠道成员进行身份互换，给不同渠道层次的人员提供一次换位思考的机会，有助于渠道成员站在对方的角度思考问题，以达到顺利化解双方矛盾的目的。

②沟通劝说。沟通劝说是指企业在存在冲突的渠道成员之间进行劝说。从侧面来看，劝说也为渠道成员提供了交流沟通的机会，可以有效解决成员之间因为职能分工不同引发的冲突。

③协商谈判。协商谈判的目的是停止渠道成员之间的冲突，但作为企业应该清楚一点，妥协也许能避免爆发冲突，却不能从根本上解决冲突。因为，导致冲突的压力没有被消除，而协商在某种程度上给了渠道成员一个讨价还价的机会。每个成员都可以在协商过程中通过适当放弃部分利益获取更大的利益，而只有成员的利益都得到了保障，才能有效避免冲突的发生。

④法律战略。当企业采取沟通、协商等方法不能解决冲突时，就可以借助法律手段解决冲突。在采取了法律战略后，被起诉方也许会完全依照起诉方的意愿改变自身的行为，但是会对起诉方产生不满情绪。从结果来看，双方的冲突不减反增；从长远的角度来看，双方可能会因为法律纠纷等问题导致渠道关系进一步恶化。

⑤退出渠道。退出渠道是企业解决冲突使用最普遍的方法，它意味着企业中断与渠道成员之间的合作，并为自己留好了后路，即有其他可供选择的备用渠道方案，或企业愿意改变其完全无法实现的营销目标。当垂直冲突与水平冲突不可调和时，及时退出渠道不失为一种可取的方法。

有效的渠道建设

1. 渠道不要重大轻小

每个企业都希望获得一些大渠道，这是可以理解的。问题是，大渠道毕竟有限，如果目标寡、争者众，则必然增加竞争成本、减少成功希望。因此，争取渠道要实事求是，宜大则大、宜小则小，不要死盯着大的不放。小渠道虽然价值小，但数量多，加在一起仍然价值可观。中小企业更要重视小渠道。

2. 要重视未来渠道建设

企业的产品和技术要提前开发，而渠道也要提前开发，因为渠道的形成需要一个过程。提前开发渠道，可以做些舆论先行工作，先交一些朋友，也可以跟现有客户打一声招呼。总之，不要等水来了再开道。

3. 开发渠道要慎重

经营渠道客户的是人，而人既是理智的动物，也是感情的动物。不要轻易跟客户谈重要产品或服务交易，更不要跟重要客户轻易谈重要产品或服务交易。在他不了解你及你的产品或服务不信任你及你的产品或服务，与你没有一点感情之前，谈什么重要交易都没有意义。非但无益，反而有害，因为你已经给他留下了浅薄的印象，以后再说什么都不灵了。

4. 开发渠道也要定位

客户都很忙，越是重要的客户越忙。有时，他们甚至忙得站着跟你说话，催问你有什么事情，很难忍受你唠叨。因此，你必须学会跟他们说话少而精，最好用一句话把自己产品或服务的特点说出来，用一句话引起他最大的欲望。只要他对第一句话感兴趣，后面的话就容易听进去了。这就是所谓的"定位"。不仅广告要定位，开发渠道也要定位。

5. 大客户不一定是大渠道

大客户往往经营许多公司的产品或服务。你看得起他，他不一定看得起你。他如果看不起你，就不会经营你的产品或服务，或者即使经营也漫不经心。相反，小客户不一定是小渠道。他正在发愁缺少业务，看到你去了往往会很高兴。如果他看中了你的产品或服务，就可能拼死拼活地把它做起来。因此，要辩证地看待与对待大小客户，千万不要在大客户与大渠道之间画等号。

6. 开发渠道要善于识人

渠道能否做大与经营那条渠道的人有密切关系，跟他的"德、神、胆、智、毅及专业知识"有密切联系。他如果缺少其中一个字，就很难把你的渠道做大。因此，开发渠道要善于识人。不要光听他怎么说，更不要光看他有多大买卖，那都是靠不住的。重要的是琢磨一下他是什么样的人，尤其要琢磨一下他的人品。如果他的人品不好，那么你理想中的大渠道很可能是大陷阱。

7. 渠道重要，水更重要

水枯道涸。渠道是销路，水是产品或服务。渠道是人开的，也是产品或服务开的。民间有句俗话"水到渠成"。其意思之一是水本身就能开启通道。"好酒不怕巷子深"也是这个意思。许多企业重视渠道，却不重视把产品或服务做好，这是很成问题的。多少企业最后都跌倒在这里，原来的渠道都变成别人的了，岂不可惜？

8. 要尊重渠道中介

开发渠道的人往往不认识几个客户，因此需要中介。但是，经常有这样的情况：那个中介本来能帮他开发许多渠道，然而开发了一条就"万事大吉"了。分析其原因，是那个开发渠道的人只跟中介说了声"谢谢"，甚至连"谢谢"的话都没说。他虽然知道渠道的价值，却没有给中介应有的回报。他自以为占了大便宜，其实是吃了大亏——后面的渠道一条都见不到了。

9. 善用互联网开发渠道

互联网是个宝地，越来越多的公司借助互联网开发出了越来越多的渠道。开发渠道不就是要跟人见面说话吗？借助互联网，除了不能见面外，什么话都能说。说不拢就散，说得拢就见面，事先根本用不着出差，这能省多少时间与费用？当然，隔着互联网谈生意更需要对人的识别能力。

10. 开发渠道要争取主动

开发渠道不一定登门拜访。别管你先去还是他先来，只要把生意谈成就是开发了一条渠道。有句俗话是"一赶三不卖"，其实往往是"一赶三不买"。"赶"就是上赶。有时候登门拜访就是上赶，而被动就不容易开发渠道。开发渠道要尽量争取主动，让客户登门拜访你。争取主动有许多办法，不一定非得打广告，如可以精心策划一次新闻发布会，这样会有许多客户找上门来。

11. 重奖首批渠道

首批渠道非常重要。他们不仅销售、宣传了你的货，还带动了后来的渠道。因此，首批渠道与后来渠道的价值是不一样的。他们给你创造了特殊的价值，你就要给他们以特殊的回报。所以要奖励他们，并且要重奖。在他们身上多花点钱是值得的。他们会体会到你对他们

的尊重，于是会更加积极地卖你的货。

12. 不要急于开发渠道

在开发渠道之前要谋划好许多重要问题，如怎样确定目标市场，怎样确定价格策略，怎样选择营销方式，怎样展开市场布局，怎样保证产品运输，怎样培训业务人员，等等。如果不把这些重要问题谋划好就开发渠道，那么结果不是渠道难开发，就是开发出来渠道也会放弃。

13. 渠道开发与品牌开发

渠道开发与品牌开发应该并重、互补、共进。不开发渠道形不成品牌，不开发品牌保不住渠道。许多企业忽视品牌开发，结果原来的许多渠道越来越窄。要知道，渠道的宽窄是可变的，它会随着品牌的变化而发生变化。

营销技巧

渠道销售

1. 强调市场需求

在进行销售的过程中，很多渠道销售代表往往着重强调价格、利润，而对产品的市场需求没有认真地介绍，从而导致新品上市渠道商销售积极性不高，或者不愿意销售更多的产品型号。

2. 善于利用调查数据

调查不但是人们做各种市场预测、促销策划等决策的依据，也可以作为销售的辅助工具，帮人们分析对手的竞争力及自己的市场占有率。

3. 善于抓住机会表达利益点

对渠道商表达利益点的同时，也要善于抓住表达的时机。善于抓住时机表达我们的利益点，不但给渠道商的印象深刻，还可以化解渠道商给我们抛出的难题。

4. 善于利用销售道具

渠道商每天都会听到不同商家对产品、市场的介绍，各个销售代表都把自己的产品吹得震天响。如何在众多商家的共同销售中脱颖而出？这需要利用道具作为销售的润滑剂。在实际销售过程中，要学会将一些报刊、书籍、评论、评测等对公司有利的一面作为销售过程中有力的论证。

5. 善于利用竞争对手做比较

正所谓"知己知彼，百战不殆"。商场如战场，要想在竞争中获胜，必须对竞争对手有充分的了解。很多厂家、销售代表只顾着研究本产品与竞争对手的差别。但是，在渠道销售过程中，渠道商更加关心产品能够赚多少钱。

项目小结

本项目主要介绍了分销渠道的基本模式、中间商的定义及类型、分销渠道的设计和管理这三个方面，带领学生一同构建渠道策略的基本框架，并重点介绍了分销渠道的类型及结构、中间商的选择条件、影响设计分销渠道的因素以及管理分销渠道的方法。通过本项目的学习，希望学生能够掌握建立渠道策略的思维模式，并将所学相关知识运用在日后的工作当中。

案例讨论

飞利浦是世界上最大的电子公司之一，2003年的销售额达290亿欧元，在医疗诊断影像和患者监护仪、彩色电视、电动剃须刀、照明以及硅系统解决方案领域世界领先。飞利浦拥有1.6万多名员工，活跃在60多个国家的医疗保健、时尚生活和核心技术三大领域。飞利浦早在1920年就进入了中国市场。从1985年设立第一家合资企业开始，飞利浦就秉承扎根中国的长期承诺，将照明、消费电子、家庭小电器、半导体和医疗系统等五大业务全部带到了中国，将世界领先的技术、产品和服务同步带到了中国市场。目前，飞利浦已成为中国电子银行最大的投资合作伙伴之一，累计投资总额超过34亿美元，在中国建立了35家合资及独资企业，在全国设有60多个办事处，共有2万多名员工。2003年，飞利浦在华营业额达到75亿美元，国际采购额达到38.3亿美元。

飞利浦在中国的渠道模式经历了很长一段辗转之路。1997年之前，飞利浦在我国华南市场一直是采取直接建设，掌控主流渠道，再向终端铺货的方式，年销售额始终徘徊在700万元人民币左右。出于国外飞利浦代理制的普及和普遍成功，从1997年底开始，飞利浦决定在我国华南市场实行区域总代理制。

1997—1999年，飞利浦充分给予代理公司优惠的代理政策，使飞利浦代理区域的销售量直线上升，销售额也连年翻倍，1999年达到2.3亿元人民币。飞利浦"两广"市场占有率一路上升至10%。这一阶段区域总代理制为飞利浦取得了丰硕的业绩，应该说是一个双赢的阶段。但随着国内彩电市场竞争加剧，整体价格大幅下滑，飞利浦的盈利开始回落。2001年，飞利浦开始酝酿渠道收复、产品升级行动，其目的就是欲以低点毛利要挟代理商，降低渠道成本，提升零售价格竞争力。

2002年，飞利浦更换代理商，由双方共同出面管理市场。然而，作为外资企业，飞利浦的人员成本和市场管理成本居高不下，仍然无法扭转微利的局面。最终，飞利浦决定将华南7个省份的渠道代理委托给TCL集团。2003年8月，飞利浦与TCL集团宣布，两大品牌公司将在中国5个省份的市场进行彩电销售渠道的合作。这意味着，飞利浦彩电将搭乘TCL集团的销售网络，进一步实现覆盖中低端二级市场的目标。2004年初，飞利浦设在广州的视听产品华南办事机构正式解散，飞利浦华南7个省份的彩电销售业务彻底转交国内彩电巨头TCL集团代理。飞利浦由此前的厂商共同管理渠道变成由TCL集团独立进行渠道和销售管理，双方更广泛和更深入的渠道合作由此展开，飞利浦也因此成功建立其高度认同的品牌资产价值。

请思考：1. 飞利浦为什么能够成功？
2. 飞利浦采用这种分销方式的优势有哪些？

任务实施

【任务目标】
1. 进一步了解销售的结构、特点。
2. 掌握现代分销的新模式、新策略。
3. 培养学生进行初步销售渠道策划的能力。
4. 模拟设计一种销售渠道。

【组织及步骤】
组织学生参观访问超市、连锁店、配送中心、大卖场、仓储等的经营范围、配货模式，物流运行、仓储管理等销售渠道。

【成果与考核】

1. 每名学生撰写访问报告，即对企业销售渠道进行评析、建议，并模拟设计一种销售渠道，要求学生完成一份销售渠道的评析及设计报告。

2. 组织学生进行全班交流。

巩固与思考

一、单选题

1. 分销渠道是指产品或服务以正确的数量、正确的时间和正确的地点从生产商流向消费者（用户）经过的各个中间商连接起来的整条通道。在流通过程中，中间商承担着协助生产商与消费者转移产品（　　）的桥梁作用。

　　A．使用权　　　　　　B．所有权　　　　　　C．处置权

2. 生产商→代理商→批发商→零售商→消费者被称为（　　）。

　　A．"三级渠道"　　　B．"四级渠道"　　　C．"五级渠道"

3. 生产商在同一层级渠道中使用中间商的数目是（　　）的分类标准。

　　A．长渠道和短渠道　　B．单渠道和多渠道　　C．窄渠道和宽渠道

4. 销售大型及贵重产品或者提供复杂技术与专门服务的生产商适用的渠道类型为（　　）。

　　A．窄渠道　　　　　　B．新型渠道　　　　　C．直接渠道

5. 分销渠道系统结构的三种基本形式分别为纵向分销系统、横向分销系统和（　　）。

　　A．现代分销系统　　　B．综合分销系统　　　C．一体化分销系统

二、多选题

1. 企业调整分销渠道的方法有（　　）。

　　A．控制渠道成员数量　B．增减某些分销渠道　C．调整整个渠道体系

2. 下列方法中，适用于解决渠道冲突的有（　　）。

　　A．退出渠道　　　　　B．更换成员　　　　　C．互换人员

3. 可口可乐通过特许专卖的形式，在不同市场装瓶销售，按照分销渠道的系统结构划分，这种分销方式属于（　　）。

　　A．公司型纵向分销系统　B．合同型纵向分销系统　C．管理型纵向分销系统

4. 制约分销渠道设计的影响因素有（　　）。

　　A．市场因素　　　　　B．顾客因素　　　　　C．产品因素

5. 以下表现形式中属于直接激励法的有（　　）。

　　A．开展促销活动
　　B．为渠道成员建立进销存报表
　　C．折扣

三、填空题

1. 中间商覆盖的市场范围是选择中间商最关键的指标，市场范围主要包括：

_____、_____。

2．服务产出水平是指渠道成员在销售产品的过程中能够同时给顾客提供增值服务的数量。通常，服务产出水平有五种表现形式，分别为批量拆分、等待时间、_____、_____、_____。

3．评估主要渠道方案作为分销渠道设计的流程之一，主要有三个评估标准，分别是_____、_____、_____。

4．分销渠道管理的目标主要有以下三个方面：建立和谐稳定的厂商合作关系；_____；解决渠道冲突，促进渠道合作。

5．垂直冲突是指在同一渠道模式中，处于不同层次的渠道成员发生矛盾冲突，常见的有_____之间的矛盾，_____之间的矛盾。

破窗效应

一座房子，窗户破了，如果没有人去修补，那么不久后其他的窗户也会莫名其妙地被人打破；一面墙，如果出现一些涂鸦没有被清洗掉，那么墙上很快会布满乱七八糟的东西；一个很干净的地方，人们不好意思丢垃圾，如果地上出现垃圾，人们就会毫不犹豫地乱抛垃圾，丝毫不觉羞愧。

从破窗效应中，我们可以明白这样一个道理：任何一种不良现象的存在，都在传递着一种信息，这种信息会导致不良现象的无限扩展，因此必须高度警惕那些看起来是偶然的、个别的、轻微的"过错"，如果对这种行为不闻不问、熟视无睹、反应迟钝或纠正不力，就会纵容更多人"去打烂更多的窗户"，就极有可能演变成"千里之堤，溃于蚁穴"的恶果。正如刘备所说："勿以善小而不为，勿以恶小而为之。"

ITEM 9

项目九 整合促销策略

本项目介绍了整合促销的定义、策略类型、影响因素、意义、层次、特点及优势和整合促销的工具整合、战略整合以及表现形式、实施流程等方面的内容，让学生能够更好地掌握企业的整合促销策略相关知识，能针对企业的营销目的对相关的促销工具进行整合，并合理运用到实际工作中。

学习目标

- 了解整合促销的影响因素、意义及层次。
- 了解整合促销策略的特点及优势。
- 了解整合促销中工具和战略促销策略的整合。
- 掌握整合促销策略的实施流程。

学习导图

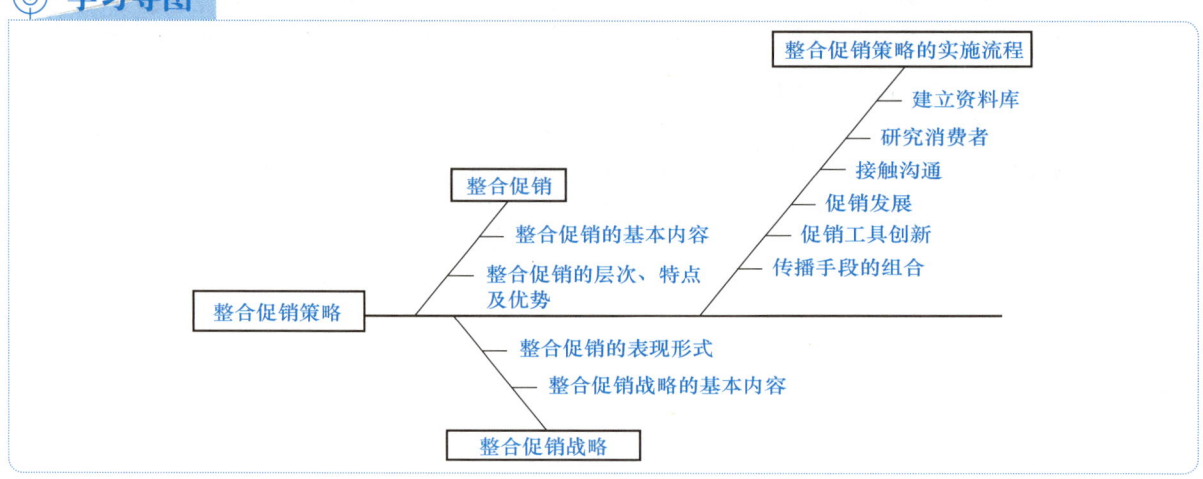

职业内容与岗位要求

职业功能	工作内容	技能要求	相关知识
促销管理	制定销售促进策略	◎能够制定销售促进策略 ◎能够设计相应的渠道系统 ◎能够针对企业的营销目的对相关的促销策略进行相互整合	◎促销的含义与特征的知识 ◎促销策略设计方法的知识 ◎整合促销的影响因素、意义以及层次的知识 ◎整合促销策略层次的知识 ◎整合促销策略特点的知识 ◎整合促销策略实施流程的知识

> **引导案例**
>
> **宝洁与小红书的整合营销策略**
>
> 很多品牌在进行社交整合营销时,都会对推广公司提出"品效合一"的要求,想同时追求品牌声誉和转化效果。整合营销的发展趋势让品牌方更加青睐品牌形象和效果转化两手抓的广告公司,希望每笔广告预算都可测量、可评估,这恰巧也是微思敦旗下的社交整合营销机构——拾刻互动探索深耕的方向。
>
> 2021年是拾刻互动和快消巨头宝洁合作的第二年,聚焦在小红书渠道的品牌内容"种草"、效果广告优化服务,拾刻互动和宝洁旗下品牌的合作数量已突破30次,产品数量突破69个。
>
> 虽然是与小红书单一社交媒体的合作,但是业务获得较大增量,秘诀在于:拾刻互动始终带着整合营销的思维服务,品牌定位、产品核心卖点、投放策略一个都不能少。OLAY小红书效果广告负责人对于拾刻互动的服务给予了高度认可,在让消费者获得贯彻如一的品牌形象和产品信息的同时,也拉动了全渠道品牌声誉,尤其是淘宝、天猫等电商渠道搜索量的增长。在合作中,拾刻互动总结出最亮点的经验:一方面,团队具备整合营销的思维及能力,充分了解每个品牌、产品的特点,以及消费者痛点;另一方面,团队在小红书平台积累了关于优质内容、爆款内容、SEM广告优化、信息流广告优化的全链接服务能力。
>
> 在服务Global客户的过程中,还有最重要的一点经验,即不要小看标准化和系统化的文档输出,包括不限于日报、周报、月报、项目复盘等,这些都是服务经验的智慧总结,能够充分提升彼此的对接效率和默契,用数据效果验证策略的优劣,实时调整、不断优化。
>
> ※ 引例分析
>
> 通过宝洁与小红书的合作,可以发现整合营销,就是通过系统性结合各种各样的推广工具和方法,把每个独立的营销推广行为整合在一起,以达到整体大于部分之和效果的行为。而现在提到最多的是另一个衍生词——"社交整合营销",即借助时下火热的社交平台进行整合营销推广,这也是越来越多的企业在努力探索的新型营销方式,在某种意义上可以理解成"线上整合营销"。

在营销成本逐渐上涨的当下,整合促销策略已成为企业营销策略中的潮流趋势,被喻为"社会经济高度发展的产物"。从战略性的角度来看,整合促销的整个体系可以看作一场革命、一场营销行业中的手段变革。在这场变革下,企业的共识是希望创造更具战略性的品牌概念;能在接触客户的过程中引领客户进行全面体验,使消费者与品牌概念强力结合;并且,能为大量的客户提供适合其群体的定制型客户体验。

任务一　　整合促销

整合促销是企业在促销的基础上进行资源整合,以发挥出企业资源整合的最大价值。它是一体化的营销结构，可以使企业促销产品的各个环节都达到高度契合。

知识点一　整合促销的基本内容

1. 整合促销的定义

促销，是指企业在满足当下消费者的需求和挖掘潜在需求的基础上，通过营造整体企业形象和自身产品的特色去推广和销售产品。

整合促销，是指企业或机构用以向目标市场通报自己的产品、服务、形象和理念，说服和提醒其对企业产品和机构本身的信任、支持和注意的任何沟通形式。

2. 整合促销策略的类型

整合促销策略通常有推式策略和促销策略两种类型。

（1）推式策略。推式策略是采用最直接的方式，通过营销人员的能力将产品推向销售渠道。也就是说，企业的营销人员会按照层层递进的方式将产品推销出去，最终到消费者的手中。该策略适用于经营规模小或启动资金不足，市场较集中，分销渠道短的企业。

（2）促销策略。促销策略是采取间接方式，通过各类宣传途径吸引顾客，使顾客对产品产生兴趣和需求，进而产生购买欲望。促销策略的推销方式和推式策略的方法相反，它是由企业将客户引导至零售商处购买产品，由零售商主动向批发商批发，再由批发商主动联系企业合作购入产品。该策略适用于企业资金充足且市场大、产品多、市场需求呈上升状态、产品具有独特性等，以及能够引起消费者特殊情感的企业。

3. 影响整合促销的因素

企业在制定整合促销策略时，会受到企业内部和外部的相关因素影响。影响整合促销的因素主要有以下五个（见图9-1）。

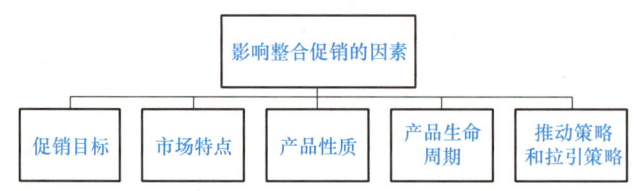

图9-1　影响整合促销的因素

（1）促销目标。促销目标是影响企业决策促销组合的第一要素，企业在开展促销之前要先确定此次活动的目标，由于每种促销工具都有自己独特的特性和成本，因此企业选择促销工具的前提条件是先明确促销目标，这样才能制定出符合促销目标的促销策略。

（2）市场特点。市场特点属于促销组合当中的重要因素，企业需要根据此次促销目标确定店铺经营位置。因为市场特点受国家、地区、风俗、经济发展等情况影响，所以企业营销人员必须在对应的市场选择对应的促销工具，这样才能达到产品的最佳促销效果。

（3）产品性质。促销活动必须有明确的目标对象，这样才能有效集中资源，使活动投入产出比最大化，而不分对象盲目地促销是绝对错误的。因为产品性质不同，消费者的购买需求也会不同，所以企业需要针对消费者的消费行为进行充分的研究，针对不同的群体差异采取不同的促销组合策略。

（4）产品生命周期。企业促销只有周密设计引导消费者，才能避免半途而废的情况发生。促销会因为产品生命周期的不同而拥有不同的效益。在产品导入（进入）期，企业要想保证促销活动的有效性，就要在广告宣传上投入较大的资金，以打造企业和产品的知名度；在产品成长期，由于有了前期的铺垫，这时企业可以适当减少促销活动，但在广告宣传上还需要保持力度，让产品充分进入大众心里；在产品成熟（饱和）期，产品的知名度已经打造、宣传出去了，这时企业在广告的投入上只需要维持小部分，起到提醒的作用即可，要将重点放在销售上；在衰退（衰落）期，企业在保障自身利益的情况下，正常销售即可，不需要再投入过多的精力在宣传上。

（5）推动策略和拉引策略。促销组合在较大程度上容易受到企业选择推动策略或拉引策略的影响。推动策略，是指企业在促销、推销上耗费大量精力，将产品通过多种渠道推销出去；拉引策略是指企业将大量的精力投入产品的广告宣传和给消费者带来利益的促销活动上，从而调动消费者的购买欲望，属于低价销售和宣传价值销售。

4. 整合促销的意义

企业采用整合促销的意义不仅在于它能进行各部门之间的整合，推动企业对现有资源进行更好的优化、分配，还在于它能实现企业的近期目标和使其长远发展获得更好的发展空间，为企业走向国际化奠定了基础（见图9-2）。

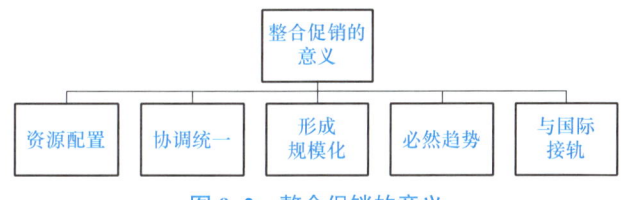

图 9-2　整合促销的意义

（1）资源配置。整合促销是一个涵盖整个生产者的销售模式，实行整合营销可以有效地将生产者与消费者的需求紧密联系在一起。这样不仅有利于生产者的资源利用，也有利于生产者争取到更大的利润，还可以助力企业通过对产品的有效宣传达到更好的促销作用。

（2）协调统一。整合促销还存在着很强的统一性，这样不仅可以让企业更加和谐统一，也有利于产品的生产销售和日常的生产管理，还有利于整个企业的资源配置整合以及体现竞争优势。

（3）形成规模化。这种促销的整合，也可以被认为是一体化的营销模式。在很多的当代生产模式中，这种模式显然更符合现代企业的发展需求，有利于形成规模化的经营方式。这种经营方式给了企业更多的发展空间。

（4）必然趋势。随着时代的不断变化，单一的销售模式已不能满足人们的需求，而对销售模式进行整合，可以从根本上打破单一销售的模式，这是时代发展的大势所趋。

（5）与国际接轨。整合促销的意义可以让整个销售模式更加符合现代市场要求，对内可以优化资源，对外可以精准客户，也是企业走国际化发展道路的保障。

知识点二　整合促销的层次、特点及优势

1. 整合促销的层次

通常，整合促销有以下七个层次（见图9-3）。

图 9-3　整合促销的层次

（1）认知整合。认识整合是实现整合促销传播的第一个层次，这里只要求营销人员认识或明了促销传播的形式，如新闻促销、视频促销、口碑促销、论坛促销等。

（2）形象整合。形象整合即要求确保信息与媒体一致性的决策。信息与媒体一致性，是指广告的文字与其他视觉要素之间要达到的一致性，如广告文字与视觉要素，或者是同样的内容采取不同的传播形式。

（3）功能整合。功能整合是编制不同的促销传播方案作为服务于营销目标（如销售额与市场份额）的直接功能，然后对其优劣势进行分析、整合，使促销方案能够符合营销目标。

（4）协调整合。协调整合表示企业需要通过线上和线下两种形式的促销方案进行整合，确保人际营销传播与非人际形式的营销传播高度一致。例如，推销人员所说的内容须与其他媒体上的广告内容协调一致。

（5）基于消费者的整合。营销策略需要在了解消费者的需求和欲求基础上锁定目标消费者，在给产品以明确的定位以后才能开始营销策划。也就是说，企业制定的促销策略一定要让消费者心中对企业产品的定位清晰、准确。

（6）基于风险共担者的整合。基于风险共担者的整合是营销人员要认识到促销策略针对的群体不只有目标消费者，还包括本机构的员工、供应商、配销商以及股东等。

（7）关系管理整合。关系管理整合这一层次被认为是整合促销的最高阶段关系管理的整合，是指企业要想制定一个对公司有效的发展战略，就需要与各个不同的平台合作，同时也需要巧妙地利用社会资源，做出相应的整合。

2. 整合促销的特点及优势

整合促销能够实时地对市场环境进行促销策略的调整，实现消费者和企业之间的最高价值。

（1）整合促销的特点。整合促销的标志性特点是以消费者为核心，对市场上消费者的消费行为进行分析、了解。它的核心工作在于培养消费者正确的消费观，与其保持长期的稳固联系。从本质上说，整合促销是以信息库为支撑点，充分利用各类媒介，将产品信息传递给消费者和潜在消费者。整合促销最重要的主题是关于目标市场是否更有针对性的争论。促销不是针对普通消费的大多数人，而是针对定制消费的较少部分人群。量体裁衣的做法使满足消费者需求的目标最大化。

整合促销这一形式也在紧跟着互联网的发展趋势。在当下信息化、智能化的时代，新的营销产品也为之前的营销模式带来了冲击，所以企业要想成为一个有价值的营销者和传播者，就需要紧盯市场需求，迎合社会发展，整合市场的所有纵向资源和横向资源。

（2）整合促销的优势。企业为了符合当下的发展潮流，在市场营销上也会有越来越多的新要求，保障企业的发展。而整合促销就是当下企业营销方法中的新手段。从内部来看，整合促销能够促进企业提高经济效益，更好地整合企业的各部门、各层级，同时还有利于企业的持续发展和长远规划；从外部来看，企业采用整合促销策略能更好地满足消费者需求，有利于企业形象与消费者消费观念、消费行为结合，产生良好的黏性。

整合营销传播

1. 什么是整合营销传播

整合营销传播，是将与企业进行市场营销有关的一切传播活动一元化的过程。它最开始是由唐·舒尔茨博士提出并扩散开的，她著述过好几本关于整合营销传播的书籍。

整合营销传播一方面把广告、促销、公关、直销、CI、包装、新闻媒体等一切传播活动都涵盖于营销活动的范围内，另一方面使企业能够将统一的传播资讯传达给顾客。其核心思想是以通过企业与顾客的沟通满足顾客需要的价值为取向。

2. 整合营销传播究竟整合了什么

网络营销的趋势是整合、互动和创新，其中，整合主要体现在以下三个方面。

（1）传播媒介的整合。如纸媒广告、电视直投广告、网络广告、游戏嵌入式广告等，无论是线上还是线下，广告的形式都是多种多样的。企业要做整合营销，就势必将这些传播渠道或者说传播媒介进行整合。但是，很多企业一听到整合营销，就以为是所有的推广渠道都要做，觉得企业没有那么大的实力，事实上这种理解是错误的，整合营销传播通常是指企业、公司通过开展企业的战略规划和营销策划传播活动，借助多种接触方式与顾客、员工以及其他营销对象相关者、普罗大众建立建设性的关系，进一步加强与他们之间互利关系的过程。并且，组合各类传播方法，通过对各种信息的有效结合，提供明确的、持续一致的和最大化的传播影响力。

（2）营销方式的整合。最常见的是整合互联网，即网络整合营销（E-IMC）。E-IMC最大的特点就是信息资源广泛、传播速度快，缺点就是信息过于广泛，产品或者服务信息很容易被淹没。整合营销传播能够使企业将统一的传播资讯传达给顾客，更加精准地进行定位与切入，更好地引起人们的关注度，产生互动与共鸣，是网络整合营销的重中之重。多样的营销方式能够更好地吸引消费者，让消费者对产品或者服务了解得更加深入。

（3）营销目的的整合。整合营销传播需要将各种营销传播工具、营销方式、手段和技巧系统化结合，利用网络媒体进行传播。一般来说，企业首先选择的营销方式就是以精准投放著称的SEM推广；其次是以SEO优化辅助搜索引擎，使网民更容易搜索到，让网民了解产品或者公司，让有价值的信息占据整个搜索页面，引导舆论方向，营造良好的口碑。

任务二　整合促销战略

整合促销战略必须通过详细的促销方案实施，它通过对促销资源和促销工具之间的合理分配，使企业促销效果最大化。

知识点一　整合促销战略的基本内容

1. 促销工具的整合

促销工具，是指能够为企业提供短期的、带有鼓励性质的工具，将这些工具与企业的宣传广告、促销人员整合使用，能够起到促进销售的作用（见图9-4）。

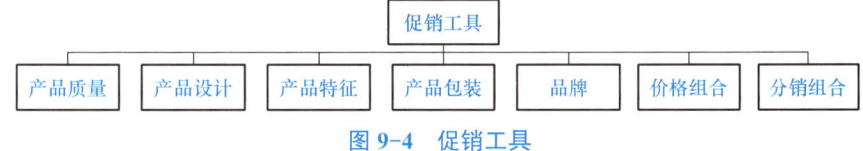

图9-4　促销工具

（1）产品质量。任何产品都是为了满足用户的使用需要制造的。对于产品来说，不论是简单产品还是复杂产品，都应用产品质量特性或特征描述。促销质量不仅限于企业的促销活动、促销流程的质量，还包括了产品质量、认知质量、传播质量等。因为产品质量这一概念在本质上是由顾客的认知驱动的，所以企业要确保各个环节的质量，给顾客一致性的感觉。

（2）产品设计。产品设计的工作职责是拟定产品设计任务书及满足设计任务书中的工程项目需求。一个产品是否具有传播价值，是否符合目标市场的消费需求都取决于它的设计，包括对产品的性能、产品的外观风格、产品的特点等方面的设计。

（3）产品特征。产品特征是产品构造形成的特色，一般是指产品的外形、质量、功能、商标和包装等，它能反映产品对顾客的吸引力。

产品特征是影响消费者认知、情感和行为的主要刺激物。这些特征是凭借消费者自身具有的价值观、信仰和过去的经验评价的。产品特征能够形成较高的顾客价值，因为它能给顾客带来独特的兴趣和吸引力。所以，企业在进行产品的选择和特征开发时，除了要考虑相应的成本外，还应以消费者的感官价值为基础进行考虑。

（4）产品包装。产品包装是消费者对产品的视觉体验，是产品个性的直接和主要传递者，是企业形象定位的直接表现。现代包装的营销功能越来越重要，这对包装提出了严格的设计要求。一是包装要符合产品的质量和特点；二是产品包装的所有要素必须一致，包括文字的描述、水晶符号图案的颜色等；三是产品包装要与价格、分销、沟通促销手段相协调。

（5）品牌。品牌是一个大概念，不仅包括产品的功能和质量，还包括品牌的概念和服务等诸多要素。品牌是一个结合了多种因素的综合体，需要不断对其建设、维护、发展等行为进行分析、研究、开发。因此，品牌促销就成了企业营销组合中的重要组成部分。品牌的核心问题是将品牌要素与其促销手段进行协调，形成统一性。

（6）价格组合。商品价格是商品价值的货币表现形态。由于价格与消费者的收入、企业的利润和市场占比密切相关，所以价格组合在企业的促销手段中也是一个重要的考虑因素。企业在执行价格策略的时候不仅要考虑消费者因素，还要考虑定价应如何与其他营销工具相组合。

首先，价格策略必须与产品策略相结合，只要企业投入的产品独特性强、质量高，消费者就不会过于注重产品的价格；其次，价格要与分销紧密相连，不同地区的经济发展情况是不同的，其消费者和经销商对于价格、成本的反应也是不同的；最后，价格应与沟通相结合，企业制定的价格需建立在消费者的认知基础上，这样企业就可以充分运用消费者对于促销工具的依赖性影响消费者的认知。

（7）分销组合。分销即销售渠道，分销组合必须与其他促销工具合作，才能最大限度地发挥自身优势。首先，分销必须与产品相结合，不仅要考虑产品的物理特性，还要考虑技术的复杂性和产品的生命周期；其次，分销必须与营销传播相结合，为消费者提供最大限度的购物便利；再次，分销必须与价格相结合，零售商的价格是一个关键的定位因素，必须根据目标市场和竞争对手确定；最后，分销组合必须整合整个分销系统。

2. 促销战略的整合

促销战略体现出了业务整合和系统规划的必要性。企业在制定促销整合战略时不仅要考虑消费者的利益，还需考虑企业的利益，要实现两者的统一，形成长期的竞争优势。企业的促销战略可分为企业战略、营销战略、沟通战略、战略整合四类（见图9-5）。

图 9-5　促销战略的整合

（1）企业战略。企业战略，是指企业根据环境变化，依据本身资源和实力选择适合的经营领域和产品，形成自己的核心竞争力，并通过差异化在竞争中取胜。企业战略是企业促销战略的最高层次，是以一系列的战略为基础进行组合实施的，主要包括成长战略、发展战略、创新战略、收益战略等。而基础战略又是以企业的研发部、技术部、营销部、人资部等各个部门进行组合实施的。从正常企业架构来看，这些部门都是按照功能分开的，而企业战略将它们进行组合，使之相互配合，从而促进企业更好地发展。

（2）营销战略。企业营销，是指企业将拥有的产品或服务从本企业转移到购买者（顾客）手中的企业经营活动。营销战略路线介于企业战略和中层传播战略之间，主要包括差异化战略和集中化战略。差异化战略可以通过对产品或服务的差异化定位实施，集中化战略可以通过对特定客户群的定位实施。如果公司要实施营销战略，就必须通过策划营销组合的要素进行，主要包括产品、价格、分销、促销等。

（3）沟通战略。沟通战略，是指简单搭建社区化沟通环境，员工用类似微博的方式记录工作中的信息，进行工作沟通。沟通战略是营销传播的最低层次，可以分为理性战略和感性战略。理性战略是站在消费者立场理性地进行促销、为顾客提供好产品，它的实施前提是要先让消费者了解、熟悉产品，再理性地向消费者提供产品；而感性战略则是利用促销工具、品牌效益影响消费者心中某一特殊的情感需要向其提供产品，现在的市场竞争基本在走感性战略。其实，沟通战略的根本就是从消费者的情感、行为、认知三个方面影响消费者的购买行为。

（4）战略整合。企业战略整合是一个为实现长远利益的战略决策。随着市场的变化与发展，企业的各种资源必须随之整合与优化，这需要极强的战略协调能力。企业必须设立动态战略综合指标，及时调控企业的资源能力，从而完善企业的战略。企业还需要整合营销环节，协调创业战略、营销战略，将顾客利益和顾客需求纳入公司战略管理体系，并将之转化为企业利益和经营目标。

首先，以上四类企业战略要协调一致，战略间要紧密衔接、密切配合。其次，企业战略、营销战略和沟通战略必须符合消费者的需求、愿望和知识，根据市场的吸引力和企业自身的经营能力制定；而营销战略应结合产品和消费者的利益，以满足他们的特定需求；沟通战略则应充分利用企业的数据对消费者进行研究分析，影响消费者对产品价值的认知，以创造品牌偏好。

知识点二　整合促销的表现形式

1. 人员促销

人员促销（personal selling）是指企业的销售人员用谈话方式向可能购买的顾客做口头宣传，以达到推销产品，满足消费者需求，实现企业营销目标的一种直接销售方法。其基本要素包括推销员、推销产品及推销对象。这不仅是一种渠道，也是一种促销方式，使得员工晋升具有很大的灵活性和选择性。

（1）人员促销策略。人员促销策略是推销人员在实施推销的过程中，针对不同的推销对象或顾客，为达到推销目标运用的方式、方法、技能、谋略等综合举措。在两军对垒的情况下，预警是尤其重要的，它决定着最后的结果。在促销竞争上，企业需要建立一个有效的预警信息系统，做到提前了解，采取应对方案，这样结果就会更理想。企业可以从以下五个方面构建信息的预警系统。

①收集对手内部情报。当竞争对手想要举办促销活动时，其相关市场销售部门一定会在此之前做好准备，这就需要本企业与竞争对手的员工或客户建立一个长期沟通的良好关系，建立竞赛促进反馈传递制度。

②关注经销商动向。当竞争对手采取行动时，他们的合作伙伴和渠道供应商肯定会被告知活动或接受促销活动的培训。在这个过程中，一些渠道会寻找资源，因此一些信息很容易被泄露。

③熟知媒体及广告公司。许多大型促销活动往往需要媒体配合宣传。按照惯例，无论是电视上的广告还是报纸上的广告都要提前申报。从广告公司和媒体广告部门可以获得适当的信息。

④了解终端细节动态。各企业在进行渠道促销时，重点在于拉动渠道和生产商的进货量，因此企业可以通过促销渠道或是产品生产商的提货量了解竞争对手的营销活动。

⑤留意终端店面变化。企业促销的目的是推动消费者购买，推动消费者购买的前提就是要进行大量的宣传，这也是了解竞争对手促销活动的最佳途径，需要在平常多留心观察。

（2）人员促销技巧策略（见图9-6）。

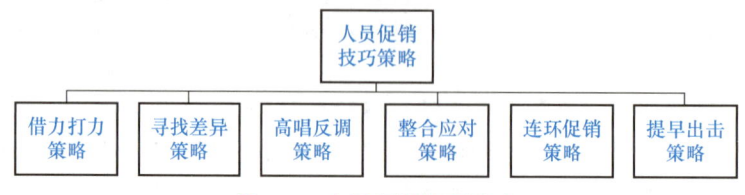

图9-6　人员促销技巧策略

①借力打力策略。借力打力策略即借助竞争对手的某种力量，通过一定的策略化用到自己手中。这个方法不仅能够快速有效地解决消费者的信任问题，而且提高了企业和产品的知名度。

②寻找差异策略。有时候硬打是不行的，要学会差异化进攻。在市场竞争激烈的情况下，各企业会采取各种措施从中突围，这时企业需要找出差异，进行促销活动和产品的创新，从而从市场上众多企业中突出重围。例如，在市场上都进行抽奖促销、买/赠促销的时候，可口可乐公司却开始推出新产品，并在促销形式上以"角色行销"的方式打开市场，获得消费者的高度喜爱。

③高唱反调策略。消费者的心智是很容易转变的，因此，当竞争对手的促销非常有效时，最好把消费者的注意力吸引回来，或者至少加以阻止，以削弱竞争对手的促销效果。

④整合应对策略。整合应对策略就是与互补品合作联合促销，以达到最大化的效果，并超越竞争对手宣传。需要注意的是，整合应对策略实施过程中要善于"过渡"。一方面，企业应该发展不同形式的合作；另一方面，企业应该利用专业的大卖场和知名的空壳公司接管"码头"，然后逐步形成对"码头"的控制。

⑤连环促销策略。连环促销策略，是指通过不同的层面进行连续性的、不同形式的促销活动。这种促销策略能够吸引消费者的注意力，实现产品的大量销售，同时给竞争对手造成压力。

⑥提早出击策略。有时候，竞争对手比消费者强大许多，故企业最好的应对方法就是提前做促销，令消费者的需求提前得到满足，而当竞争对手开展促销时，消费者已经毫无兴趣。

2. 营销推广

营销推广是采用营销策划的方式推广产品或业务。近年来，市场营销信息预算中的销售份额有所增加，尤其是消费品行业。但商业促销工具的影响力通常很小，对品牌的长期喜好设定没有太大的影响。因此，营销推广必须与其他市场促销工具一起使用，才能发挥协同作用。在整合企业销售团队时，应注意促销工具与促销技巧的组合。

（1）促销工具。企业要根据销售分配工具和销售分配对象的优缺点，选择特定的业务促进工具。企业可以结合各种专项业务推广手段，在时间和内容上达成一致意见，还可以与其他促销传播工具协调业务推广工具（见图9-7）。

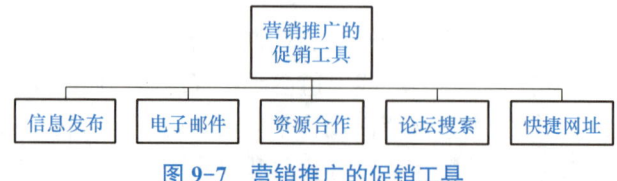

图9-7　营销推广的促销工具

①信息发布。发布信息是宣传免费网站最常用的方法之一。企业可以将适当的网站销售信息发布到其他潜在用户可以访问的网站上，并利用用户访问这些网站信息实现网站销售的目的。可以利用论坛这种网络交流平台，通过文字、图片、视频等方式传播企业的品牌、产品和服务信息，从而让目标客户更加深刻地了解品牌、企业的产品和服务，最终达到宣传企业效应、产品和服务，加深市场认知度的效果。适用于发布此信息的网站包括在线网站、分类广告、论坛、博客、服务和请求信息平台、行业网站等。

②电子邮件。电子邮件是最重要的网站销售方式。电子邮件营销是以订阅的方式将行业及产品信息通过电子邮件的方式提供给需要的用户，以此建立与用户之间的信任与信赖关系。大多数企业及网站会利用电子邮件营销方式。常用的方法包括电子文档、成员通信和专业服务提供商的电子邮件广告。与传统的销售方法或未经授权的电子邮件营销相比，电子邮件授权营销具有明显的优势，如减少对用户的干扰，提高潜在客户的忠诚度。

③资源合作。资源合作即网页链接交换、广告交换、内容协同合作、使用者资源合同合作等。最常用的资源协作方法是网站链接策略，它通过合作伙伴之间的网站通信资源协作相互促进。每个企业网站都可以拥有自己的资源，这些资源可以表示为特定的访问次数、注册用户信息、宝贵的内容和活动、网络广告模式等。网站资源可用于与合作伙伴协作，以共享资源并扩展收入。这些资源协作是最简单的链接交换方式，也是宣传新网站的有效方法之一。

④论坛搜索。搜索引擎是一种使用包含在线信息搜索功能（如搜索引擎和分类目录）的网络工具宣传网站的方法。搜索引擎的销售方法可以分为多种格式，常见的有登录到免费分类索引、登录到付费分类索引、搜索索引、关键字广告、提供评级、网站内容定位广告等。根据发展趋势，搜索引擎在网络营销中的地位将越来越重要，并且已经有越来越多的企业认识到这一点，因此企业应根据环境的变化选择合适的搜索引擎营销方式。

⑤快捷网址。如"网站+站群营销"，主要依托于SEO技术，通过关键词布局，能够更高效地锁定精准人群，带来更多曝光量。换句话说，这是一种通过合理使用网络的真实名称、常用网站地址和其他相应的关键词网站快捷方式促进网站销售的方法。随着企业注册的快速Web页越来越多，这些快速Web页的用户信息也可能与搜索引擎相同。如此一来，当使用者使用特定的关键字进行搜索时，即使该关键字与在网站上注册的中文网站有冲突，使用者也可以找到该关键字。

（2）促销技巧。促销技巧是对客户心理、产品专业知识、社会常识、表达能力以及沟通能力等的掌控运用。

①所有营销方法都必须包含搜索思想。软文本营销、论坛营销、微博、视频、社交媒体营销、网络公关和其他营销方式都应被集成到搜索营销理念中，因为搜索是所有营销方式都需要的。

②社交媒体营销应被纳入网络关系的概念。社交媒体可以与客户互动并快速传播信息，此时企业应时刻关注顾客的反应。这将是一次企业危机，一旦发现客户有不良影响，企业就要及时处理，以消除潜在的风险。

③注重新闻宣传与社交媒体的结合。当事件发生时，可以通过新闻报道的形式进行宣传，然后通过新闻在社交媒体上进行传播，并且社交媒体的言论可以作为新闻宣传的内容来源。

④注重视频营销与广告营销的结合。视频营销可以以"润物细无声"的形式传播，而强硬的广告则相反，将这两种方法结合起来会给客户带来巨大的影响力。

3. 公共关系营销

公共关系也称"公关活动"。企业的公共关系包括媒体关系、内部关系、经济关系、社区关系等。公共关系营销是一种宣传活动，通过从媒体上获取免费广告促进企业形象或产品销售。与其他营销传播工具相比，公共关系营销的主要优势包括信誉高、成本效益高、知名度高，弊端在于难以评估。开展公共关系工作的基础和起点是关系的实施。成功的渠道合作伙伴关系主要依赖于与其他营销传播工具的整合，具体体现在以下四个方面。

首先，公共关系营销必须与企业公关相结合。在公共关系领域，主要强调企业与公民之间的关系；而在市场营销方面，主要强调目标。公共关系营销是关系营销和营销活动两者的结合点，包括企业目标和营销目标。企业的公共关系营销和市场宣传活动必须在时间安排上保持密切的一致性和协调性。

其次，公共关系营销必须与其他营销传播工具相结合。实施公共关系营销的企业必须与广告、商业推广和销售部门合作。

再次，在公关和市场沟通领域，整合尤为重要。例如，公共关系、商业广告和产品广告相重叠和交叉，有助于提高沟通效果、降低沟通成本，并有助于树立商业形象。因此，公共关系营销在企业广告、产品营销和其他特殊的营销过程中扮演着重要角色。

最后，在危机管理中，公共关系营销必须与其他市场沟通工具配合使用。

相关案例

天选之钉

在新冠肺炎疫情期间，钉钉被教育部选中作为给学生上网课的平台，一时间"天选之钉"就成了被大众吐槽的对象。更有甚者，有些小朋友得知当 App 的评分低于一星时就会被下架，便集体"出征"，疯狂打一星，使其评分从 4.9 一路跌到了 1.6。于是，面对新增长的年轻用户，钉钉采用了求饶的方式，以卖萌、可怜的形象发出"给我在阿里巴巴家留点面子吧，相识是一场缘分，不爱请别伤害，我只是一个五岁的孩子，大家都是我爸爸"这段话。与此同时，各大阿里企业纷纷回应，如淘宝的"毫无缘分可言"，支付宝的"签收失败"，盒马的"惊到笑错声"等，引得网友纷纷出手捞一把被虐得寸草不生的钉钉。随后钉钉更是乘胜追击，推出了《甩钉歌》《你钉起来真好听》等一系列哔哩哔哩（bilibili，以下简称"B 站"）风格的视频。在视频里，钉钉用最软的态度唱出了最硬的事实。钉钉的这一策略，不仅建构起品牌与 B 站强烈的关联度，成了 B 站网红的同时也给 B 站带来了众多新用户，更是成功拉升了该品牌在年轻人中的好感度。

任务三　整合促销策略的实施流程

整合促销是各种促销工具之间的系统组合，是一种双赢的行销模式，有助于满足客户的需求，达到企业的最大目标。整合促销策略的实施流程包括以下六个步骤。

1. 建立资料库

建立资料库是为了使整合促销最大化地将整个焦点放在市场上。企业建立的资料库主要针对市场上的目标消费者和潜在消费者，内容包括人员规模的统计、消费者心理统计分析、消费者需求、消费者对产品的认知理解等方面。

2. 研究消费者

研究消费者是企业进行促销传播的重要步骤，企业要以资料库里的资料为依据进行市场划分，用消费者过去的消费行为挖掘潜在市场。企业在制定促销策略时可以将消费者分为本品牌的忠诚消费者、他品牌的忠诚消费者和游离不定的消费者三类进行研究。

3. 接触沟通

所谓接触沟通就是企业可以在某一时间、地点或场合与消费者进行直接沟通。在过去的消费者主动发现产品时代，企业可与消费者进行线下接触，因为消费者有最直接的体验感比什么都重要。而在当下资讯、媒体作为主流的时代，如何去说、用什么方式与消费者接触，就成了企业的一个重要课题。

4. 促销发展

对于大多数企业来说，给整合促销制定明确目标的前提是将促销本质呈现数字化。对一个擅长竞争的品牌来说，它的营销目标主要是激发消费者试用本品牌产品并保持长期持有，吸引其他品牌消费者并建立起自己品牌的忠诚度用户。

5. 促销工具创新

在确定促销目标后，企业需要决定用什么促销工具实现促销目标。企业的促销策划人员需要首先了解消费者对于产品、价格的理解；其次使用多样化、广泛性的促销工具完成企划，协助企业达到促销目标。

6. 传播手段的组合

传播手段的组合是企业达成促销目标的有力手段，包括对广告、公关、销售途径、产品包装、展示、店面活动等方面进行整合传播。

营销技巧

典型营销

1. 情感营销

案例：国外某旅行社有一个不成文的规定，导游对入团游客每天给予3个拥抱，并用"亲爱的"称呼对方。

点评：拥抱可以简单、直接地表达人与人之间最真的关爱，每天3个拥抱更能消除导游和游客之间的陌生感，使导游和游客成为朋友，也是游客回头消费的关键。

2. 口碑营销

案例：某蛋糕房为了推广蓝莓芝士蛋糕，策划了一起"DIY免费蛋糕"的活动，每天提供给当天过生日的小朋友免费DIY蛋糕的机会，名额3个。

点评：小朋友会在其他小朋友中炫耀自己不一样的生日礼物，自然会给蛋糕宣传推广。口碑营销的关键在于人与人之间的互动，达到口口相传的效果。上面旅行社的例子也运用了此策略。

3. 饥饿营销

案例：士力架新推出一种"饥饿算法"，通过实时分析网民的情绪，实时调整价格，调整次数一天多达140次！

点评：士力架价格的实时浮动，给大众造成了一种"占便宜要及时"的假象，从而刺激消费，赚取更高的利润。

4. 植入营销

案例：香飘飘奶茶将品牌植入《欢乐颂》的电梯场景，代言人钟汉良的海报更是多情节反复出现。

点评：将品牌和谐地融入电影、电视剧场景，达到了宣传推广的效果。

5. 痛点营销

案例：某房地产楼盘的推广语是"有情人终成房奴，有房人终成眷属"。

点评：这则广告的潜台词就是赶紧凑钱买房，不然就只有分手，这是抓住了某些受众的痛处，让消费者感到不购买你的产品和服务就会有种"痛"。

6. 事件营销

案例：金六福酒业策划的"八旬老人拍梦幻婚纱照"引起全民感动，还获得明星的点赞转发。

点评：事件营销就是制造新闻、传播新闻，从而达到广告的效果。

7. 整合营销

案例：某饭店就餐结账时会给一张某KTV免费欢唱1小时的优惠券，去KTV的顾客结账时会得到一张饭店的折扣卡，这样相当于饭店和KTV都做了活动，而且相互做了引流。

点评：为了彼此的利益进行战略联盟，交换或联合彼此的资源，合作开展营销活动，以创造竞争优势，花费小、效果好。

项目小结

本项目对整合促销的定义、策略类型、影响因素、意义、层次、特点、优势和整合促销的工具整合、战略整合以及表现形式、实施流程等方面进行了阐述。其中，重点介绍了整合促销的表现形式和整合促销工具的整合、战略的整合，以及如何实施整合促销三个方面。通过本项目的学习，希望学生能够掌握整合促销策略的相关知识点并结合实际充分运用。

案例讨论

联名合作易出爆款吗

如今，"联名合作款"不再是潮流圈的专属。在这个万物皆可联名的时代，任何企业都能携手跨界合作，而一些看起来让人大跌眼镜的联名产品，有时竟然能获得意想不到的好评。联名款可以说是设计的"大方挪用"，将双方产品的设计特点融为一体，同时体现自家产品的独特魅力。

近年，家具市场也不乏联名款出现。我们熟知的宜家就是一个"联名狂魔"。2017年，宜家与老牌北欧家具品牌hay合作，联名推出一系列家具产品。产品由hay主导设计，宜家工厂定制生产，产品系列被命名为"YPPERLIG"。这一名词在北欧代表极致、美好与卓越。此后，它陆续与潮牌Off-White、香水品牌Byredo、买手店Colette等进行合作。到了2020年，任天堂的游戏《集合啦！动物森友会》被宜家盯上。同年9月，宜家发布了动森版宜家家居指南。热度居高不下的游戏动森和宜家组合，又引发一波传播热潮。

放眼国内，最炙手可热的文化IP当属故宫宫廷文化。消费者对文化附加值、个体归属感的需求逐渐攀升，使联名款成为"香饽饽"。而国内消费者对传统文化的喜爱，使故宫文创成为热销的代名词。旗下的化妆品、文具或是普通的小摆件，都能掀起一阵购买热潮。

目前，已有家具企业与故宫IP携手。例如，尚品宅配与故宫宫廷文化合作打造的新中式空间"锦绣东方"，将传统文化与家居空间设计完美融合，吸睛无数。此外，左右沙发也与故宫宫廷文化合作，推出《千里江山图》联名沙发，以北宋画师创作的《千里江山图》为蓝本。锦鲤懒人沙发则以锦鲤为造型，满足当代年轻人处处"拜锦鲤"的小爱好。不仅是国内家具企业，早在 2018 年，意大利马赛克家居品牌 SICIS 就曾与故宫博物院合作，展出中国绘画系列产品。中式的古韵和意式的奢华相融合，完成了一次家居产品的文化提升。

联名产品能够扩大消费者市场，提升企业知名度，为商品增加了文化附加值，唤醒了消费者心中的归属感。

请思考： 1. 为什么企业要联名合作出品？
2. 整合促销的特点是什么？

任务实施

【任务目标】

培养学生对广告促销的欣赏和评价能力。

【组织及步骤】

1. 组织学生，每 6～8 人一组，阅读案例，组内分析以下几则广告是否成功，分析原因，得出结论。
2. 公布结论，各组互相评价。

案例 1："红旗派轮胎"塑造的广告形象。

在"圆圆的世界"歌曲声中，广告文稿是这样开始的："圆圆的太阳照耀着圆圆的地球，圆圆的地球上转动着圆圆的轮胎，黑龙江省桦林橡胶厂是个圆圆的轮胎世界……"把圆圆的轮胎同圆圆世界中圆圆的太阳、圆圆的地球联系起来，使"圆圆的红旗牌轮胎"的广告形象栩栩如生、鲜明突出。

案例 2：美国贝尔电话公司的广告。

一天傍晚，一对老夫妇正在进餐时电话铃响了起来，老妇人去另一个房间接电话。回来后，老先生问："谁的电话？"老妇人回答："是女儿打来的。"老先生又问："有什么事吗？"老妇人回答："没有。"老先生惊奇地问："没事？几千里的打电话来干什么？"老妇人呜咽道："她说她爱我们。"两人顿时相对无言，激动不已。这时出现旁白："用电话传递你的爱吧！"

【成果与检测】

1. 每名学生上交一份案例分析简稿。
2. 教师点评。

巩固与思考

一、单选题

1. 在产品导入（进入）期，企业需要将大量资金投入_____。

   A．广告宣传　　　　　　B．促销人员　　　　　　C．举办活动

2. 整合促销的标志性特点是（　　）。

   A．建立良好关系　　　　B．实现企业发展　　　　C．以消费者为核心

3. 下列不属于人员促销基本要素的是（　　）。

   A．推销产品　　　　　　B．推销对象　　　　　　C．活动设计

4．公共关系营销属于（　　）。
A．一次性销 B．短期销 C．长期销

5．开展公共关系工作的基础和起点是（　　）。
A．策略的选择 B．关系的调查 C．关系的实施

二、多选题

1．企业制定整合促销策略需要考虑的因素有（　　）。
A．促销目标 B．市场特点
C．产品性质和产品生命周期

2．企业的整合促销战略可分为（　　）。
A．营销战略 B．沟通战略 C．战略整合

3．能最大限度地发挥优势的促销工具有（　　）。
A．产品 B．营销传播 C．整合整个分销系统

4．整合促销的表现形式包括（　　）。
A．人员促销策略 B．营销推广 C．市场细分

5．公共关系也称"公关活动"，包括（　　）。
A．政府关系 B．媒体关系 C．经济关系

三、填空题

1．_____策略是采取间接方式，通过各类宣传途径吸引顾客，使顾客对产品产生兴趣和需求，进而产生购买欲望。

2．_____是企业在促销的基础上进行资源整合，以发挥企业资源整合的最大价值。

3．_____不仅是一种渠道，也是一种促销方式，使员工晋升具有很大的灵活性和选择性。

4．促销工具有信息发布、_____、_____、论坛搜索、快捷网址等。

5．企业在进行营销推广时，如果想要以"润物细无声"的形式向消费者宣传产品，可以采用_____与_____相结合的营销技巧。

自学进阶

鸟笼逻辑

挂一只漂亮的鸟笼在房间里最显眼的地方，过不了几天，主人一定会做出下面两个选择之一：把鸟笼扔掉，或者买一只鸟回来放在鸟笼里。这就是鸟笼逻辑。过程很简单，设想你是这个房间的主人，只要有人走进房间看到鸟笼，就会忍不住问你："鸟呢？是不是死了？"当你回答"我从来没有养过鸟"时，人们一定会问："那么，你要一个鸟笼干什么？"最后你不得不二选一，因为这比无休止的解释要容易得多。鸟笼逻辑的原因很简单：人们绝大多数时候采取惯性思维。可见在生活和工作中培养逻辑思维是多么重要。

鸟笼逻辑告诉我们，大多数时候人们都受制于强大的惯性思维：鸟笼必定用于养鸟，结婚必先置办新房，社会必然分三六九等。这种惯性思维的益处是，能够帮助人们迅速

认知和适应周围世界。然而，过犹不及，如果把惯性思维扩展到生活的每个角落，就会成为一种刻板思维。鸟笼如果设计精巧，就可以作为观赏品；号称"裸婚"的先结婚后置房，已逐渐为"80后"所接受；在北欧诸国，由于贫富差距极小，社会公平观念深入人心。所以，不妨偶尔尝试突破鸟笼逻辑，进行发散思维，也许鸟笼之外还有一片新天地。

"海阔凭鱼跃，天高任鸟飞"，不要限制自己的思维，更不要在传统目光的审视下止步不前，而是要做敢于挂出一只空鸟笼并能够坚持下去的人，这才是有创见、有魄力的人。

参考文献

[1] 冯晓莉. 市场营销基础与实务[M]. 成都：电子科技大学出版社，2021.

[2] 刘芳，李红梅. 市场营销基础与实务：微课版[M]. 北京：人民邮电出版社，2023.

[3] 王枝茂，赵爱威. 市场营销基础[M]. 3版. 北京：中国人民大学出版社，2021.

[4] 杨立君. 市场营销基础[M]. 杭州：浙江教育出版社，2022.

[5] 张润琴. 市场营销基础[M]. 北京：高等教育出版社，2021.

[6] 周庆，曾玉玲，黄章黎. 市场营销基础：以做带学 学以致用[M]. 上海：上海财经大学出版社，2023.